Eder
Kirchengeschichte

Manfred Eder

Kirchengeschichte

2000 Jahre im Überblick

Patmos Verlag

Abbildungen auf dem Umschlag:
Mosaik, Taufkirche von Albenga, Italien
Mittelalterlicher Reichsapfel, 10. Jh.
Hitler begrüßt Reichsbischof Ludwig Müller, daneben Abt Alban Schachleiter
Martin Luther, Gemälde von Lukas Cranach d. Ä., 1526
Friedenstreffen in Assisi 1986 (Foto: KNA, Bonn)

Andrej Rubljov, Erlöser, um 1400

Abbildung der Titelseite:
Christusmonogramm mit Siegerkranz, Sarkophag der Domitilla, um 360

MIX
Papier aus verantwor-
tungsvollen Quellen
FSC
www.fsc.org   FSC® C006701

Für die Schwabenverlag AG ist Nachhaltigkeit ein wichtiger Maßstab ihres
Handelns. Wir achten daher auf den Einsatz umweltschonender Ressourcen und
Materialien.

Bibliografische Information der Deutschen Nationalbibliothek
Die Deutsche Nationalbibliothek verzeichnet diese Publikation in der
Deutschen Nationalbibliografie; detaillierte bibliografische Daten
sind im Internet über http://dnb.d-nb.de abrufbar.

Druck: CPI – Ebner & Spiegel, Ulm
Hergestellt in Deutschland
ISBN 978-3-8436-0576-2

Inhalt

Vorwort

Diese Einführung will Grundkenntnisse zu den wichtigsten kirchenge-schichtlichen Entwicklungen und Ereignissen auf dem zweitausendjährigen Weg von der Urgemeinde in Jerusalem zur Weltkirche von heute vermitteln. Schwerpunkte bilden in der Alten Kirchengeschichte die frühchristliche Mission, die Auswirkungen der Konstantinischen Wende und die ersten Ökumenischen Konzilien, im Mittelalter die Christianisierung der Germa-nen, der Investiturstreit sowie das Abendländische Schisma und in der Neu-zeit Reformation und Gegenreformation, die große Säkularisation von 1803 sowie die beiden Vatikanischen Konzilien. Das Büchlein ist erwachsen aus einer Vorlesung, die ich seit 2002 regelmäßig mit großem Zuspruch an den Universitäten Osnabrück und Vechta halte. So wendet es sich auch zuvor-derst an alle Studierenden der *Katholischen* Theologie, die als Begleitlektüre oder zur Prüfungsvorbereitung nach einem kirchenhistorischen Abriss in verständlicher Sprache und überschaubarer Form Ausschau halten. Darü-ber hinaus sollen alle angesprochen werden, die sich für die Geschichte der Kirche interessieren, aber nicht schon zu Beginn Gefahr laufen wollen, »den Wald vor lauter Bäumen« nicht mehr zu sehen.

Obwohl im Buchhandel bereits mehrere andere verdienstvolle Ein-führungen erhältlich sind, möchte dieser neue Grundriss der Kirchen-geschichte dennoch eine Lücke schließen. Die bisher vorliegenden Werke sind für den Einstieg nämlich

- zu umfangreich und / oder
- zu unübersichtlich (da wenig untergliedert) und / oder
- zu textlastig (»Buchstabenwüsten« ohne Bilder, Karten und Graphiken) und / oder
- zu wenig auf katholische oder auf deutsche Benutzer zugeschnitten.

Auf diesen Gebieten sollen die Vorzüge meines Buches liegen, das insbe-sondere bestrebt ist, den »roten Faden« durch die Zeiten hindurchzuverfol-gen. Dies war nicht immer leicht, musste doch – um den Charakter des Werkes zu wahren – strikte Stoffbegrenzung geübt werden, was nicht nur des öfteren den Verzicht auf die Schilderung »näherer Umstände« notwen-dig machte, sondern die gelegentliche Aussparung durchaus wünschens-werter Themenbereiche der Kirchengeschichte überhaupt erforderte (z. B. mittelalterliche und neuzeitliche Entwicklungen außerhalb Europas). Einen gewissen Ersatz hierfür sollen

- die zahlreichen grau unterlegten Texte mit interessanten Zusatzinformationen, Erläuterungen und insbesondere diachronen Bezügen zur Gegenwart (*keine* Merksätze!) sowie
- einige Hinweise auf weiterführende Literatur ⟦LIT⟧ bilden.

Mein aufrichtiger Dank gilt den studentischen Hilfskräften Carina Holz und Daniela Krone sowie meiner Ehefrau Evi für die tatkräftige Mithilfe bei der Erstellung des Registers.

Es steht zu hoffen, dass dieses – auch durch ein Register der Personen, Orte und Sachen erschlossene – Werk seinen Zweck erfüllen und vielleicht sogar in mehreren Auflagen »reifen« kann. Deshalb sind mir Vorschläge und Hinweise aus der Leserschaft, die der weiteren Verbesserung dienen, stets willkommen.

Osnabrück, am 19. April 2007, dem Festtag des hl. Leo IX.,
des bedeutendsten deutschen Papstes vor Benedikt XVI.

Manfred Eder

Einleitung: Eintauchen in die Kirchengeschichte

Liebe Leserin, lieber Leser, stellen Sie sich vor, Sie verbringen Ihren Urlaub in südlichen Gefilden am Meer und Sie wollen tauchen, und zwar nicht nur mit Brille und Schnorchel an der Wasseroberfläche entlang, sondern mit voller Taucherausrüstung hinab in größere Tiefe, z. B. auf 20 Meter, was für den Anfang das tiefstmögliche ist. Bevor Sie dies tun können, müssen Sie einen Tauchkurs absolvieren, bei dem Ihnen der Lehrer zunächst eine theoretische Einführung gibt und Sie vertraut macht mit Ihrer Ausrüstung, ehe Sie dann unter seiner Begleitung das erste Mal hinuntertauchen können in eine oft ungeahnt reichhaltige, faszinierende Unterwasserwelt.

Ganz ähnlich verhält es sich, wenn Sie mit mir als Lehrer eintauchen möchten in die Kirchengeschichte und dabei gleich 2000 Jahre durchqueren wollen bzw. müssen. Wenn wir die Tauchtiefe von 20 Metern nehmen, dann entspräche jeder Zentimeter einem Jahr. Auch hier sind zunächst einige theoretische Vorbemerkungen zum Fach selbst und zu seinem Zweck notwendig; sodann werde ich Sie mit der Ausrüstung bekanntmachen, die Ihnen zum Mitverfolgen dieser Einführung und für Exkursionen in noch größere Tauchtiefen zur Verfügung steht.

• Was ist Kirchengeschichte?

Bei der Kirchengeschichte handelt es sich um **eine theologische Disziplin mit historisch-kritischer Methode.**

Zunächst ein paar Worte zur **Methode**! Die Methode der Kirchengeschichte ist die gleiche wie in der sonstigen Geschichte (Profangeschichte), eben die sog. **historisch-kritische**, d.h. die Kirchengeschichte kann nur etwas aussagen, wenn ein Geschehen Spuren in Form von Quellen – schriftlichen, monumentalen, bildlichen oder (in der Zeitgeschichte) auch mündlichen Quellen – hinterlassen hat. Diese Quellen müssen aufgefunden, auf ihre Echtheit geprüft, in gesicherten Texten herausgegeben, ggf. in zuverlässigen Übersetzungen zugänglich gemacht, auf ihren historischen Gehalt hin untersucht und sorgfältig interpretiert werden. Diese Quellenarbeit – oft mindestens genau so mühsam und zeitraubend wie das Absuchen des Meeresgrundes durch einen Taucher – ist also die ursprüngliche und eigentliche Aufgabe jedes Historikers und damit auch des Kirchenhistorikers, und deshalb möchte ich trotz der Gedrängtheit dieser Einführung zumindest hin und wieder und in Auszügen auch einmal eine Quelle sprechen lassen.

Obgleich die Kirchengeschichte ihre Methode also mit der Profangeschichte gemeinsam hat, ist sie eine **theologische Disziplin** wie etwa die

Bibelauslegung (Exegese), die Dogmatik oder das Kirchenrecht. Und zwar ist sie dies aufgrund ihres Gegenstandes, der Kirche. **Wachstum und Entfaltung der Kirche in Zeit und Raum, das ist näherhin der Gegenstand der Kirchengeschichte.** Und diese Kirche wird nun vom Gläubigen nicht als ein rein innerweltliches, religionsgeschichtliches Phänomen betrachtet, sondern vielmehr als Stiftung Jesu Christi – eine Stiftung, die Jesu Sendung fortführt und stets aufs Neue in die Welt hinein umzusetzen versucht. Daher bezieht der gläubige Kirchenhistoriker in der **Bewertung** der Geschichte der Kirche insgesamt eine andere Position als der nichtgläubige. Inwiefern? Der Kirchenhistoriker darf und soll sich, wenn er den historischen Befund zu einem Ereignis oder einer Entwicklung innerhalb der Kirchengeschichte gewissenhaft erhoben hat, fragen: Was ist an dieser geschichtlichen Erscheinung historische Konkretisierung des Evangeliums, und was ist objektiv als Verfälschung und als Abfall vom Evangelium anzusehen? Diese Bewertung ist allerdings nicht anachronistisch vom heutigen Standpunkt aus vorzunehmen, sondern im Kontext der betreffenden Zeit, ihrer Möglichkeiten und Grenzen. Dies gebietet schlicht und einfach die Fairness. Ich kann also z. B. einem Christen des 3. Jahrhunderts nicht vorwerfen, dass er das Bußsakrament nur einmal im Leben empfangen hat, denn nach der Taufe gab es damals nur mehr ein einziges Mal die Möglichkeit hierzu und zwar in öffentlicher Form; die heute geläufige Privatbeichte im Beichtstuhl dagegen wurde erst Jahrhunderte später erfunden. Mittels solcher Bewertungen ist es der Kirchengeschichte zum einen möglich, Fehlentwicklungen, Verdunklungen des Evangeliums oder folgenschwere geschichtliche Versäumnisse herauszustellen, und zum anderen auch als Korrektiv zu fungieren gegenüber anderen theologischen Disziplinen, z. B. gegenüber der Dogmatik, wo zumindest hin und wieder die Gefahr besteht, die Bodenhaftung zu verlieren und freischwebend zu argumentieren. In derartigen Fällen ist der bodenständige Kirchenhistoriker wichtig.

• Wozu in die Kirchengeschichte eintauchen?

Wie sich beim Tauchen vor Ihren Augen eine ganz neue, geheimnisvolle Welt auftut – in vielen Farben schillernde Fische und leuchtende Korallen oder völlig überwucherte Wracks, die am Meeresboden liegen –, so gibt es auch in der Kirchengeschichte viel Interessantes zu entdecken: schillernde Persönlichkeiten und leuchtende Vorbilder zu allen Zeiten oder Ereignisse, die wie versunkene Schiffe am Boden der Geschichte liegen, scheinbar belanglos für uns heute – und doch kann sich etwas Bedeutsames, Nachwirkendes, ja ein jahrhundertelang verschollener Schatz darin befinden, wenn etwa längst vergessene Weisheiten eines Theologen oder Mystikers wieder neue Wertschätzung erfahren oder wenn man für sich selbst eine große Persönlichkeit – z. B. einen Kirchenvater – entdeckt. Es kann aber auch plötzlich eine gefährliche Muräne aus dem Wrack hervorschießen, wenn beispielsweise eine sich katholisch gebende, fundamentalistische Gruppierung längst überwunden geglaubten Aberglauben wieder an die Oberfläche holt und als den allein selig machenden Glauben ausgibt.

Wichtig ist vor allem, dass Sie sich bewusst sind: Kirchengeschichte ist – wie jede Geschichte – nicht immer schon vergangen, sondern die Gegenwart von gestern oder vorgestern – aber mit Betonung auf Gegenwart! Auch wenn wir uns mit anderen Zeiten als der unseren beschäftigen, geht es immer um Menschen, die lachten und weinten – so wie wir, die sich freuten und ärgerten – so wie wir, die mancher dummen Mode nachliefen und manchen Humbug für wahr hielten – genauso wie wir. Sicherlich, bisweilen ist das Denken und Handeln von Kirchenmännern oder Theologen vergangener Tage nur schwer nachzuvollziehen – aber gibt es das nicht auch heute? Nicht selten ist es reizvoll und lohnend, Unverständliches nicht mit einem Achselzucken auf sich beruhen zu lassen, sondern mit Wissbegier den jeweiligen Motiven und Hintergründen näher nachzuspüren. Vieles, was heute die Gesellschaft und jeden Einzelnen – Sie und mich – prägt, ist nicht zu verstehen ohne diese kirchengeschichtlichen Wurzeln (siehe z. B. Reformation und Säkularisation), und vieles, was heute im Gespräch ist, kann nur sinnvoll diskutiert werden mit einem differenzierten Wissen über die Vergangenheit – und zwar nicht nur, wenn es um die Kirche als Organisation oder um die katholische Lehre geht; vielmehr stößt man auch weit darüber hinaus auf die heutzutage oft unterschätzte gesellschaftlich-kulturelle Wirkmächtigkeit von zwei Jahrtausenden Christentum. Erinnert sei nur an die bei Muslimen bis heute nachwirkende traumatische Erfahrung der Kreuzzüge!

Dass die Kirchengeschichte beim Thema Christentum unverzichtbar ist, hat jedoch noch einen tieferen Grund: Die christliche Religion ist von ihren Ursprüngen her geschichtlich vermittelt, oder anders gesagt: **Die Offenbarung Gottes vollzieht sich im Medium der Geschichte.** »Gott begegnet den Menschen inmitten von (Lebens-)Geschichten und geschichtlichen Erfahrungen. In Jesus Christus wird er gar selbst Mensch. Er tritt herein in Raum und Zeit und macht nicht nur Geschichte, sondern erleidet sie in letzter Konsequenz. Damit erscheint der scheinbar zufällige und richtungslose Lauf der Weltgeschichte in neuem Licht. Die Zählung der Jahre ›nach Christus‹ ist Ausdruck dieser neuen Perspektive.«[1] Die Kirchenge-

schichte ist also *nicht* das Kuriositäten- und Antiquitätenkabinett der Kirche oder eine Truhe mit alten Knochen und Schädeln, in die man – wie Papst Johannes Paul II. in der Karikatur – hin und wieder einen Blick wirft, sondern trägt ganz wesentlich zu ihrem Selbstverständnis bei und ist daher elementarer Bestandteil der Lehre von der Kirche, der Ekklesiologie. Ja, noch mehr: »Christlicher Glaube und christliche Theologie gründen auf dem geschichtlich ein für allemal ergangenen Wort Gottes in seinem Handeln in der Geschichte. **Die geschichtliche Argumentation ist deshalb grundlegend für jede Theologie**« (Walter Kardinal Kasper).

• Eintauchen mit der richtigen Ausrüstung

Dass nicht nur Tauchen, sondern auch Kirchengeschichte Freude machen kann, vermögen in den manchmal trüben Fluten des Meeres wie der Geschichte nur diejenigen wirklich zu erkennen, deren Taucherbrille nicht beschlagen ist – d. h. die über den erforderlichen Durchblick verfügen, und die genügend Sauerstoff in den Pressluftflaschen dabeihaben, so dass Sie nicht andauernd auftauchen müssen, sondern in Ruhe alles erkunden können, was sich um sie herum befindet. Damit ist zum einen gemeint, dass es sinnvoll ist, die Lektüre dieser Einführung nicht allzu lang und allzu häufig zu unterbrechen, um die sich oft über Jahrhunderte hinziehenden Entwicklungen mitverfolgen und verstehen zu können. Zum anderen ist es wichtig, dass Sie die richtige Ausrüstung dabeihaben und sie auch zweckmäßig einsetzen. In dieser Einführung haben Sie daher **fünf Hilfsmittel** zur Hand (davon vier im Anhang), nämlich

---

[1] Manfred Sitzmann / Christian Weber, Übersichten zur Kirchengeschichte, Göttingen [2]2008, 5.

1. *ein detailliert gegliedertes Inhaltsverzeichnis (S. 5–11),* das verhindern soll, dass Sie die Übersicht verlieren.
2. *eine Graphik mit der Epocheneinteilung der Kirchengeschichte (S. 227).* Mit Absicht wurden bei den Epochengrenzen genaue – mit besonders wichtigen Geschehnissen verbundene – Jahreszahlen angegeben. Sie verfügen dadurch über ein Datengrundgerüst, damit Ihnen die Chronologie nicht durcheinander gerät. Dies ist insbesondere in Prüfungssituationen Gold wert!
3. *eine Zeittafel mit zentralen Ereignissen und Persönlichkeiten der Kirchengeschichte (S. 233–235)* zum Einprägen und Rekapitulieren. Diesem Zweck dienen auch die Fragenblöcke am Ende jeder Epoche.
4. *ein kommentiertes Literaturverzeichnis (S. 236–240),* das Sie mit grundlegenden weiterführenden Büchern zur Kirchengeschichte bekanntmacht. Es ist sinnvoll, sich eine kleine Handbibliothek zuzulegen – für die Prüfungsvorbereitung, zur beruflichen Verwendung oder einfach aus weitergehendem Interesse an der Kirchengeschichte. Dies erspart überdies manchen Bibliotheksbesuch aus geringfügigem Anlass oder das oft wenig empfehlenswerte Surfen im Internet. Spezielle Literaturhinweise zur Vertiefung einzelner Ausführungen finden Sie darüber hinaus in den jeweiligen Abschnitten.
5. *ein Register der Personen, Orte und Sachen (S. 241–254),* damit Sie auch das, was nicht im Inhaltsverzeichnis aufscheint, schnell wieder auffinden und nochmals nachlesen können.

Doch jetzt genug der Vorrede! Ich wünsche Ihnen ein erfrischendes und gewinnbringendes »Eintauchen in die Kirchengeschichte« und viel Erfolg bei etwaigen kirchenhistorischen Prüfungen.

Auf zum ersten Tauchgang!

A. Die Alte Kirche

I. Die Kirche in den ersten drei Jahrhunderten

Wohl am 14. Nisán (7. April) des Jahres 30 erlitt der jüdische Wanderprediger **Jesus von Nazareth** in Jerusalem den **Kreuzestod**. Er starb fast allein; mit wenigen Ausnahmen waren seine Anhänger geflohen und hatten sich völlig demoralisiert, ja verzweifelt, in ihre Heimat Galiläa abgesetzt. Mit dem Tode Jesu war ihr Lebensplan und ihre Lebenshoffnung gescheitert. Doch da machen einige von ihnen wenige Tage nach dem Ende Jesu – als erste die ihm besonders nahestehende Maria von Magdala – Erfahrungen, die sie zur unwiderruflichen Überzeugung bringen: *Der am Kreuz Gestorbene lebt!* Diese Erfahrungen verbinden sich mit der Entdeckung, dass das Grab, in dem er bestattet worden war, leer ist. Beides zusammen ist so überwältigend, so grundstürzend für sie, dass von da an ihr Leben einen ganz neuen Verlauf nimmt: Aus den soeben noch zu Tode Betrübten werden plötzlich wieder leidenschaftliche Anhänger ihres Meisters Jesus, aber nunmehr des **auferstandenen Jesus Christus**, dessen Geist sie spüren – als in ihren Herzen wirkend und mit ihnen in existentieller Verbindung stehend. Und dieser Geist treibt sie an, seine Verkündigung fortzusetzen. Erst dies ist die eigentliche **Geburtsstunde des Christentums als Religion**. Und gut sieben Wochen danach erhält diese Verkündigung einen neuen Schub, als sich auf den engsten Jesusanhängern, die sich in Jerusalem zusammengefunden hatten, Zungen wie von Feuer verteilten.

Einzige antike Darstellung des Pfingstgeschehens. Rechts von Maria vermutlich der Herrenbruder Jakobus, links wohl Paulus und daneben Petrus mit weißem Bart. Aus der Hl. Geist-Kapelle der Jerusalemer Zionskirche (erhalten als Miniatur in einer syrischen Handschrift, dem sog. Rubbula-Evangeliar, aus dem späten 6. Jahrhundert).

»Alle wurden mit dem Heiligen Geist erfüllt und begannen in fremden Sprachen zu reden, wie es der Geist ihnen eingab.« Petrus, der Anführer der Jesus-

Leute, hielt den versammelten Juden eine begeisternde Rede, in der er ihnen in ständiger Berufung auf die Heiligen Schriften entgegenrief: »Mit Gewissheit erkenne … das ganze Haus Israel: Gott hat ihn zum Herrn und Messias gemacht, diesen Jesus, den ihr gekreuzigt habt.« Etwa 3000 Menschen ließen sich daraufhin taufen und wurden so der Jesusgemeinde »hinzugefügt. Sie hielten an der Lehre der Apostel fest und an der Gemeinschaft, am Brechen des Brotes und an den Gebeten.« So schildert die dem Lukas zugeschriebene Apostelgeschichte in Kap. 2 (V. 1–42) das Pfingstereignis.

Seit alters her gilt dieses Pfingstereignis als der **Geburtstag der Kirche**, die sich damit auf den Weg durch die Zeiten macht.

1. Die Urgemeinde

Die Jesusbewegung verstand sich anfangs als eine **innerjüdische Reformbewegung**. Die religiöse Heimat der ersten Christen war nach wie vor die Synagoge. Die Jesuspredigt wies aber über eine nur regionale Religion hinaus. Jesus sah das **Gottesreich als universale Herrschaft** ohne Grenzen und Beschränkungen. Der gerade zitierte lukanische Pfingstbericht markierte das Bewusstsein der frühen Gemeinde von diesem Weltanspruch ebenso wie das Matthäusevangelium, nach dem der Auferstandene die Jünger mit folgenden Worten zur Weltmission beauftragt: »Geht zu allen Völkern, und macht alle Menschen zu meinen Jüngern!« (sog. *Missionsbefehl*, Mt 28,19a). Die jüdisch geprägten ersten Christen vermochten sich Mission nicht anders vorzustellen als durch die **Judaisierung der Heidenvölker**. Bekehrung zum Reich Gottes hatte für sie also zwei Phasen:
    1. *die Annahme des mosaischen Gesetzes (mit Beschneidung) und*
    2. *die Taufe.*
Als sich einige Juden aus der Diaspora (griech. Zerstreuung), d.h. aus den griechisch sprechenden heidnischen Mittelmeerländern, unter Führung des Diakons **Stephanus** der Jerusalemer Gemeinde anschlossen, aber liberal mit dem Gesetz umgingen, kam es zur Verfolgung dieser Juden und zur *Steinigung* des Stephanus (zwischen 33 und 37), der dadurch zum ersten Märtyrer der jungen Kirche wurde (Apg 6–7). Einer der anwesenden Pharisäer, Saulus (**Paulus**) mit Namen, bekehrte sich später – ein **großer Glücksfall für das Christentum**. Paulus stammte aus Tarsus in Kilikien (Kleinasien), war bewandert in der jüdischen wie in der griechischen Bildung seiner Zeit, sprach fließend griechisch und war nach einem Bekehrungserlebnis vor Damaskus (Gal 1,15 f., Apg 9) überwältigt wie kaum ein zweiter von der Gestalt des Mannes aus Nazareth, den er leibhaft nie kennengelernt hatte. Er war überzeugt davon, dass Jesus weltweite Bedeutung

zukam und dass die Erlösungstat seines Todes am Kreuz das Gesetz des Mose überholt und überflüssig gemacht habe.

Diese Überzeugung vermittelte Paulus auch der jungen Kirche. Aber hier ging es um eine heftig umstrittene Frage, die in der Kirche bis heute immer wieder akut wird: Festhalten an der Tradition oder Mut zur Innovation, zum Neuen? In der damaligen Situation überlegten viele: Das Alte war ganz sicher von Gott, das Paulinische aber auch? Der erbitterte Streit wurde im Jahre 48 oder 49 auf dem sog. **Apostelkonzil** (besser: *Apostelkonvent*) im Sinne des Paulus entschieden: Die **Heiden** brauchen nicht den Umweg über das mosaische Gesetz zu nehmen, sondern **haben unmittelbaren Zugang zum Christentum** (Apg 15; Gal 2,1–10). Kurz darauf setzt Paulus auch die **Tischgemeinschaft von Judenchristen und Heidenchristen** durch, wobei er dem Petrus ins Angesicht widersteht (»*antiochenischer Zwischenfall*«; Gal 2,11).

Die Konsequenzen dieser Weichenstellungen zeigen sich rasch: Es kommt nicht nur zum Zerwürfnis mit dem etablierten Judentum, sondern auch zur **Aufspaltung zwischen** den gesetzestreuen »**Hebräern**« und den liberaleren »**Hellenisten**«, denen die Zukunft gehören sollte; letztere wurden aus Jerusalem vertrieben, und bald entstanden überall im griechi-

Paulus widersteht Petrus »ins Angesicht« (Darstellung um 350 n. Chr.)

schen Raum christliche Gemeinden. Damit begann unvermeidlich die Auseinandersetzung mit dem Denken, der Philosophie, der Religion und den Lebensformen der herrschenden Kultur, die als **Hellenismus** bezeichnet wird, weil sie geformt ist vom klassischen Griechentum. Die aus dem Judentum kommende christliche Religion war hierdurch in eine *neue, ganz anders geartete Lebenswelt* vorgedrungen, von wo aus sie sich noch zu Lebzeiten der Apostel nach Westen hin ausbreitete – nämlich über Rom nach Gallien, Spanien und Nordafrika. Die dritte wichtige Sprache der Christen nach dem Aramäischen (der Sprache Jesu) und Griechischen wurde so das **Latein**. Das genannte »Apostelkonzil« aber bildet einen Markstein von epochaler Bedeutung: War die Fortsetzung von Jesu Verkündigung nach Ostern die Geburtsstunde des Christentums als Religion, so kann dieser Konvent als der **Geburtstag des Christentums als *Welt*religion** gelten.

Daher steht in der »Epocheneinteilung« im Anhang: **Beginn der kath. Kirchengeschichte »um 50«**; *katholisch* ist hier im ursprünglichen Sinn von *»universal, weltumspannend«* gebraucht.

2. Christliche Mission

Das Christentum ist nach seinem erstaunlichen Anfangserfolg ungeachtet diverser Verfolgungen **ohne große Rückschläge und ohne Stillstand** stetig und in einigen Phasen sogar sprunghaft **gewachsen**. Schon am Ende des 1. Jahrhunderts gab es *christliche Gemeinden in Palästina, Syrien, auf Zypern, im gesamten Kleinasien, in Griechenland und in Rom, möglicherweise auch bereits in Alexandrien (Nordägypten), Illyrien und Dalmatien (im heutigen Kroatien), Gallien und Spanien* (vgl. die Karten 1 und 2 im Anhang).

a) Merkmale und Voraussetzungen
Der Hauptanteil an dieser schnellen und erfolgreichen Ausbreitung in den Anfängen des Christentums kam **Wandermissionaren** vom Typ des Paulus und seiner Mitarbeiter zu, die von einem ganz enormen **Sendungsbewusstsein und Ausbreitungsdrang** beseelt waren. Dies gründete natürlich in der Begeisterung für die Sache Jesu, aber auch in ihrem **apokalyptischen Weltbild**, d.h. in der Vorstellung, dass angesichts des nahen Weltendes nur noch kurze Zeit für die Verbreitung des Evangeliums verbleibe (*Naherwartung*; vgl. Mt 10,23), oder dass die Weltmission zum Ziel gebracht werden müsse, weil dann erst das Ende kommen könne (Mt 24,14). So wurden die neu gegründeten Gemeinden rasch sich selbst überlassen, um anderswo weitere ins Leben zu rufen. In Eile und Rastlosigkeit suchte man möglichst umfangreiche Gebiete zu erfassen, wobei man freilich nur größere Städte anzielen konnte. Besondere Bedeutung kam der etwa 450 km von Jerusalem entfernten syrischen Großstadt **Antiochien** zu, deren christlicher Gemeinde keine Juden angehörten und die somit nicht mit der Synagoge in dieser Stadt verwechselt werden konnte.

Wichtig ist dabei, dass dieses Christentum nicht nur **gesetzesfrei**, sondern zudem **griechischsprachig** war und daher fast überall zu verstehen war, zumal in vor- und frühchristlicher Zeit griechische Übersetzungen der jüdischen Bibel, also des nachmaligen »Alten Testaments« der Christen, angefertigt worden waren, insbesondere die seit dem 3. Jahrhundert in Alexandrien entstandene sog. *Septuaginta (LXX)*.

Der Überlieferung nach sollen nämlich 70 Älteste von Jerusalem in rund 70 Tagen unabhängig voneinander eine einheitliche Bibelübersetzung geschaffen haben. In Wirklichkeit handelt es sich um eine Sammlung verschiedener Übersetzungen von Schriften des Alten Testaments.

Überdies erfolgte eine *Transformation in die neuen Kulturräume* hinein, ja, jüdische bzw. biblische Kategorien wurden in der christlichen Theologie und Predigt förmlich ausgetauscht gegen religiöse Denk- und Vorstellungsmuster, die den Heidenchristen geläufig waren. Zwar blieb vieles stark jüdisch gefärbt, besonders die Grundformen der Liturgie (z. B. Wortgottesdienst mit Lesung, Mahlfeier, Taufe), anderes aber erfuhr Veränderungen und Entwicklungen, wie z. B. das Gottesbild oder das Eucharistieverständnis. So ist das Christentum (wie letztlich alle Religionen) von Anfang an eine **synkretistische**, aus verschiedenen religiösen Phänomenen verschmolzene und vermischte **Religion** gewesen, die zum einen – wie gesagt – durch das hellenistische Judentum, zum anderen aber auch durch die heidnische römisch-hellenistische Welt maßgeblich geprägt wurde. Was letztere betrifft, so gab es hier die römische Staatsreligion, der es aber um die kultische Absicherung der Politik ging (Stichwort: Kaiserkult – wir werden im nächsten Kapitel über die Christenverfolgungen darauf zurückkommen!), nicht um die Befriedigung privater religiöser Bedürfnisse. In diesem Bereich spielten die sog. **Mysterienreligionen** eine große Rolle, die meist

Kopf des Gottes Sárapis bei der Bergung vor der ägyptischen Küste

aus dem Orient kamen und den Aufstieg vom Tod zum Leben verhießen, wenn man sich dem Schicksal von mythischen Gestalten wie *Mithras* oder *Sárapis* als Eingeweihter zugeselle. Zwar war die Beeinflussung des Christentums durch die Mysterienreligionen nicht übermäßig stark, aber einige Parallelen lassen sich durchaus aufweisen; so entlehnten die Christen etwa den Begriff *»Mysterium«* für das Kultgeschehen und für die Heilsoffenbarung überhaupt oder die Begriffe *»Weihe«* oder *»Einweihung«*, die in den Mysterienreligionen die Aufnahme in die Gemeinde bezeichneten.

Ohne die genannten Voraussetzungen – **Gesetzesfreiheit, Mehrsprachigkeit und Synkretismus** – wäre die weitere Expansion in der Spätantike und die Entwicklung zur eigenen Religion neben dem Judentum kaum möglich gewesen.

Bei der Missionierung im Urchristentum ist nicht nur der geographische und der inhaltliche Aspekt interessant, sondern auch der soziologische, zumal es hier eine weitverbreitete These zu korrigieren gilt, nämlich diejenige, dass das Christentum zu Anfang eine Sklavenreligion gewesen sei. Sicherlich wiesen einzelne Gemeinden etwa im Milieu der Hafenstadt Korinth eine einseitige **soziale Schichtung** auf (1 Kor 1,26 f.), aber aufs Ganze gesehen *entsprach* die Relation zwischen Ober-, Mittel- und Unterschicht in der frühen Kirche *ziemlich genau derjenigen der damaligen Gesellschaft*. Man findet Reiche und Arme, Prominente und einfache Leute. Bemerkenswerterweise gelang es, die krassen sozialen Unterschiede zu integrieren, ohne dass die Gemeinden darüber auseinanderbrachen. Erwähnenswert ist schließlich auch die **Rolle der Frauen** aus allen sozialen Schichten, die in der Frühzeit für das Leben und die Mission in den Gemeinden eine viel größere Bedeutung hatten als in späteren Zeiten, wie schon die vielen namentlichen Nennungen allein in den Paulusbriefen zeigen. (*Auf die Rolle der Frauen wird in Punkt II 2 f noch eigens eingegangen!*)

b) Fördernde und hemmende Faktoren
Obgleich die zahlenmäßig kleine religiöse Bewegung aus dem politisch und kulturell völlig unbedeutenden Volk der Juden am östlichen Rand des über 4 Millionen Quadratkilometer großen römischen Imperiums durchaus nicht den Standards einer seriösen Religion entsprach, gab es eine Reihe von Faktoren, die die anfangs wenig aussichtsreich erscheinende **christliche Mission erleichtert und beschleunigt** haben. Dazu gehört
1. die **Pax Romana**, d. h. die politisch stabile Lage der damaligen Welt unter dem autoritären Regime der Römer. Vom Euphrat bis Spanien und von Britannien bis Ägypten herrschten *ein* Wille, *eine* Verwaltung, *ein* Gesetz. Darüber hinaus gab es ein gut ausgebautes und gesichertes Straßennetz (über 80 000 km!) und Schiffahrtswesen, die eine für damalige Verkehrs-

verhältnisse unerhörte **Mobilität** über weite Distanzen ermöglichte. Davon profitierte auch das Christentum und breitete sich namentlich entlang der Verkehrswege aus.

2. Die politisch-militärisch geeinte Welt war dank des Hellenismus auch **kulturell relativ geschlossen.** Insbesondere gab es im ganzen Reich neben den vielen Provinzsprachen und Dialekten eine **Weltsprache**, die man fast überall verstand, nämlich das *Koinè-Griechisch* (nachklassisches, hellenistisches Griechisch; koinè = [die] allgemeine [Sprache]), in dem das Neue Testament geschrieben und das Evangelium verbreitet wurde.

3. Die **religiöse Toleranz des römischen Staates**, die das Aufblühen einer neuen Religion ohne weiteres ermöglichte, allerdings mit der Auflage, dass die religiöse Bürgerpflicht gegenüber dem Staats- bzw. Kaiserkult erfüllt wurde (der Form musste genügt werden).

4. Ein weiterer Grund für den Erfolg lag beim Judentum, denn das **Diasporajudentum** war weit verbreitet und betrieb selbst intensiv und erfolgreich Mission. An diese Vorarbeit konnte die christliche Mission anknüpfen und bald die jüdische Mission überholen. Insbesondere zum Judentum Konvertierte (*Proselyten* = Hinzugekommene) und »Gottesfürchtige« (= mit dem jüdischen Glauben Sympathisierende, die sich einer jüdischen Gemeinde angeschlossen hatten) konnten nicht selten abgeworben werden.

Das Römische Reich hatte um 50 n. Chr. etwa 60 Millionen Einwohner (entspricht der BRD vor der Wiedervereinigung), davon 10 % Juden.

5. Indirekt förderlich war ab dem 3. Jahrhundert schließlich die **Krise des** schwächer werdenden **römischen Imperiums**, in dem sich die klassische Idee von der Welt als geordnetem, zielgerichteten Universum nur noch mühsam behaupten konnte. Die Menschen waren verunsichert und flüchteten sich verstärkt zu den Mysterienreligionen und zu Dämonen- und Zauberkulten, aber auch das Christentum hatte in dieser Situation mit seinen eindeutigen Aussagen über Welt und Geschichte, durch die Sicherheit seiner Heilsvorstellung, die Klarheit seiner Zukunftsperspektiven und Lebensdirektiven einiges anzubieten.

Es lassen sich aber zumindest auch zwei **hemmende Faktoren** benennen:

1. Der eine lag wiederum in der **Lehre**, von der soeben schon die Rede war. Viele Inhalte waren für Heiden bzw. Juden schlechthin absurd, so z. B. der Monotheismus, die Menschwerdung Gottes oder die Auferstehungsvorstellung. Als penetrant wurde dabei vielfach auch der *Exklusivitätsanspruch des Christentums* empfunden.

2. Der christlichen Mission hinderlich waren natürlich auch die antichristlichen **Pogrome und Verfolgungen** der ersten Jahrhunderte, von denen wegen ihrer Wichtigkeit im folgenden Punkt eigens die Rede sein soll.

c) Die Christenverfolgungen

Wichtig ist es zunächst zu beachten, dass unter dem Begriff »Christenverfolgungen« gewöhnlich **zwei verschiedene Vorgänge** zusammengefasst sind, nämlich

1. zahllose **spontane Pogrome**, also Übergriffe seitens der Bevölkerung, die übrigens den Großteil der Verfolgungen ausmachten, und
2. die reichsweiten, behördlich zentral angeordneten und gesteuerten **Maßnahmen des Staates** gegen die Christen, die es nur von der Mitte des 3. Jahrhunderts bis zum Anfang des 4. Jahrhunderts gab.

Die erste bekannte Gewaltanwendung gegen Christen durch **Kaiser Nero** im Jahre **64** war *keine Christenverfolgung im engeren Sinn*. Vielmehr hatte Nero damals, wahrscheinlich zur Beschwichtigung der öffentlichen Empörung über den von ihm selbst gelegten Brand Roms, eine **hinreichend missliebige Gruppe als Sündenbock** gesucht, um an ihr zur Ablenkung grausame Strafen vollziehen zu lassen, ohne dass jemand die Betroffenen deshalb bedauert hätte. Möglicherweise sind die Apostelfürsten **Petrus und Paulus** hierbei ums Leben gekommen.

Zu 1.: Im Laufe des 2. und 3. Jahrhunderts hat es dann zahlreiche Verfolgungen gegeben, die **deutlich lokal eingegrenzt** waren und *von »unten«* betrieben wurden. Erst auf die Attacken und Anzeigen aus dem Volk hin beschäftigten sich gelegentlich die Behörden damit. Dass die **Christen** immer wieder als **Sündenböcke** herhalten mussten, berichtet *Tertullian*, der erste bedeutende lateinische Kirchenschriftsteller (um 160 – um 220):

»Wenn der Tiber die Mauern überflutet, wenn der Nil die Felder nicht überschwemmt, wenn der Regen ausbleibt, bei Erdbeben und Hungersnot,

Nero – Decius – Diokletian

wenn eine Seuche wütet, gleich schreit man: ›Die Christen vor die Löwen!‹«
Und er fuhr fort: »Aber nur zu, ihr prächtigen Statthalter, macht euch nur
beim Volk beliebter, indem ihr ihm die Christen opfert; ... Nur zahlreicher
werden wir, sooft wir von euch niedergemäht werden: Das Blut der Christen
ist der Same der Kirche.«

Zu 2.: Planmäßig angelegte Unterdrückungsmaßnahmen des Staates gab es
seit der Mitte des 3. Jahrhunderts. Auslöser waren die *bedrohlichen Krisen*
jener Zeit (Wirtschafts- und Finanzkrise, militärische Rückschläge, Epidemien), auf die man u. a. mit einer **restaurativen Religionspolitik** antwortete. Die durch geringere Verehrung offensichtlich erzürnten römischen
Götter sollten hierdurch besänftigt und wieder wie ehedem um ihre Hilfe
angerufen werden. Kaiser **Decius** (249–251) verordnete im Jahre 250 zum
ersten Mal in der Geschichte einen allgemeinen Bekenntniszwang. Alle
Bewohner des Reiches hatten unter Androhung der Todesstrafe den Göt-
tern Roms zu opfern, wobei die offenkundige Zielgruppe dieser Verordnung
die inzwischen zahlreich gewordenen Christen waren. Die Kirche erlitt
durch diese Verfolgung, die unter Decius' Nachfolgern noch bis 260 andau-
erte und auf die völlige Vernichtung des Christentums abzielte, schwere
Verluste; sie hatte viele Märtyrer, aber noch weit mehr *vom Glauben Abge-
fallene* (lat.: *lapsi*), denn viele waren nicht mehr darauf vorbereitet, ihren
Glauben notfalls auch mit dem Blut bekennen zu müssen. Eine letzte kaiserliche Verfolgungswelle folgte schließlich unter **Diokletian** (284–305), der
wie Decius ein halbes Jahrhundert zuvor die Wiederherstellung der altrömi-

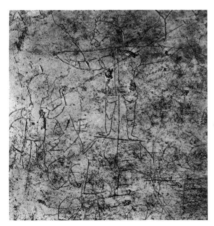

*Kreuzigungsdarstellung mit Eselskopf zur Verspottung eines Christen (mit Namen
Alexamenos). (Graffito an der Mauer des Paedagogiums auf dem Palatin in Rom;
3. Jh.)*

schen Religion gegen alle »Neuerer« durchsetzen wollte. So erging im Jahre 303 ein allgemeines Edikt, wonach die Bücher der Christen zu verbrennen und die christlichen Gotteshäuser zu zerstören waren. Sie selbst wurden aller Ehren und Würden für verlustig erklärt. Auch nach der Abdankung Diokletians 305 gingen die Verfolgungen weiter; erst 311 wendete sich das Blatt – und diesmal endgültig. Bevor wir jedoch auf die Konstantinische Wende zuhalten, zunächst noch einige Sätze zu den innerkirchlichen Konflikten der ersten Jahrhunderte.

3. Häresien und Schismen

Zu den Konflikten, mit denen die Kirche zu leben hatte, gehörten auch die internen **Auseinandersetzungen** *innerhalb* **des Christentums**, entweder um die Disziplin oder um die wahre Lehre (bzw. das rechte Glaubensbekenntnis).

- Geht es um *Differenzen in der Disziplin (Praxis, Ordnung) der Kirche*, so nennt man dies ein **Schisma** (gr. Spaltung),
- geht es um *Differenzen in der Lehre*, so ist der Fachausdruck dafür die **Häresie** (eigentl. [verkehrte] Anschauung, Überzeugung → Irrlehre, Ketzerei).

Zunächst für letztere zwei Beispiele:

a) Die Gnosis
Als die erste gefährliche Häresie hat die Alte Kirche die Gnosis (auch: *Gnostizismus*) angesehen (vgl. die Warnung in 1 Tim 6,20). Sie hat sich als innerchristliche Bewegung wohl im frühen 2. Jahrhundert n. Chr. in den Großstädten der hellenistisch-römischen Welt entwickelt, um das Christentum gebildeteren Nichtjuden mit Hilfe damals gängiger popularphilosophischer Vorstellungen zu erklären und es damit auch in diesen Kreisen religiös konkurrenzfähig zu machen. Die Gnosis basiert auf einer *krass pessimistischen Grundbeurteilung der Welt und des menschlichen Daseins.* Die Welt sei das unselige Produkt eines minderwertigen Gottes, das aufgrund einer Katastrophe in der oberen, eigentlichen Welt des Lichts entstanden sei. Teile des oberen Lichts (Lichtfunken) seien dabei in die unglückliche Gefangenschaft der Materie geraten. Diese Lichtfunken seien das eigentliche Selbst in den Menschen, allerdings nur in denjenigen Menschen, die eine pneumatische, also eine geistige Natur haben. Nur sie, nicht alle Menschen seien erlösungsfähig und könnten durch Erkenntnis (= *Gnosis*) ihrer selbst zur Gotteserkenntnis und damit zur Rückkehr in die Welt des oberen, eigentlichen und guten Gottes gelangen (*Erlösung durch Erkenntnis*).

Gegen die ungemein verzweigte Bewegung der Gnosis *verteidigte man kirchlicherseits u. a. das Gutsein der Welt als Schöpfung, die gnadenhafte und universale Berufung aller Menschen und die geoffenbarte Lehre der Kirche.* Als **Manichäismus** (benannt nach dem Gründer Mani, 216–277) lebte der Gnostizismus bis ins 5. Jahrhundert fort und verselbständigte sich nun zu einer eigenen Religion, die in Gestalt einer großen Synthese die bis dahin existierenden Religionen (samt dem Christentum) überbieten wollte. Im Kampf gegen die Gnosis entwickelte die Kirche viele Formen und Wege der Ketzerpolemik, die dann Jahrhunderte hindurch gegen alle Häresien verwendbar waren. Gleichzeitig wurde *»die kirchliche Theologie in ihren Traditionen einer Suche nach religiöser Erkenntnis als dem Weg zu Gott und Heil nachhaltig von der Gnosis beeinflusst«* (Norbert Brox).

[LIT] Christoph Markschies, Die Gnosis, München ³2010.

b) Der Ketzertaufstreit
Ein weiterer Konflikt ergab sich in der Mitte des 3. Jahrhunderts aus der Existenz häretischer Gemeinden und zwar konkret bezüglich der Frage, **ob Konvertiten aus der Häresie bei ihrem Übertritt zur Kirche nochmals getauft werden müssen.** In Afrika und fast im ganzen Osten war es üblich, die in einer häretischen Gemeinde Getauften wie Ungetaufte zu behandeln und sie daher zu taufen, denn wer (als Häretiker) den Geist nicht besitze, könne ihn auch in der Taufe nicht mitteilen. In Rom dagegen war es Brauch, Konvertiten nicht nochmals zu taufen, da man davon ausging, dass der Täufling mit der richtigen Taufformel und somit gültig getauft sei – *gültig, aber nicht wirksam!* Deshalb wurde die in der Häresie empfangene Taufe durch eine Handauflegung des Bischofs wirksam gemacht. Zum Streit hierüber kam es deshalb, weil Bischof Stephan I. von Rom (254–257) der afrikanischen Kirche die römische Praxis aufnötigen wollte. Die Afrikaner und die meisten anderen östlichen Teilkirchen erhoben energischen Widerspruch und Stephan musste zurückstecken.

> Daran sieht man, dass die Macht des Papsttums damals noch in den Kinderschuhen steckte. Wir werden darauf in Punkt A II 2 c zurückkommen!

Auf die Dauer setzte sich aber dann die römische Praxis und Sakramentsvorstellung doch durch: **Die Gültigkeit des Sakraments ist (bis heute) nicht abhängig vom Lebenswandel des Spenders**, d. h. davon, ob der Spender Heiliger oder Häretiker ist (= Schutz für den Empfänger eines Sakraments), **denn eigentlicher Spender ist letztlich Jesus Christus selbst.**

Neben den Häresien gab es in altkirchlicher Zeit zahlreiche *Schismen.* Auch hierfür ein Beispiel:

31

c) Der Osterfeststreit

Hier ging es um den **Termin des Osterfestes**. Fast alle Teilkirchen feierten Ende des 2. Jahrhunderts Ostern am *Sonntag nach dem ersten Frühlings-vollmond*, nur in manchen Gebieten Kleinasiens und Syriens beging man das christliche Osterfest *am Tag des jüdischen Pessach-Festes*. Kurz nach 150 gab es hierüber ein Gespräch zwischen dem Bischof von Rom (Aniketos) und Bischof Polykarp von Smyrna (heute: Izmir; Kleinasien), der um 167 als Märtyrer starb. Obgleich man keine Lösung fand, blieb die Einheit zunächst ausdrücklich gewahrt (**Einheit in Vielfalt**). Erst Jahrzehnte später verhärtete sich das Klima, als Bischof Viktor I. von Rom (189–199) die Minderheiten-Kirchen unter Androhung der Exkommunikation, also des Ausschlusses aus der kirchlichen Gemeinschaft, ultimativ aufforderte, sich der Praxis der römischen und der meisten anderen Kirchen anzuschließen. Diese Exkommunikation sollte aber dann erst auf dem Ersten Ökumenischen Konzil von Nizäa im Jahre 325 (siehe unten II 3) ausgesprochen werden.

II. Von der Konstantinischen Wende (313) bis zum Konzil von Chalzedon (451)

Nach der Abdankung Kaiser Diokletians im Jahre 305 waren die Christen-verfolgungen – wie erwähnt – unter seinen Nachfolgern weitergegangen. Die Wende leitete dann bereits Kaiser **Galerius** (305–311) im Osten ein. Während einer schweren Erkrankung überdachte er seine bisherige Religionspolitik und revidierte sie schließlich – schon vom Tode gezeichnet – im **Toleranzedikt** vom 30. April **311**, das im ganzen Reich verkündet wurde. Darin heißt es:

»Wir hatten früher die Absicht, alles nach den alten Gesetzen und der öffentlichen Zucht der Römer zu ordnen und vor allem dafür zu sorgen, dass auch die Christen, die die Religion ihrer Väter verlassen hatten, wieder zur rechten Einsicht kämen. ... Da wir aber sehen mussten, dass die meisten unverständig blieben und weder die alten Götter anbeteten und verehrten noch dem Christengott dienten, da haben wir in Anbetracht unserer Milde ... geglaubt, auch auf diesen Fall bereitwillig unsere Gnade dahin ausdehnen zu müssen, dass sie wieder Christen seien und ihre Versammlungen wieder halten dürfen ... Infolge unserer Erlaubnis werden sie nun auch verpflichtet sein, für unser Wohl, das des Staates und das ihrige zu ihrem Gott zu beten, damit das Reich in jeder Hinsicht unversehrt bestehen bleibt und sie selber ruhig an ihrem Herde leben können.«

Damit war das Christentum also wieder zur **geduldeten Religion** (»reli-

gio licita«) geworden (vgl. hierzu S. 35), die freilich sogleich für das Wohl Roms vereinnahmt wird. Kaiser **Konstantin I. der Große** war an dieser Entscheidung zwar nicht unmittelbar beteiligt, aber er war es, der wenig später die **öffentlich geduldete zu einer großzügig geförderten Religion** machen sollte, mit der er sein eigenes politisches Geschick verband.

1. Der Aufstieg zur Staatsreligion und Reichskirche

Konstantin, um 280 geboren, war im Jahre 306 von den Truppen seines Vaters Konstantius zum Augustus, also zum Mitregenten, erhoben worden

> Seit Diokletian gab es zwei Oberkaiser = Augusti
> und zwei Unterkaiser = Caesares

und errang 312 die Vorherrschaft im ganzen Westen gegen Maxentius, im Jahre 324 schließlich im Gesamtreich gegen seinen Mitkaiser Licinius. Vor der **entscheidenden Schlacht gegen Maxentius im Oktober 312 an der Milvischen Brücke** bei Rom stellte Konstantin sich und sein Heer unter den Schutz des Christengottes. Konstantin soll zuvor eine Lichtvision in Kreuzesform gehabt haben, kommentiert durch die Worte:

»In hoc signo vinces!« (In diesem Zeichen wirst du siegen!)

Daraufhin habe er die griechischen Anfangsbuchstaben des Namens Christi (das sog. *Christogramm*) auf die Schilde seiner Soldaten malen lassen und tatsächlich einen glänzenden Sieg errungen. Nach diesem Sieg, der die Überlegenheit des Christengottes augenfällig demonstriert hatte, unterließ der Kaiser das übliche Dankopfer auf dem Kapitol zu Rom und einigte sich mit seinem Schwager und Mitkaiser Licinius im Frühjahr **313** in Mailand auf eine gemeinsame, christenfreundliche Religionspolitik. Diese **Mailänder Vereinbarung** (auch Absprache, Protokoll, Reskript, Konvention, *aber nicht*: Edikt) beruhte auf dem Edikt des Galerius, gestand aber darüber hinaus **allgemeine Religionsfreiheit** zu und forderte die **Wiedergutmachung** aller Schäden, die der Kirche während der letzten Verfolgung entstanden waren.

Goldmünze, deren Vorderseite Kaiser Konstantin mit Christogramm am Helm zeigt. Die Rückseite bildet eine Kaiserstandarte (Labarum) ab, die eine Schlange als Symbol des konkreten wie des teuflischen Widersachers durchbohrt; ganz oben wiederum das Christogramm (4. Jh.).

Auch persönlich wandte sich Konstantin immer mehr dem Christentum zu, behielt aber zeitlebens den Titel eines römischen »*Pontifex maximus*« (oberster Priester; später einer der Titel des Papstes!) bei und ließ sich auch erst kurz vor seinem Tode 337 taufen. Bereits im Jahre 330 gründete er jedoch als christliches Neu-Rom die Stadt **Konstantinopel** (heute: Istanbul). Aus der kleinen Stadt Byzanz am Bosporus war nun die neue, nach dem Kaiser selbst benannte Hauptstadt geworden. Vollendet wurde die Ablösung des Römischen Reiches von der heidnischen Religion dann durch **Theodosius I. d. Gr.** (379–395), der im Jahre **380** durch das berühmte Edikt »Cunctos populos« das **Christentum zur alleinigen Staatsreligion und die christliche Kirche zur Reichskirche** erhob (Häresie ist nun Staatsverbrechen). Viele Tempel wurden jetzt geschlossen, zerstört oder in christliche Kirchen umgewandelt (z. B. das Pantheon in Rom), die Heiden vom Staatsdienst ausgeschlossen, christenfeindliche Schriften verboten und schließlich **391/92 alle heidnischen Kulte und Opfer untersagt**.

Bronzestatue eines christlichen Kaisers (vielleicht Theodosius I.). Das Kreuz wurde erst im Mittelalter eingefügt (Barletta/Süditalien, 4./5. Jh.).

Immer wieder kam es auch zu Ausschreitungen und Übergriffen gegenüber Nichtchristen. Die vor wenigen Jahrzehnten selbst noch Verfolgten mutierten jetzt wiederholt zu Verfolgern, nicht zuletzt gegenüber den mittlerweile so fremd gewordenen »*älteren Brüdern*« (Papst Johannes Paul II.), den **Juden**, die man in reichskirchlicher Zeit wegen Aussichtslosigkeit von der christlichen Mission ausnahm; die Juden waren jetzt also abgeschrieben. So wurden seit dem Ende des vierten Jahrhunderts immer neue Reichsgesetze gegen die Störung jüdischer Feiern, gegen Vandalismus, Synagogenverbrennungen, Pogrome und Konfiskationen notwendig. Allerdings blieb ihnen der Erfolg weitgehend versagt, da sich an die Schutzgesetze keine harten Sanktionen knüpften, wie sie bei antijüdischen Gesetzen die Regel waren. Übertretungen hatten nicht eine unnachsichtige Bestrafung zur Folge, sondern nur die Ermahnung zur Wiedergutmachung.

Selbst hiergegen meldeten jedoch kirchliche Würdenträger Widerstand an, wofür das berühmteste derartige Vorkommnis, das sich mit dem Namen des Mailänder Bischofs und Kirchenvaters **Ambrosius** (um 339 [in Trier!] –

Die rechtliche Situation des Christentums im Römischen Reich

(1.–4. Jahrhundert)

DULDUNG

50 – ca. 100 Das Christentum gilt als jüdische Sekte. Da das Judentum eine geduldete Religion (»religio licita«) ist, wird auch das Christentum solange geduldet, bis es auch nach außen hin sichtbar aus dem Rahmen des Judentums heraustritt und zur eigenständigen Religion wird. Christenverfolgungen haben den Charakter spontaner Pogrome mit lokalen Ursachen und erlöschen schnell wieder.

AUSBREITUNG

100–250 Das Christentum ist als solches (»nomen ipsum«) strafbar. Es besteht somit Rechtsunsicherheit; dennoch kommt es aber (inkonsequenterweise!) nicht zu planmäßigen staatlichen Verfolgungen, sondern »nur« zu spontanen Pogromen, so dass sich das Christentum weiter ausbreiten kann.

VERFOLGUNG

250–311 Das Christentum gilt nun als staatsgefährdend. Es finden reichsweite Verfolgungen mit dem Ziel der Ausrottung des Christentums statt. Zwischen 260 und 303 gibt es allerdings eine über 40-jährige Friedenszeit. Durch das *Toleranzedikt des Galerius von 311* wird das Christentum wieder zur geduldeten Religion (»religio licita«).

FÖRDERUNG

313 Kaiser Konstantin d. Gr. gewährt in der *Mailänder Vereinbarung* mit Licinius allgemeine Religionsfreiheit und fördert und unterstützt anschließend das Christentum *(Konstantinische Wende)*. Daneben bestehen jedoch die anderen im Römischen Reich existierenden Religionen und Kulte weiter (95 % der Untertanen waren Nichtchristen).

STAATSRELIGION

380/391 Kaiser Theodosius d. Gr. erhebt 380 das Christentum zur Staatsreligion und die christliche Kirche zur Reichskirche. 391/92 verbietet er alle heidnischen Kulte und Opfer. Das Christentum ist nun die alleinberechtigte Religion im Römischen Reich.

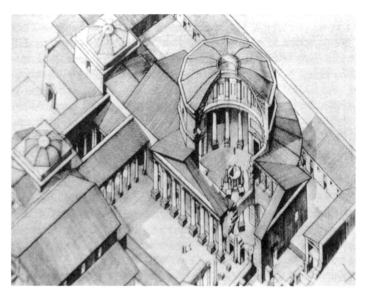

*Rekonstruktion bzw. Modell der konstantinischen Grabeskirche in Jerusalem (oben)
und der konstantinischen Peterskirche in Rom (unten)*

397) verbindet, beredtes Zeugnis ablegt. In *Callinicum*, einer kleinen Grenzstadt am Euphrat (heute: Irak), hatte eine durch den Ortsbischof aufgehetzte Volksmenge im Jahre 388 die dortige Synagoge geplündert und niedergebrannt. Daraufhin befahl Kaiser Theodosius, das Gebäude auf Kosten des Bischofs wiederaufzubauen, die entwendeten Gegenstände zurückzuerstatten und die Schuldigen der gerechten Strafe zuzuführen. Diese Anordnung fand die empörte Missbilligung des Bischofs von Mailand (*Mediolanum*), der in einem langen, leidenschaftlich gehaltenen Brief den Kaiser zur Aufhebung seiner Befehle aufforderte. Er erklärte sich darin bereit, selbst die Verantwortung für die Synagogenzerstörung zu übernehmen: »*Ich erkläre öffentlich, dass ich die Synagoge in Brand gesteckt oder jenen zumindest den Befehl dazu gegeben habe, auf dass es keinen Ort mehr gebe, an dem Christus verleugnet wird. … Es gibt wirklich keinen hinreichenden Grund für all diese Aufregung; … um so weniger, weil ja eine Synagoge eingeäschert wurde, ein Hort des Unglaubens, ein Haus der Gottlosigkeit, ein Schlupfwinkel des Wahnsinns, den Gott selbst verdammt hat.*«

An diesem erschütternden Zitat sieht man, wie weit mittlerweile die Entfremdung zwischen Christen und Juden fortgeschritten war!

Da Ambrosius drohte, das Unheil, das zweien seiner Vorgänger widerfahren sei, weil sie sich um den Wiederaufbau von Synagogen mühten, könne genauso ihm zustoßen, änderte Theodosius aus Angst vor Gottes Zorn seinen Befehl dahingehend, dass nur das gestohlene Sakralgerät ersetzt, der Wiederaufbau aber aus staatlichen Mitteln finanziert werden sollte. Als Ambrosius auch diesen Kompromiss ausschlug, der Kaiser aber nicht weiter nachgeben wollte, trug der Bischof von Mailand bei einer Messe in Anwesenheit des Herrschers sein Anliegen im Rahmen einer Predigt erneut vor. Anschließend stieg Ambrosius von der Kanzel und wartete so lange, bis der Kaiser das Edikt zu widerrufen versprach. »*So ging ich zum Altar, was ich nicht getan hätte, wenn er mir das Versprechen nicht im vollen Umfange gegeben hätte.*« Der römische Kaiser beugte sich damit der massiven öffentlichen Drohung Ambrosius', mit der Eucharistiefeier nicht fortzufahren – und die Aufrührer von Callinicum gingen *straffrei* aus.

Die neue Situation seit der *Konstantinischen Wende* wirkte sich somit erheblich auf den Umgang mit Nichtchristen und auf das Verhältnis von Kirche und Staat aus,

Der Kaiser beugt sich hier einem christlichen Bischof! Damit war Ambrosius der erste Kirchenfürst, der sein Amt erfolgreich zur Beeinflussung von Staatsmännern benutzte.

und auch im öffentlichen Erscheinungsbild hinterließ sie nachhaltige Spuren. In den Städten standen jetzt überall vom Kaiser finanzierte Kirchen (Basiliken), und ab 321 war der Sonntag allgemeiner Feiertag mit Arbeitsruhe und Kultausübung.

> »Der Sonntag und die staatlich anerkannten Feiertage bleiben als Tage der Arbeitsruhe und der seelischen Erhebung gesetzlich geschützt.«
>
> Art. 140 Grundgesetz in Verbindung mit Art. 139 der Weimarer Reichsverfassung
>
> »Der Sonntag ist für uns unantastbar! Das ist keine Sondermeinung der Kirchen, sondern das hat Verfassungsrang.«
>
> Reinhard Marx, Bischof von Trier (2006)

Staatliche Finanzförderung ermöglichte zahlreiche Aktivitäten, v. a. im sozial-karitativen Bereich. Die Bischöfe als Repräsentanten der neuen Reichsreligion erhielten den Status von Beamten mit den zugehörigen Privilegien, z. B. Steuerfreiheit oder juristische Kompetenzen wie die Gerichtsbarkeit in Zivilprozessen, an denen Christen beteiligt waren. Auch im höfischen Protokoll hatten sie jetzt ihren Platz, was sich mit Titel, Ehrenrechten und dgl. verband und ihren sichtbaren Ausdruck fand z. B. in einer besonderen Kopfbedeckung, einem Ring und in speziellen Schuhen. Je nach ihrem Rang hatten die Bischöfe das Recht auf Thron, Weihrauch, Handkuss oder Sängerchor. Diese noch heute in der Kirche geläufigen Elemente sind also **aus dem Hofzeremoniell der spätantiken Kaiser in die kirchliche Liturgie** übernommen. Mit diesen Hoheitsattributen änderte sich zwangsläufig das kirchliche Amtsverständnis: als *Würdenträger* waren die christlichen Oberhirten nun erkennbar, nicht mehr als Diener ihrer Gläubigen.

Auch in der **kirchlichen Frömmigkeit** gab es zahlreiche Praktiken, die eindeutig oder teilweise heidnischen Ursprungs waren. So lebten im Märtyrer-, Toten- und Reliquienkult **heidnische Relikte** fort, ebenso im Wallfahrtswesen und Wunderglauben, in magischen Bräuchen usw. Manches war Symptom unzulänglicher Bekehrung und mangelhafter Kenntnis des Christentums, manches auch Indiz für die geringe Berührungsangst gegenüber Fremdem, lebte man doch in einer neuen Ära, in der das Heidentum für überwunden galt. Im Jahre 529 ließ denn auch Kaiser **Justinian** (527–565) die letzte Bastion des Heidentums, die berühmte Philosophenschule in Athen, schließen und befahl, dass sich alle Heiden taufen lassen müssten. Genau im selben Jahr 529 war es übrigens, dass *Benedikt von Nursia* sein erstes Kloster auf dem *Monte Cassino* in Mittelitalien gründete. Doch zu den Benediktinern (*Ordo Sancti Benedicti* = OSB) später mehr!

[LIT] Karen Piepenbrink, Antike und Christentum, Darmstadt ²2010.

2. Christliches Leben und kirchliche Organisation

Das Hauptinteresse der altchristlichen Kirche lag in der *Verwirklichung ihres Lebens als Gemeinschaft der Glaubenden*. Dies geschah im Aufbau von Gemeinden, in der Organisation ihrer Lebensfunktionen, in der liturgischen Feier der Mysterien des Glaubens, in der Formulierung und Aktualisierung des christlichen Bekenntnisses und in der ethischen Praxis des Christentums.

a) Die Ortskirchen und ihre Communio-Struktur
Wo das Christentum Fuß fasste, bildete es Gemeinden, das heißt (meist kleine) Gruppen von Menschen mit derselben Überzeugung, demselben Lebensethos und mit intensivem Gemeinschaftsleben. Die einzelne Ortskirche war außerhalb ihrer selbst auf nichts angewiesen, um im Vollsinn Kirche zu sein. Aufgrund dieser **Selbständigkeit** ergaben sich Unterschiede von Kirche zu Kirche, etwa in der Verfassung oder auch in der Liturgie, in der es voneinander abweichende Ordnungen, Texte, Termine und Feste gab. Zugleich bedeutete Kirche aber von vornherein auch die **Gemeinschaft** der Ortskirchen. So glich die Kirche der ersten Jahrhunderte einem universalen, regional sehr verschieden dichten **Netz von gleichrangigen, aber oft ganz unterschiedlich gestalteten Ortskirchen** mit ihren Bischöfen. Diese Pluralität war den Kirchen durchaus bewusst. Man sah darin aber nicht einen Mangel, ja man sagte sogar, dass konkrete Unterschiede im kirchlichen Leben die Einheit der Christen im Glauben erwiesen, und man war sich sicher, dass in den unterschiedlichen Zungen der Ortskirchen derselbe Glaube und die eine Christuspredigt zur Sprache kämen.

Das erklärt sich daraus, dass sich alle Teilkirchen gegenseitig auf dem Boden apostolischen Ursprungs stehen sahen, weil in jeder dieser Teilkirchen (zumindest der Legende nach) ein Apostel (oder Apostelschüler) gepredigt, die Kirche gegründet, den ersten Bischof eingesetzt und schließlich dort seinen Tod und seine Ruhestätte gefunden habe. So lebte **jede Teilkirche** in der Überzeugung, **in der Tradition »ihres« Apostels** (bzw. Apostelschülers) zu stehen (*Apostolizitätsbeweis*), der mit allen anderen Aposteln übereinstimme, so dass auch die Kirchen überall übereinstimmten.

> So führt sich etwa die Kirche von *Konstantinopel* auf den Apostel *Andreas* zurück, und die Kirche von *Rom* auf *Petrus*, den jüngeren Bruder des Andreas.

Man hatte dafür einen bezeichnenden Begriff, nämlich lat. **communio** und griech. **koinonia**. Beides heißt Gemeinschaft und meint hier die Universalität der Kirche, insofern zu ihr alle Christen überall im einen Glauben gehören.

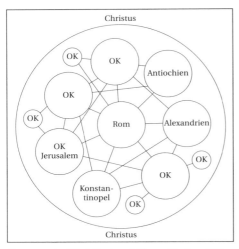

Communio-Modell der frühen Kirche (OK = Ortskirche)

Der Vollzug dieser communio war vor allem die **Eucharistie**: Einheit mit Christus und Einheit der Kirche. Im 4. Jahrhundert hat man den Begriff der communio bzw. koinonia auch als direkte Bezeichnung der Eucharistie gebraucht. Wenn in großen Städten sich nicht mehr alle Christen in einem Raum versammeln konnten, dann feierte man zumindest zur gleichen Zeit wie der Bischof Eucharistie und dieser schickte zum Zeichen der communio Teile des eucharistischen Brotes aus seiner Feier in die einzelnen Gemeinden, wo sie in den eucharistischen Kelch gelegt wurden. Dass diese **Communio auch mit anderen Gemeinden** praktiziert wurde, zeigt sich zum einen an dem umfangreichen Briefwechsel zwischen den einzelnen Kirchen seit dem 1. Jahrhundert (ältestes Beispiel außerhalb der Bibel: 1. Klemensbrief von Rom nach Korinth; um 96). Die Hauptthemen dieser Briefe decken sich mit den drängendsten Anliegen zu jener Zeit: dem rechten Glauben, der Häresie, der Bereitschaft zu Frieden und Einigkeit sowie zu einem sittlich einwandfreien, christlich engagierten Leben. Zum anderen zeigt sich diese Communio an den **Synoden** (griech.: Zusammenkünfte), die seit der 2. Hälfte des 2. Jahrhunderts in großer Zahl abgehalten wurden, um aktuelle Fragen der Kirchenordnung, der Lehre, der Liturgie und der Disziplin zu besprechen. Die Synoden waren, ohne immer sämtliche Differenzen endgültig lösen zu können, das ideale Instrument zur Realisierung oder Rettung der Communio in heiklen Situationen. Allerdings konnte die Communio aufgrund von Sünde und Häresie auch aufgekündigt werden (**Exkommunikation**), und zwar sowohl zwischen Orts- und Teilkirchen als auch innerhalb der Gemeinde gegenüber einzelnen Mitgliedern.

b) Die Entwicklung der kirchlichen Verfassung

Dies war zunächst kein dringliches Problem, da man aufgrund der Naherwartung ja nicht mit einer langen Zukunft der Kirche rechnete. Bald entwickelte sich aber dann doch eine gewisse Ordnung der Zuständigkeiten.

- Der älteste Kreis von herausragenden Männern in der frühesten Kirche waren natürlich die **zwölf Apostel**, denen jedoch keine kirchenamtliche Rolle zukam.

40

- Anders steht es mit der **Dreiergruppe Jakobus, Petrus und Johannes**, die nach Gal 2,9 als die »Säulen«, d. h. die autoritativen Wortführer in der Gemeinde von Jerusalem galten. Jakobus war nach Mk 6,3 ein Bruder Jesu, Petrus und Johannes kamen aus dem Zwölferkreis.
- Schließlich gab es noch die **Gruppe der »Sieben«** in Jerusalem, Männer mit ausschließlich griechischen Namen, die das Leitungsgremium der »Hellenisten« unter den ersten Jerusalemer Jesus-Anhängern gebildet haben dürften.

Bei diesen Autoritätsträgern konnte es auf die Dauer selbstverständlich nicht bleiben; man brauchte verantwortliche Leiter für das Zusammenleben vor Ort. Hier gab es zunächst wiederum unterschiedliche Entwicklungen. Als zentrales und wichtigstes aller Ämter bildete sich dabei das **Bischofsamt** heraus. Ursprünglich handelte es sich hierbei um ein eher unscheinbares Aufseheramt (lat. *episcopus*) mit organisatorischen, administrativen Aufgaben, das auch nicht von einem Einzelnen, sondern durch ein Kollegium von Episkopen wahrgenommen wurde. Bald wurden ihm

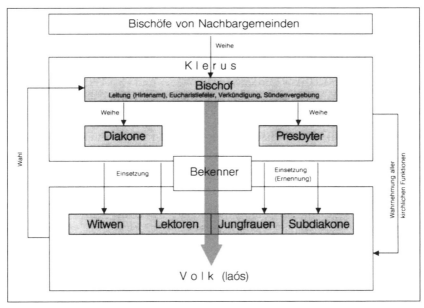

Die Ordnung der Gemeinde nach Hippolyt von Rom *(vor 170 – nach 235). Bei Hippolyt ist die bis heute gültige Trennung in einen Priester- und einen Laienstand (Klerus und Volk) bereits vollzogen. Einziges Bindeglied zwischen beiden Ständen sind die Bekenner, die bei der Berufung zu Diakonen oder Presbytern nicht geweiht zu werden brauchen, weil sie die durch die Weihe vermittelte Gnade aufgrund ihres mutigen Bekenntnisses in einer Christenverfolgung schon besitzen.*

aber dann – nicht ohne Widerstände – weitere Kompetenzen übertragen, insbesondere die Befugnis zur Lehre. So entstand bis zum 3. Jahrhundert das Amt des monarchischen Bischofs, wie wir es bis heute kennen. An der Auswahl eines neuen Bischofs war das Kirchenvolk insofern beteiligt, als es dem vom Klerus vorgeschlagenen Kandidaten die Zustimmung gab oder verweigerte.

Unter dem Bischof standen die **Presbyter** (Älteste) und außerdem die **Diakone**. Diese kirchliche Ordnung sei Abbild bzw. Fortsetzung der himmlischen Ordnung, so argumentierte man, und daher unantastbar:

Ab dem 3. Jahrhundert entwickelte sich auch die Institution des **Metropoliten**, d.h. des Bischofs in der Provinzhauptstadt, der aufgrund der dort abgehaltenen und von ihm einberufenen und geleiteten Synoden den Vorrang vor den anderen Bischöfen seines Sprengels erlangte. Er überwachte außerdem die Disziplin, hatte hohe gerichtliche Zuständigkeiten innerhalb der Kirche und beaufsichtigte und bestätigte Bischofswahlen. Auch unter den Metropoliten der größeren Städte entstanden Rangunterschiede, so dass sich schließlich eine Aufgliederung der Alten Kirche unter fünf **Groß-Metropoliten** (ab 6. Jh.: **Patriarchen**) entwickelte, deren Rang alle übrigen Städte nicht erreichten: Es waren dies *Alexandrien, Antiochien* (heute: Antakya in der südlichen Türkei), *Rom, Konstantinopel*, die 330 durch Kaiser Konstantin eingeweihte zweite Reichshauptstadt, und schließlich *Jerusalem*, das zwar durch die beiden Jüdischen Kriege (66–70 [70: Zerstörung des Tempels!] und 132–135) jede christliche Sonderbedeutung verloren hatte, aber im 4. Jahrhundert als Mutter aller Kirchen wieder in eine (ideelle) Vorrangstellung gerückt wurde. Es gab also vier Patriarchate im Osten und nur eines im Westen: Rom (*Patriarchat des Abendlandes*). Diese Konkurrenzlosigkeit Roms im Westen spielte für die Entwicklung des theologischen Selbstverständnisses des römischen Bischofs eine wichtige Rolle.

c) Die Anfänge des römischen Primats
Seit der zweiten Hälfte des 3. Jahrhunderts hat es den ausdrücklichen Anspruch der Bischöfe von Rom auf einen überregionalen und dann sogar gesamtkirchlichen Vorrang vor allen anderen Bischöfen (= **Primat**, von lat. *primus*: der erste) gegeben, der schließlich zum römischen Papsttum

geführt hat. Die traditionelle theologische Begründung des römischen Papsttums stützte sich v. a. auf **drei Behauptungen**:

1. Gemäß Mt 16,18 f. *(Du bist Petrus, der Fels, und auf diesen Felsen werde ich meine Kirche bauen ... Ich werde dir die Schlüssel des Himmelreichs geben ...)* und Joh 21,15–17 *(dreimalige Frage Jesu: Liebst du mich? Weide meine Lämmer bzw. Schafe)* habe Christus dieses Amt unmittelbar eingesetzt oder zumindest angeordnet.
2. Der Apostelfürst Petrus sei der erste Bischof von Rom gewesen.
3. Die römische Bischofsreihe seit Petrus sei lückenlos.

Zu 1.: Hier muss als sicheres Ergebnis biblischer Exegese festgehalten werden, dass beide genannten Bibelstellen Sätze der frühchristlichen Theologie, nicht aber historische Worte Jesu sind. Zusammen mit anderen Texten beweisen diese Stellen lediglich, dass der Gestalt des **Petrus im Urchristentum herausragende Bedeutung** zukam; ein gesamtkirchliches Leitungsamt hingegen gab es in der Urkirche noch nicht, ja es war damals noch nicht einmal als Absicht erkennbar (keine Stiftung). Der Zusammenhang zwischen den biblischen Petrusstellen und dem römischen Papsttum wurde erst nachträglich hergestellt.

Zu 2.: Die Aussage, dass Petrus der erste Bischof Roms gewesen sei, entstand im 2. Jahrhundert und war dogmatisch motiviert. Wir wissen zwar mit hoher Sicherheit, dass Petrus in Rom war und dort das Martyrium erlitten hat, **über seine Tätigkeit in der Stadt und über seine Rolle in der römischen Gemeinde** ist dagegen **nichts bekannt**. Völlig ausgeschlossen ist, dass er als Einzelperson ihr Bischof war, weil es ja in der Frühzeit nur Bischofskollegien gab.

Zu 3.: Es gibt zwar eine **Liste aller römischen Bischöfe** seit Petrus, aber diese Liste stammt aus dem späteren 2. Jahrhundert (Irenäus von Lyon) und **beruht auf theologischen Vorstellungen**, nicht auf historischen Recherchen. Das Motiv war die Sicherung der eigenen Glaubensüberlieferung, also der **Apostolizitätsbeweis** (für Rom und damit für die Westkirche), wobei man sich zusätzlich auf Paulus berufen konnte (*zwei* Apostelgräber!).

Es mussten erst die beschriebenen **Verschiebungen in der Communio-Struktur** erfolgen (mit der Ausbildung mehr oder weniger wichtiger Einzelkirchen), also eine **Hierarchisierung**, ehe ein kirchlicher Zentralismus denkbar war. Da das Eingreifen Viktors I. im Osterfeststreit wohl noch nicht in die Primatsgeschichte gehört, liegen die Anfänge des römischen Papsttums nicht vor der Mitte des 3. Jahrhunderts. Bischof **Stephan I.** von Rom (Ketzertaufstreit!) war der erste, der dezidiert den **Primatsanspruch** erhob, indem er sich als Nachfolger Petri und als den für alle Kirchen maßgebli-

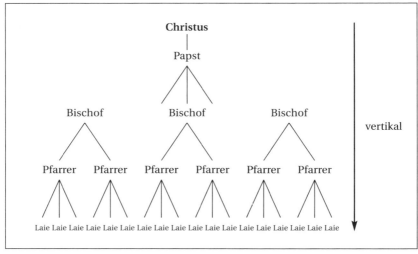

Das Kirchenmodell des Mittelalters, durch das Konzil von Trient (1545–1563) verlängert in die Neuzeit (mittelalterlich-tridentinisches oder vertikales Kirchenmodell)

chen Bischof beschrieb und sich zugleich als erster auf Mt 16,18 berief. Durchsetzen konnte er sich allerdings trotzdem nicht.

Wirkliche Geltung erlangte der Primatsanspruch erst im 5. Jahrhundert, als das weströmische Reich zerfiel und ein Machtvakuum entstand, das die römische Kirche ausfüllen konnte. Konkret war es **Leo I. der Große** (440–461), der die Nachfolge von Kaiser und Imperium antrat und für sich die *Vollgewalt (plenitudo potestatis)* über alle anderen Bischöfe und über die Universalkirche reklamierte. Der Papst war nun zum politischen Machthaber mit dem entsprechenden Hofzeremoniell geworden.

Lediglich **Gregor I. der Große** (590–604), der letzte Kirchenvater, kam noch einmal auf den urchristlichen Diakonia-Gedanken zurück und legte sich neben diversen hoheitlichen Titeln in Anlehnung an Mk 10,44 (»*Wer bei euch der erste – primus! – sein will, soll der Sklave aller sein*«) die Bezeichnung »**Diener der Diener Gottes**« (*servus servorum Dei*) zu, wohl der schönste päpstliche Titel, der aber in der Kirchengeschichte nur eine geringe Rolle spielte.

Obgleich sich der römische Primatsanspruch nie gesamtkirchlich durchsetzen konnte (im Osten wurde er von den meisten Kirchen prinzipiell abgelehnt), war er von größter Bedeutung für die Umgestaltung der Kirchenorganisation von der synodalen Verfassung und der Communio-Struktur hin zu einer hierarchisch-monarchischen Papstkirche, wie wir sie im Wesentlichen bis heute haben.

d) Liturgie, Sakramente (Taufe, Eucharistie, Buße) und Frömmigkeit

Liturgie als Feier und Aktualisierung der Heilsereignisse war den ersten Christen aus ihrem Leben im Judentum wohlvertraut. So kann es nicht verwundern, dass etliche liturgische Elemente im Urchristentum auf den **jüdischen Gottesdienst** zurückgingen (so die Lesung von Bibeltexten, die Homilie, das Gebet und das Singen von Hymnen). Wie auf anderen Gebieten gab es in den ersten Jahrhunderten auch im liturgischen Bereich ein reichhaltiges, kreatives und vitales Leben, ehe es ab dem 6./7. Jahrhundert von Rom aus für den Westen und von Konstantinopel aus für den Osten **Vereinheitlichungsmaßnahmen** unterworfen wurde.

> Konstantinopel kam unter den Patriarchaten des Ostens als Sitz des Kaisers die größte Bedeutung zu, die dadurch verstärkt wurde, dass Andreas, auf den sich die Kirche Konstantinopels zurückführt, zusammen mit seinem jüngeren Bruder Petrus als die ersten Apostel Jesu gelten. So ist der *Patriarch von Konstantinopel* bis heute *Ehrenoberhaupt der Weltorthodoxie.* Als Akt der Ökumene gab Papst Paul VI. 1964 die seit 1462 im Petersdom verwahrte Kopfreliquie des hl. Andreas der Orthodoxie zurück (*vgl. unten B II 6*).

Von zentraler Bedeutung waren *Taufe, Eucharistie und Buße*, wobei hinzuzufügen ist, dass die Alte Kirche noch keinen Sakramentsbegriff als Oberbegriff für bestimmte liturgische Vollzüge kannte und auch noch keine genaue theologische Abgrenzung der (späteren) Sakramente von anderen kirchlichen Riten und Symbolhandlungen.

> Erst durch den Kirchenvater *Augustinus* (354–430) erfolgten diesbezügliche dogmatische Klärungen und damit die Vorbereitung der mittelalterlichen Sakramentstheologie. Aber noch bis zum 12. Jahrhundert sollte es dauern, bis sich die **Siebenzahl** der Sakramente, wie wir sie heute kennen, gegen den sehr weit gefassten Begriff *mysterion* bzw. *sacramentum* der Alten Kirche durchsetzte.

Von Anfang an war die **Taufe** als Untertauchen im Wasser und als Waschung der Ritus der Aufnahme oder Einweihung (*Initiation*) ins Christentum. Die Alte Kirche taufte nicht möglichst rasch und viel, sondern stellte Bedingungen an die Taufbewerber, die in einer eigens eingerichteten Vorbereitungszeit, dem *Katechumenat*, erfüllt werden mussten. Seit dem Beginn des 3. Jahrhunderts gab es die Grundform des Katechumenats

- mit strengen Zulassungsbestimmungen (bestimmte Berufe – Gladiator, Soldat, Schauspieler, Zuhälter – schlossen aus oder mussten aufgegeben werden),
- festgesetzter Dauer (normalerweise 2–3 Jahre),
- anschließender Prüfung des christlichen Lebenswandels und des Leumunds sowie
- Exorzismen (Dämonenaustreibungen).

Die *Tauffeier* selbst bestand aus dem
- Taufbad mit einrahmenden Riten,
- der Handauflegung,
- der Stirnsalbung und
- der Taufeucharistie

und wurde in der Regel vom Bischof, zwei Presbytern und drei Diakonen in einem eigenen kultischen Raum (*Baptisterium* = Taufkirche/-kapelle) vorgenommen.

Die Taufe unmündiger Kinder war zunächst ein Sonderfall und blieb lange umstritten. Erst im 5. und 6. Jahrhundert setzte sich die Säuglingstaufe allgemein durch.

Die **Eucharistie** (griech. Danksagung), die zentrale, anfangs am Sonntagabend stattfindende Feier der altchristlichen Liturgie, war mit einem Sättigungsmahl verbunden, der *Agape* (Liebesmahl). Noch im 1. Jahrhundert wurde aber die Eucharistie von der Agape getrennt und auf den Morgen verlegt, wo bereits der Wortgottesdienst abgehalten wurde. Dies hatte einen symbolischen Grund (Christus als aufgehende Sonne) und einen praktischen Grund (Termin außerhalb der Arbeitszeit). Damit haben wir die **bis heute gültige Verbindung von Wortgottesdienst und Eucharistiefeier.**

Die Eucharistie war im Urchristentum zunächst das
- Todesgedächtnis Jesu, weswegen die Einsetzungsworte zitiert wurden.
- Außerdem war sie Vorwegnahme des endzeitlichen Freudenmahles und
- das Mahl der Gemeinschaft (*communio/koinonia*!) mit dem anwesenden Herrn wie der Gläubigen untereinander.
- Ein weiterer Akzent kam Anfang des 2. Jahrhunderts hinzu, v. a. in der orientalischen Kirche: Die Eucharistie als Gegengift gegen den Tod, als Stärkung der Unsterblichkeitskräfte.
- In der Westkirche dagegen, die immer stark am Problem von Sünde und Gnade interessiert war, wurde die Eucharistie auch als Erinnerung des Kreuzesopfers verstanden, durch welche die Sündenvergebung stets neu wirksam wird (Messopfer!).

Die älteste Darstellung des eucharistischen Mahles. Der links sitzende Vorsteher schickt sich gerade an, das eucharistische Brot zu brechen. Auf dem Tisch sind rechts Brote, in der Mitte Fische (Symbol Christi aufgrund eines griechischen Akronyms; siehe Graphik!) und links ein Weinkelch zu erkennen (Fresko in der Priscillakatakombe in Rom; 2. Jh.)

Hinsichtlich des **Verständnisses der eucharistischen Elemente** Brot und Wein als solche gab es zwei Grundinterpretationen:

- Eine Redeweise, mit der sich vor allem der Name des Bischofs *Ambrosius von Mailand* verbindet, versteht die Eucharistie in einem sehr direkten und realistischen Sinn. **Brot und Wein »sind« schlichtweg der Leib und das Blut Christi.** Der Mahlteilnehmer isst also vom Leib Christi und trinkt dessen Blut.
- Komplizierter gestaltet sich der andere, durch den großen griechischen Philosophen Platon inspirierte Deutungsversuch. Danach **verweisen Brot und Wein als materielle Elemente zwar auf eine tiefere Wirklichkeit, »sind« aber nicht unmittelbar selbst diese Wirklichkeit**, da hinter der sichtbaren Welt eine zweite, geistige existiere, die »Heimat des Göttlichen«. »Wozu bereitest du Zähne und Magen vor? Glaube und du hast (schon) gegessen«, rief *Augustinus*, der Hauptexponent dieser Richtung, aus, um das Gemeinte zu veranschaulichen. *Auf die Dauer hat sich der Sakramentsrealismus des Ambrosius gegenüber der symbolistischen Deutung des Augustinus durchgesetzt* (auf die jedoch die Reformatoren zurückgriffen). Beide Traditionen sind aber Beleg dafür, dass die Eucharistie zunehmend weniger als Mahlfeier der Gemeinde verstanden wurde, sondern vielmehr als Vollzug heiliger Riten und als Akt von Schau und Anbetung.

Noch ein Wort zur *Häufigkeit des Kommunionempfangs*: Während die Eucharistiefeier erst ab dem 4. Jahrhundert täglich stattfand – zuvor anfangs nur am Sonntag, dann auch an anderen Feiertagen und Märtyrerfesten – ist seit dem 2. Jahrhundert überraschenderweise die tägliche Kommunion bezeugt. Denn es war christlicher Brauch, eucharistisches Brot mit in die Häuser zu nehmen und morgens als erste Speise am Tag zu sich zu nehmen. Ab dem 4. Jahrhundert war jedoch der Kommunionempfang innerhalb der Eucharistiefeier nicht mehr selbstverständlich und auf lange Zeit war dann sogar der Priester der einzige, der hier kommunizierte.

Ein wichtiges Thema der Alten Kirche war schließlich die **Buße**, denn hier ging es um die Frage, welche Konsequenzen die *nach* der Taufe begangene Sünde für das Verhältnis zwischen Kirche und Sünder und für die Heilsaussicht des Sünders vor Gott hat. Nach dem hohen damals herrschenden Ethos von den **Getauften als** »**Heilige**« hätte es sie eigentlich gar nicht geben dürfen. Aber gerade während der Christenverfolgungen des 3. Jahrhunderts gab es sogar *sehr viele getaufte Sünder in Gestalt der Abgefallenen (lapsi)*, die in die Kirche zurückdrängten. Neben der strengen Heiligkeitsforderung war aber gemäß dem Vorbild und der Predigt Jesu auch Barmherzigkeit christliche Pflicht der Gemeinde, weswegen man vom 2. Jahrhundert an einen einmaligen, definitiv letzten Bußtermin einräumte und sich in der Praxis überdies mit der Unterscheidung zwischen schweren Sünden, den Todsünden, und leichteren Sünden half.

Ab dem 3. Jahrhundert ist eine *ausgeformte* **Bußliturgie** erkennbar,

- gemäß der der (schwere) Sünder im Bußgewand vor der Gemeinde ein öffentliches Sündenbekenntnis ablegte (*Exhomologese*) mit der Bitte an die Gemeinde um Fürbitte und Wiederaufnahme.
- Daraufhin wurde er vom Gottesdienst ausgeschlossen (*Exkommunikation*) und hatte eine Bußzeit von einigen Wochen oder auch Jahren unter Fasten und Gebet zu absolvieren.

Auf Diebstahl standen 1–2 Jahre, auf Ehebruch 15 Jahre, auf Mord 20 Jahre.

- Nach Erfüllung dieser Auflagen erfolgte – in der Regel am Gründonnerstag – die Wiederaufnahme (*Rekonziliation*), zuerst durch die Gemeinde, ab dem 3. Jahrhundert durch die Handauflegung des Bischofs.

Nach der Konstantinischen Wende wurde dieses Bußverfahren anachronistisch, da sich die langen Fristen der Exkommunikation nicht mit dem neuen Interesse des Staates vertrugen, dass jeder Bürger in die Reichs- und Staatsreligion integriert war. So kam es zu einer Privatisierung des Verfahrens, zum nichtöffentlichen Sündenbekenntnis, aus dem sich im Mittelalter die Ohrenbeichte entwickelte.

Zuletzt noch ein paar Sätze zur altkirchlichen **Frömmigkeit**.

- Hier war erstens die *Heiligenverehrung* von großer Bedeutung, die sich zunächst auf die Märtyrer konzentrierte und dann auch heiligmäßige Bischöfe und Mönche einbezog, und
- zweitens die *soziale Tätigkeit* in Form von Armenpflege, Gefangenenbetreuung und Diensten an Witwen und Waisen, Kranken und Notleidenden.
- Schon im frühen 2. Jahrhundert praktizierten überdies Christen die *Askese*, um durch Enthaltsamkeit und Verzicht im irdischen Leben die

Freuden des Ewigen Lebens zu gewinnen. Die Askese, konkret gelebt als Verzicht auf Besitz, Komfort, Kultur, Ehe, Speise, Trank, Schlaf usw., hatte schon eine beachtliche Tradition, als sie im ausgehenden 3. Jahrhundert durch den Einsiedler Antonius in Ägypten zu einer neuen Form christlicher Existenz ausgestaltet wurde, die uns im nächsten Punkt beschäftigen wird.

e) Die Entstehung des Mönchtums

Das christliche Mönchtum (von griech. *monos*: allein [lebend]) ist in größerem Maßstab entstanden aus einer **(Aussteiger-)Bewegung**, die **gegen die Verweltlichung der Spätantike** protestierte und im besonderen **für die Heiligkeit der Kirche** eintrat, die sie in der Massenorganisation seit der Konstantinischen Wende aufs äußerste gefährdet sah.

Beileibe nicht der erste, aber der wirkungsgeschichtlich bedeutendste Christ, der diesen Weg der Christusnachfolge wählte, war der »Mönchsvater« **Antonius** (um 250–356). Mit 20 Jahren hörte er im Gottesdienst das Evangelium von der Begegnung Jesu mit einem jungen Mann (Mt 19,6–30), der ein vollkommenes Leben führen wollte. Als er hörte, dass es dazu nötig sei, allen Besitz aufzugeben und Jesus nachzufolgen, ging er traurig weg, weil er ein großes Vermögen hatte. Wozu bei diesem jungen Mann die religiöse Kraft *nicht* reichte, genau das wollte Antonius tun. Er stürzte aus dem Gotteshaus, stieg aus seinem bisherigen Leben aus und zog sich in die Wüste zurück – nach damaliger Anschauung nicht bloß ein Ort der Einsamkeit, sondern auch ein Ort der dämonischen Mächte und der Anfechtungen. Bald sammelten sich Gleichgesinnte um ihn: Das christliche Mönchtum war geboren. Und es dauerte nicht lange, da suchten Bischöfe und Kaiser bei Antonius Rat, und er selbst ging in die Städte, um zu predigen. Damit beginnt das, was auch heute noch gilt, nämlich dass die Klöster als Orte der Einsamkeit und Zurückgezogenheit weithin ausstrahlen und zu Zentren geistlichen Lebens, der Kunst, der Kultur und auch der politischen Anregung werden und so zur Verchristlichung der Welt beitragen.

Von Anfang an bildeten sich zwei

Die Versuchung des hl. Antonius durch die Dämonen (Gemälde von Matthias Grünewald, 1512, rechter Flügel des Isenheimer Altars, heute in Colmar)

49

Lebensformen innerhalb des Mönchtums heraus, nämlich das Eremitentum und das Koinobitentum.

1. Die **Eremiten** (griech. *erämos* = einsam, allein; abgesondert lebend) oder **Anachoreten** (griech. *anachorein* = sich zurückziehen), die sich auf Antonius zurückführen, leben in weitreichender, aber nicht völliger Einsamkeit. Sie sind in lockeren Kolonien verbunden, treffen sich zu gemeinsamen Gottesdiensten und sind auf einen geistlichen Vater (*abbas*, daraus später der *Abt*) bzw. eine geistliche Mutter (*Äbtissin*) bezogen. Damit ist schon angedeutet, dass sich auch Frauen von Anfang an zum christlichen Mönchsideal hingezogen fühlten; ein Phänomen, das es in anderen Religionen kaum gibt.

Heute bilden die Frauen in der römisch-katholischen Kirche mit über 700 000 Nonnen (= fast 80 %) sogar die große Mehrheit der Ordensleute.

2. Die andere Lebensform vertreten die **Koinobiten** (Zönobiten; griech. *koinos bios* = gemeinsames Leben). Wie der Name schon sagt, schließen sich diese Mönche auf Dauer in einer Gemeinschaft zusammen, um sich dem Gebet und geregelter Arbeit zu widmen. Man lebt hierzu in einer ummauerten Siedlung, dem Kloster, und nach einer gemeinsamen Regel, für deren Einhaltung der Klostervorsteher (Abt, Prior) sorgt. Diese zweite Form des Mönchtums, die auf den ägyptischen Mönchsvater **Pachomius** (um 290–346/47) zurückgeht, hat sich fast ausschließlich durchgesetzt.

Zwei *Regelwerke* haben dabei bis heute nachhaltigen Einfluss ausgeübt:

- Für den christlichen *Osten* wurde die Regel *Basilius' des Großen*, des Metropoliten von Kappadokien (um 330–379), maßgebend (**Basiliusregel**), der Klöster auch in den Städten ansiedelte. Dies hatte zur Folge, dass sie soziale Aufgaben übernahmen, etwa im Schul- und Bildungswesen, in der Armen- und Krankenfürsorge.
- In den *Westen* (Abendland) sprang der Funke des Mönchtums erst in der zweiten Hälfte des 4. Jahrhunderts über. Hier wurde die **Benediktusregel** maßgeblich, die verbunden ist mit dem Namen des *Benedikt von Nursia* (um 480–547). Sie zeichnet sich aus durch das Bestehen auf der *lebenslangen Bindung an ein bestimmtes Kloster* (*stabilitas loci*) unter der autoritativen Leitung des Abtes und durch eine *sehr ausgewogene Balance zwischen geistlichem Leben* (vor allem in der Liturgie) *und tätiger Kulturarbeit*, die von harter körperlicher Tätigkeit, etwa bei der Urbarmachung des Bodens, bis zu hochstehender geistiger Tätigkeit reicht und sich kurz und prägnant in der berühmten Wendung »**Ora et labora!**« (Bete und arbeite!) zusammenfassen lässt.

Im Osten, wo das kontemplative (beschauliche) Leben stärker im Vordergrund stand, blieben die Klöster selbständig und bildeten allenfalls einzelne Klosterverbände. **Im Westen** dagegen differenzierte sich das Mönchtum im Laufe der Geschichte in eine Fülle von Sonderformen, den **Orden**, aus. Anlass hierfür waren entweder innere Reformbewegungen oder äußere Herausforderungen (wir werden darauf noch zu sprechen kommen!).

Gemeinsam aber ist allen Formen mönchischer Existenz die durch ein **Gelübde** übernommene Verpflichtung, die sog. *evangelischen Räte* zu befolgen, d. h. ein Leben in **Armut, Keuschheit und Gehorsam** (gegenüber der Regel und dem Klostervorsteher) zu führen.

f) Die Rolle der Frauen

Paulus nannte allein im 16. Kapitel des Römer-Briefes eine ganze Reihe von Frauen, die gleich ihm und mit ihm missionarisch wirkten und beim Aufbau und der Leitung der Gemeinden mitarbeiteten.

- So wird Phöbe als Diakonin der Gemeinde von Kenchreä, der Hafenstadt von Korinth, bezeichnet (Röm 16,1),
- die Eheleute Prisca (in der Apg heißt sie Priscilla; sie wird im Neuen Testament meist vor ihrem Ehemann genannt → sie ist die wichtigere der beiden!) und Aquila scheinen als Mitarbeiter des Paulus auf (Röm 16,3),
- Junia (eine spätere Tradition machte daraus einen männlichen Junias, der sonst nirgends belegt ist) gilt als »*angesehen unter den Aposteln*« (Röm 16,7) und
- die Mutter des Rufus war durch ihre Tätigkeit auch zur »Mutter des Paulus« geworden (Röm 16,13).

Diese und weitere Texte im Philipper-Brief (Phil 4,2 f.), im 1. Timotheus-Brief (1 Tim 3,11) und in der Apostelgeschichte (z. B. Apg 18,26) bezeugen den **Einfluss** und den **engagierten Einsatz von Frauen** – insbesondere aus den oberen Schichten – **für das Evangelium und die Organisation der Gemeinden**, gemäß dem Wort des Apostels Paulus in Gal 3,28: »*Es gibt nicht mehr Juden und Griechen, nicht Sklaven und Freie, **nicht Mann und Frau**, denn ihr alle seid ›einer‹ in Christus Jesus*«.

Vom 2. bis zum 4. Jahrhundert veränderte sich das Bild jedoch erheblich. Die traditionelle **Unterordnung der Frau**, vorgebildet in den jüdischen Gemeinden Palästinas und im griechisch-römischen Recht, wo die Frau sogar Eigentum des Mannes war, wurde nun auch vom Christentum übernommen. Ja mehr noch: Unter dem Einfluss gnostischer Vorstellungen und patriarchalischer Traditionen nistete sich die Ansicht einer *Minderwertigkeit der Frau* auch in der christlichen Kirche ein (zuerst vertreten von Tertullian). So wurde etwa behauptet, dass die Frau stärker an die Geschlechtssphäre gebunden sei als der Mann oder dass der eheliche Beischlaf am

Abend vor der Eucharistie die Kultfähigkeit des Priesters beeinträchtige, weil er dadurch verunreinigt würde. Schließlich sei es ja auch die Frau gewesen, die sich habe verführen lassen und dann Adam verführt habe und nicht umgekehrt (vgl. 1 Tim 2,14). So kann es nicht verwundern, dass die Bestrebungen, Frauen definitiv vom Amt auszuschließen, seit dem 3. Jahrhundert intensiviert wurden. Jesus habe keine Frauen ausgesandt und ein Amt für Frauen sei heidnisch und widernatürlich, ja schlechterdings nicht vorgesehen. Unentwegt wiederholte man von den ambivalenten Aussagen im Neuen Testament die negativen, nämlich das »Schweigegebot« (1 Kor 14,34 f.; vgl. auch 1 Kor 11,3.7.9) und das »Lehrverbot« (1 Tim 2,12).

Frauen wurden natürlich nach wie vor gebraucht, aber man beschränkte ihre Befugnisse auf das Notwendigste. So setzte man Witwen als Helferinnen im Gemeindedienst und für besondere Aufgaben ein und beauftragte sie mit dem beständigen Gebet für die Gemeinde. Einzelne Kirchengebiete im *Osten* verwendeten bis zum 10. Jahrhundert aus liturgischen und seelsorglichen Gründen **Diakoni(ssi)nnen** für die Dienste an Frauen – z. B. bei der Taufe von Frauen (was durch die Kindertaufe wegfiel) und in pastoralkaritativer Tätigkeit –, allerdings in deutlicher Nachordnung gegenüber den männlichen Diakonen. Im *Westen* und in Ägypten dagegen gab es dieses Amt der Diakon(iss)in, das sich aus Frauen rekrutierte, die ehelos lebten (*Höherbewertung der Jungfräulichkeit!*), meist in reiferem Alter standen und einen tadellosen Ruf genossen, nicht. Stattdessen stellte man den Frauen das Ideal der züchtigen Hausfrau, der treuen, sich unterordnenden Gattin sowie der gebärfreudigen und fürsorglichen Mutter vor Augen. Diese Entwicklung begünstigte selbstredend auch das Mönchtum und den Zölibat. Parallel zur negativen Sicht der Frau – Tertullian bezeichnete sie als »*Tor zur Hölle*« (*ianua diaboli*), der syrische Kirchenvater Aphrahat († nach 345) als »*Steigbügel Satans*« – stieg die **makellose Jungfrau Maria als das Gegenbild der sündigen Eva** in unerreichbare Höhen. Als sich seit dem 5. Jahrhundert in der Ostkirche die Legende von der Himmelfahrt Mariens (*Transitus Mariae*) verbreitete, gab dies auch der ab dem 3. Jahrhundert nachweisbaren Anrufung Marias im Gebet weiteren Aufschwung.

LIT Klaus Thraede, Art. Frau, in: RAC 8 (1972) 198–269.

3. Die ersten vier Ökumenischen Konzilien (Nizäa, Konstantinopel, Ephesus und Chalzedon)

Kaum hatte die Kirche durch die Konstantinische Wende ihren äußeren Frieden gefunden, da entstanden im Inneren neue Streitigkeiten. Die **Kirche** wurde zum **Schauplatz heftiger Lehrgegensätze**, in die die römischen

Kaiser maßgeblich eingriffen. Es ging v. a. um zwei Fragen, die schließlich durch allgemeine Konzilien entschieden wurden:

1. **Wie ist das Verhältnis zwischen Gottvater, Jesus Christus und dem Heiligen Geist?** Mit dieser Frage der *Trinitätstheologie* beschäftigten sich die Ökumenischen Konzilien von Nizäa 325 und Konstantinopel 381.

2. **Wenn Jesus zugleich Gott und Mensch ist, wie ist dann das Verhältnis zwischen seiner göttlichen und seiner menschlichen Natur?** Mit dieser Frage der *Christologie* befassten sich die Ökumenischen Konzilien von Ephesus 431 und Chalzedon (sprich: Kalzédon) 451.

> Zur Lage der Konzilsorte siehe die Karten 1 und 2 im Anhang!

Die Bezeichnung »**Ökumenische Konzilien**« besagt, dass diese Versammlungen
1. die gesamte Kirche repräsentierten (nicht nur einen Teil),
2. universalkirchliche Angelegenheiten (nicht nur lokal relevante Fragen) verbindlich regelten und
3. die Ergebnisse allgemein rezipiert, also angenommen wurden.
Die im heutigen Kirchenrecht (CIC 1983, can. 344) genannten Kriterien (v. a. hinsichtlich der Befugnisse des Papstes) hatten dagegen damals noch keine Gültigkeit. Vielmehr wurden die altkirchlichen Konzilien jeweils *vom Kaiser einberufen, eröffnet, geleitet und bestätigt.*

Zu 1. In der neutestamentlichen und frühkirchlichen Überlieferung war die Rede von Gott (Vater), vom Sohn (Logos) und vom Geist; deren Verhältnis zueinander war jedoch weithin unbestimmt und ungeklärt.

> Unter dem Einfluss des Hellenismus wollte man sich damit jetzt nicht mehr begnügen. Das griechische Denken sucht die *Spekulation*; energisch will es in das Wesen der Welt und der Götter eindringen, ja hinter deren Wesen blicken. Jede Argumentation muss dabei einleuchtend und logisch, jede Beweisführung wohlbegründet sein. *Diese wissenschaftliche Methode machten sich bald christliche Theologen zu eigen und wandten sie ihrerseits auf das Wesen des christlichen Gottes an.*

Lediglich das Verhältnis Vater – Sohn hatte man bislang meist so aufgefasst, dass zwar auch der Sohn »göttlich« oder »Gott« ist, aber dem Vater untergeordnet (*Subordinatianismus*, von lat. subordinatio = Unterordnung). Nach einigen Diskussionen im 3. Jahrhundert flammte die Kontroverse im 4. Jahrhundert als sog. **Arianismus**streit (318–381) neu auf. Die Bezeichnung geht auf einen Presbyter in Alexandrien mit Namen **Arius** zurück, der eine extrem subordinatianistische Theologie vertrat. Demnach ist der **Vater allein ungezeugt und ungeworden**, allein ewig und ohne Anfang und deshalb auch alleiniger wahrer Gott. Der Sohn ist dies nach Arius alles nicht, sondern geschaffen und geworden: Der Sohn »war nicht, bevor er geboren wurde«, so lautete eine seiner provokanten Formulierungen.

Dabei berief er sich auf die alttestamentliche Bibelstelle Spr 8,22, wo es heißt: »*Der Herr erschuf mich als Anfang seiner Wege*« (in Wirklichkeit bezieht sich dieser Satz auf die *Weisheit* als Gabe Gottes!).

Gegen diese Lehre wandte sich der junge Diakon des Bischofs Alexander von Alexandrien, **Athanasius** (um 295–373), dem es um die Tatsache der Erlösung ging: **Wenn Jesus wirklich der Retter der Welt ist**, so argumentierte er, dann **kann er nicht selbst ein erlösungsbedürftiges Geschöpf sein.** Wenn Arius Jesus auf die Seite der Erde zieht, dann raubt er uns den göttlichen Erlöser. Eine Synode von etwa 100 ägyptischen und libyschen Bischöfen verurteilte 319 Arius als Ketzer, von anderen Synoden dagegen wurde er rehabilitiert, so dass der ganze Osten in zwei Lager gespalten war.

Um der Zerstrittenheit ein Ende zu machen, verfügte Kaiser Konstantin erstmals eine Synode der gesamten Reichskirche, die im Mai **325** in **Nizäa** (Nikaia; heute: Iznik / Türkei) mit 300 Bischöfen eröffnet wurde. Aus dem lateinischen Westen waren nur 5 Teilnehmer dabei und auch diese wohl nur, weil sie sich gerade zufällig am Kaiserhof aufhielten. Der damalige Papst, Silvester I. (314–335), ließ sich aus unbekannten Gründen vertreten, was die Päpste auch auf den folgenden Konzilien so hielten. Nach harten Debatten und unter Rückgriff auf ein älteres Glaubensbekenntnis fassten die Konzilsväter ihre Auffassung bezüglich des Sohnes schließlich in folgende Worte (DH 125):

»*Wahrer Gott vom wahren Gott,*
gezeugt, nicht geschaffen,
eines (gleichen) Wesens (griech. **homoúsios**) *mit dem Vater.*«
[vgl. den Begriff Homosexualität; usía = Wesen]

In diesen drei Zeilen des gezielt gegen Arius gerichteten nizänischen Bekenntnisses ist die Theologie des Konzils konzentriert, die übrigens exakt den Vorstellungen der Westkirche entsprach.

Dort kannte man seit Tertullian für den Sohn das Attribut *consubstantialis* (gleichen Wesens).

Einiges spricht dafür, dass der Kaiser dem Begriff *homousios* zum Durchbruch verholfen hat; jedenfalls verbannte er Arius und die beiden Bischöfe aus seinem unmittelbaren Anhang, die als einzige das Bekenntnis von Nizäa nicht unterschrieben hatten. Das Problem schien damit erledigt, aber die Harmonie täuschte. Knapp drei Jahre nach dem Konzil entschloss sich Kaiser Konstantin überraschend zu einer scharf proarianischen Politik, obwohl er die Konzilstheologie doch maßgeblich beeinflusst hatte, freilich ohne dogmatisch wirklich informiert zu sein. Über die Gründe kann man nur spekulieren, sie dürften aber taktischer und politischer Natur gewesen sein. Die Westkirche hielt in dieser Situation konsequent an Nizäa fest, im Osten aber nahmen die Versuche zu, gegen das Konzil eine neue Formel zu kreieren.

Damit hing es zusammen, dass die heikle Frage jetzt auch bezüglich des *Heiligen Geistes* gestellt wurde: **Wie verhält sich der Geist zu Vater und Sohn?** Um 360 scheint dieses Thema in Ägypten, wenig später in Kleinasien als zusätzliche Komplikation in die Debatte gekommen zu sein. Ein scharfer Kurswechsel erfolgte dann aber mit Theodosius d. Gr., den wir ja schon durch sein Edikt von 380 kennen, in dem er alle Reichsbewohner auf den christlichen Glauben des Bekenntnisses von *Nizäa* verpflichtete. Die arianischen Bischöfe wurden vertrieben und die Arianer fortan bekämpft. Um den Arianismusstreit endgültig zu beenden und die kirchlichen Verhältnisse zu normalisieren, berief Theodosius im Jahre **381** ein Konzil nach **Konstantinopel** ein. Dieses Konzil mit etwa 150 Teilnehmern einigte sich auf ein im antiarianischen Sinn stark erweitertes Glaubensbekenntnis, das sog. **nizäno-konstantinopolitanische Symbolum,** das bis heute als »**Großes Glaubensbekenntnis**« in liturgischer Verwendung ist und das einzig wirklich ökumenische, d. h. von allen christlichen Kirchen akzeptierte, darstellt. Das dogmatisch Neue sind die Aussagen über die Homousie des Geistes, über den es hier heißt (DH 150):

> *»Wir glauben … an den Heiligen Geist,*
> *den Herrn und Lebensspender,*
> *der aus dem Vater hervorgeht,*

Im 6. Jahrhundert *im Westen* erweitert zu »*der* **aus dem Vater und dem Sohn (filioque)** *hervorgeht*«. Dadurch Betonung ihrer Wesensgleichheit, die hier durch den Arianismus stärker in Frage gestellt war als im Osten, wo das »*filioque*« nie akzeptiert wird.

> *der mit dem Vater und dem Sohn angebetet und verherrlicht wird,*
> *der gesprochen hat durch die Propheten.«*

Um Gott zu beschreiben, sprach man in Konstantinopel von **einem Wesen** (*usía*) **in drei Verwirklichungsgestalten** *(lat. persona; griech. hypóstasis →* *Hypostatische Union)* oder – wie wir heute sagen – ein Gott in drei Personen. Damit ist die **Lehre von der Dreifaltigkeit** (trinitarisches Dogma) ausgebildet.

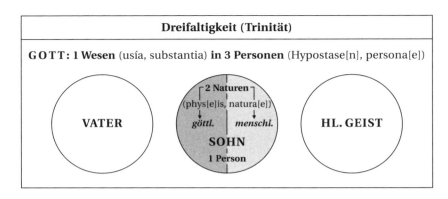

Dreifaltigkeit (Trinität)

GOTT: 1 Wesen (usía, substantia) **in 3 Personen** (Hypostase[n], persona[e])

| VATER | ⌐2 Naturen⌐ (phys[e]is, natura[e]) *göttl.* \| *menschl.* **SOHN** 1 Person | HL. GEIST |

Wie sehr die Diskussion über diese abstrakten theologischen Probleme damals selbst »den Mann von der Straße« erfasste, zeigt die Situation in der Konzilsstadt Konstantinopel im Jahre 383: »*Wenn du fragst, wie viel*« es kostet, so philosophiert »*dir der Verkäufer etwas vor über Gezeugt- und Ungezeugtsein. Wenn du nach dem Preis des Brotes fragst, antwortet man dir, der Vater ist größer als der Sohn und der Sohn dem Vater untergeordnet. Wenn du fragst, ob das Bad schon hergerichtet ist, antwortet man dir, der Sohn ist aus dem Nichts geschaffen*« (Gregor von Nyssa).

Zu 2. Sachlich und zeitlich überschnitt sich die trinitarische Diskussion, die in Nizäa und Konstantinopel entschieden wurde, mit der *christologischen* Kontroverse um die zutreffende Redeweise über das besondere Sein, das Wesen Jesu Christi. Konkret ging es um die Frage, **wie beide Wirklichkeiten – das Göttliche und das Menschliche – in ein und demselben Christus gegeben sein können.** Hierbei standen sich die großen kirchlichen Schulen von Alexandrien und Antiochien gegenüber:

- Die von Aristoteles bestimmte **antiochenische Schule** betonte die *Trennung der beiden Naturen in Christus*, da nur auf diese Weise die volle Menschennatur Christi gewahrt werden könne. So ist es nur folgerichtig, dass der antiochenisch geprägte Bischof von Konstantinopel, **Nestorius**, Maria nicht als *Gottesgebärerin* (griech. *Theotokos*; heute: Gottesmutter, Mutter Gottes), sondern nur als Christusgebärerin (griech. *Christotokos*) bezeichnen wollte. Denn Maria habe nur den Menschen Jesus zur Welt gebracht, in dem Gott dann »*wie in einem Tempel wohnte*«.

- Die an Platon orientierte **alexandrinische Schule** mit Bischof **Kyrill** von Alexandrien (gest. 444) als Hauptexponenten vertrat dagegen die *volle Einheit und Gottheit der Person Christi*, wobei die göttliche Natur die menschliche gleichsam »aufsaugt«. Dadurch *verbleibt letztlich nur noch eine Natur, die göttliche*, während die geschichtlich-persönliche Seite an der Person Jesu nicht von Belang ist. Der radikalste Vertreter dieser Richtung war der alte Mönch *Eutyches* in Konstantinopel, der ab 447 hervortrat und behauptete, der Körper Christi habe nur wie ein menschlicher ausgesehen. Das war die reinste Form des *Monophysitismus* (»Eine-Natur-Lehre«), wie ihn die Alexandriner vertraten.

Zunächst entzündete sich die Auseinandersetzung an der Person des Nestorius, weswegen man vom *Nestorianischen Streit* spricht. Als Kaiser Theodosius II. **431** ein Konzil nach **Ephesus** einberief, an dem 150 Bischöfe teilnahmen, ergriff Kyrill von Alexandrien sofort die Initiative und setzte durch, dass *Nestorius abgesetzt und exkommuniziert* wurde und **Maria** fortan als **Gottesgebärerin** zu verehren sei. Dies waren auch die einzigen beiden Ergebnisse dieses Konzils. Die Antiochener veranstalteten mit 50 Bischöfen ein Gegenkonzil, das aber vom Kaiser nicht anerkannt wurde.

Die Hauptentscheidung in der christologischen Frage fiel dann 20 Jahre später, **451** in **Chalzedon** (heute ein Stadtteil der asiatischen Seite von Istanbul), wo mit über 500 Bischöfen, darunter 6 aus dem Westen, das *größte Konzil der Alten Kirche* stattfand, zugleich das letzte, auf dem die Alte Kirche in ihrer Gesamtheit vertreten war. Es bekannte Christus als wahren Menschen und wahren Gott in zwei Naturen, die in der einen Person Christi

- »**unvermischt**« (gegen die Alexandriner), aber auch
- »**ungetrennt**« (gegen die Antiochener)

vorhanden sind. Christus ist also dem Vater wesensgleich (*homousios!*) seiner Gottheit nach und dem Menschen wesensgleich seiner Menschheit nach (DH 302 bzw. 301; *vgl. nochmals die Graphik auf S. 56*).

Dieses Bekenntnis wehrte extreme Positionen auf beiden Seiten ab, blieb aber lange umstritten. Ägypten war damals bereits stark monophysitisch geprägt und blieb dabei, so dass die v. a. in Ägypten und Äthiopien verbreitete koptische Kirche bis heute monophysitisch ist.

Was bedeutet die Definition von Chalzedon für uns heute?

1. Gott sagt ein entschiedenes, unwiderrufliches und abstrichloses Ja zu seiner Schöpfung. Die Welt in sich ist eine Einheit, der sich Gott in Jesus Christus verbindet (*Blickrichtung: Gott → Mensch*).
2. Der Mensch ist Gottes fähig und Gottes würdig und verbindet mit ihm und durch ihn die ganze Schöpfung (*Blickrichtung: Mensch → Gott*).

Dies alles zeigt und vollendet sich in Jesus Christus, weil er in wahrer und unverkürzter Weise Gott und in ebenso wahrer und unverkürzter Weise Mensch ist. Nachfolge Christi bedeutet von daher Streben nach dem vollen Menschsein. Wo echte Humanität, wirkliche Menschlichkeit gelebt wird, dort geschieht wahre Christusnachfolge. Dies ist der tiefste Sinn des beim ersten Hören so salopp klingenden Satzes: *Mach's wie Gott, werde Mensch!*

LIT Franz Dünzl, Kleine Geschichte des trinitarischen Dogmas in der Alten Kirche, Freiburg i. Br. [2]2011.

4. Große Theologen und Kirchenväter der Alten Kirche

Aus der Zeit der Alten Kirche ist eine große Zahl christlicher Schriften überliefert. Dies ist kein Zufall, denn das Christentum vermittelte sich nicht nur als Kult, sondern durch Lehre, Mission, Bekenntnis und Theologie. Die altkirchliche Literaturgeschichte kennt, genau wie die antike Literatur generell, die Phänomene der **Anonymität** (Schriften ohne Verfasserangabe) und der **Pseudepigraphie** (Schriften mit falschem Verfassernamen aufgrund von Irrtum, Verwechslung oder Absicht).

Dennoch sind uns die Autoren der meisten christlichen Schriften aus den ersten Jahrhunderten nach Christi Geburt bekannt. Mit diesen Werken und ihren Urhebern beschäftigt sich eine eigene kirchengeschichtliche Disziplin, nämlich die **Patrologie** oder *Patristik* (Väterkunde), die sich aber nicht auf die Kirchenväter im eigentlichen Sinn beschränkt, sondern mit der altchristlichen Literatur des 1. bis 8. Jahrhunderts insgesamt befasst. In unserem Rahmen müssen wir uns mit ein paar Biogrammen (in zeitlicher Reihenfolge) begnügen.

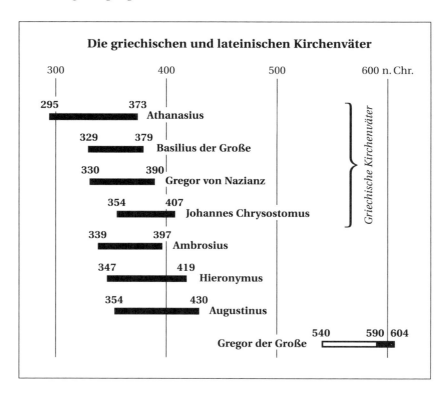

a) Tertullian

Tertullian (um 160 – nach 220), der überwiegend in Karthago wirkte, ist der älteste *lateinisch* schreibende Kirchenschriftsteller und zugleich der erste Zeuge für die Kirche Nordafrikas. Durch die prägnante Formulierung grundlegender Gedanken gehört Tertullian zu den Begründern christlicher Theologie und war maßgeblich an der Profilierung des Christentums gegenüber konkurrierenden Weltanschauungen beteiligt.

b) Origenes

Origenes (um 185 – um 254), Leiter der christlichen Katechetenschule in Alexandria, war ein großer Asket (bis hin zur Selbstentmannung), ein gefeierter Redner, ein überaus fruchtbarer Schriftsteller (wohl über 1000 Schriften) und der Vater der christlichen Mystik. Er starb an den Folgen der Misshandlungen, die er während der Decischen Verfolgung des Jahres 250 erlitten hatte. Insgesamt kann er als bedeutendster, aber auch umstrittenster Theologe der Patristik vor dem Konzil von Nizäa gelten.

Nun kommen wir zu den eigentlichen **Kirchenväter**n. Nach katholischer Lehre hat ein Kirchenvater *vier Kriterien* zu erfüllen: Er muss sich
1. durch eine *rechtgläubige Lehre* und
2. durch einen *heiligmäßigen Lebenswandel* auszeichnen;
3. er muss *der Alten Kirche zugehören* und
4. es müssen *Person und Lehre von der Kirche anerkannt* sein.

Diese Bedingung kostete Tertullian und Origenes die Aufnahme unter die Kirchenväter, weil die spätere Kirche bei beiden einige Lehren beanstandete und Origenes sogar wiederholt als Ketzer verurteilte (2. Konzil v. Konstantinopel; DH 433).

> Für die **Kirchenlehrer** der späteren Zeit gelten die Kriterien 1, 2 und 4 ebenso, nur die für sie unerfüllbare dritte Anforderung wird durch *vorzügliche Gelehrsamkeit* ersetzt.

c) Basilius d. Gr.

Basilius (um 330–379), Bischof von Caesarea (Kappadokien; heute östl. Türkei), ist v. a. als Klostergründer und als Vater des morgenländischen Mönchtums (Basilius-Regel ist dort bis heute die einzige Regel!) in die Geschichte eingegangen, aber auch als Förderer des nizänischen Glaubens und Wegbereiter des Konzils von Konstantinopel sowie als Pionier der christlichen Caritas, der Caesarea mit diversen Hilfseinrichtungen ausstattete.

Basilius ist der ältere Bruder *Gregors v. Nyssa* (um 338/38 – nach 394) und Freund *Gregors v. Nazianz* (um 280–374), die zusammen als die drei kappadokischen Väter oder kurz die *drei Kappadokier* bezeichnet werden.

d) Ambrosius

Dass wir Ambrosius (um 339 *in Trier* – 397), Bischof von Mailand, als unnachgiebigen Kirchenpolitiker kennengelernt haben, kann nicht überraschen, wenn man weiß, dass er zuvor römischer Provinzstatthalter war – ebenfalls mit Amtssitz in Mailand. Ambrosius gehört zu den entscheidenden Köpfen bei der Übernahme wissenschaftlicher und spiritueller Theologie aus der östlichen Kirche und bei der Vermittlung zwischen antiker Kultur und christlichem Glauben. Überdies ist er ein bedeutender Förderer des Mönchtums und als Dichter großartiger Fest- und Heiligenhymnen der Vater des lateinischen Kirchengesangs.

e) Hieronymus

Hieronymus (um 347 *in Dalmatien* – 419) war der einzige Kirchenvater, der es nicht zum Bischof brachte. Er ist im Wesentlichen der Schöpfer der bis heute gebräuchlichen lateinischen Bibelübersetzung (*Vulgata = die Allgemeinverbreitete*), wozu er das Alte Testament erstmals ins Lateinische übertrug und die altlateinischen Evangelienübertragungen revidierte. Außerdem übersetzte er Texte griechischer Schriftsteller wie Origenes oder *Eusebius von Caesarea* (um 260 – um 339), dem ersten christlichen Kirchenhistoriker (Verfasser der »*Historia ecclesiastica*«, reichend von Jesus bis 324). Hieronymus, der seit 386 in Bethlehem lebte, kann wie Ambrosius als maßgeblicher Vermittler östlichen Glaubensgutes an das Abendland gelten und steht im Mittelalter und in der Frühen Neuzeit an Einfluss Augustinus kaum nach.

f) Augustinus

Stärker als jeder andere Denker des christlichen Altertums hat Aurelius Augustinus (354–430) die Theologie und Philosophie durch die Jahrhunderte hindurch bis zur Gegenwart beeinflusst und soll deshalb etwas ausführlicher vorgestellt werden. Geboren in Thagaste im heutigen Algerien als Sohn eines religiös indifferenten Gutsverwalters, studierte er in Karthago und war anschließend einige Jahre als Rhetoriklehrer tätig. Er wand-

Ältestes Porträt von Aurelius Augustinus (Fresko in der päpstlichen Bibliothek des Lateran, Rom, um 600)

te sich dem *Manichäismus*, also der Fortsetzung der Gnosis, zu und ging dann nach Rom und Mailand, v. a. um sich von seiner Mutter *Monica* zu lösen, die als Christin immer wieder seinen ausschweifenden Lebenswandel kritisierte (so hatte er ein langjähriges Verhältnis mit einem Mädchen aus niederem Stand, aus dem auch ein Sohn mit dem schönen Namen Adeodatus – von Gott gegeben – hervorging). In Mailand besuchte er aus beruflichen Gründen die *Predigten des Ambrosius*, der seinem Leben die große Wende geben sollte. Diese Predigten, die Gespräche mit ihm und die Begegnung mit anderen Christen führten Augustinus dem christlichen Glauben zu, aber die endgültige Entscheidung schob er immer wieder hinaus. Da hörte er in seinem Garten vom Nachbarhaus her eine Kinderstimme, die immer wieder sagte:

»*Tolle, lege, tolle, lege!*« (Nimm und lies!)

Dies verstand Augustinus als göttlichen Befehl, die Heilige Schrift aufzuschlagen und die erste Stelle zu lesen, auf die sein Blick fiel. Es war Röm 13,13 f., wo es heißt: »*Lasst uns ehrenhaft leben … ohne Gelage und Besäufnisse, ohne Unzucht und Ausschweifung, ohne Streit und Eifersucht. Zieht an den Herrn Jesus Christus und hütet euch vor fleischlichen Gelüsten.*« – »*Weiter wollte ich nicht lesen, brauchte es auch nicht. Denn kaum hatte ich den Satz beendet, durchströmte mein Herz das Licht der Gewissheit, und alle Schatten des Zweifels waren verschwunden.*« So beschrieb er selbst später, was in diesem Moment in ihm vorging.

Augustinus gab seine Lehrtätigkeit auf, trennte sich von seiner Lebensgefährtin und zog sich mit einigen Freunden und mit seiner Mutter, die nach Mailand gekommen war, auf ein Landgut am Comer See zurück, um sich auf die *Taufe* vorzubereiten, die er in der Osternacht des Jahres *387* durch Bischof Ambrosius gemeinsam mit seinem Sohn Adeodatus (372–390) und einem Jugendfreund empfing. Nach dem Tod seiner Mutter kehrte er 388 in die Heimat zurück und führte mit seinen Freunden auf dem väterlichen Besitz drei Jahre lang ein klosterähnliches Leben. Anläßlich eines Besuches in **Hippo Regius** (heute Annaba/Algerien) wurde er von der christlichen Gemeinde, die auf der Suche nach einem neuen Presbyter und Prediger war, unvermittelt hierzu bestimmt und von Bischof Valerius geweiht, dem er **um 396** als **Oberhirte** dieser Hafenstadt nachfolgte. In der Folgezeit war er an zahlreichen theologischen und kirchenpolitischen Kontroversen beteiligt und entfaltete eine reiche schriftstellerische Tätigkeit. Seine berühmtesten Schriften sind

- die »**Confessiones**« (Bekenntnisse), in denen er seinen wechselvollen Lebensweg bis zum Empfang der Taufe in der Erinnerung abschreitet, und
- sein Hauptwerk »**De civitate Dei**« (Der Gottesstaat). Konkreter Anlass für die Abfassung dieser umfangreichen Apologie war die Eroberung und

Plünderung Roms durch den Westgotenkönig Alarich im Jahre 410, bei welcher Gelegenheit wieder der alte Vorwurf erhoben wurde, die Christianisierung des römischen Reiches sei die Ursache für seinen Niedergang. Demgegenüber entwarf Augustinus eine umfassende **Deutung der Menschheitsgeschichte**, wonach die Welt zweigeteilt sei in die Bürgerschaft Gottes (*civitas Dei* oder *civitas caelestis*), die nach dem Willen Gottes leben will, und die Bürgerschaft dieser Welt (*terrena civitas* oder *civitas diaboli*), die nach dem Fleisch leben will. Das eigentliche Geschehen hinter aller Geschichte sei der Kampf dieser beiden Kräfte miteinander. Die Grenze zwischen den beiden *Civitates*, die erst beim Jüngsten Gericht getrennt würden, sei dem Menschen innergeschichtlich unerkennbar, aber durch sein Verhalten zu Gott bestimme er, welcher Bürgerschaft er angehört. Denn der Ursprung dieser Zweiteilung liege in zweierlei Arten von Liebe, der Selbstliebe bis zur Verachtung Gottes und der Gottesliebe bis zur Selbstverachtung (vgl. De civitate Dei 14,28).

Augustinus ist **für die westliche Kirche der wichtigste Theologe überhaupt.** Allerdings hat er sie durch den düsteren Ernst seiner manichäisch beeinflussten, Erbsünde und Geschlechtstrieb koppelnden Anthropologie auch mit einer schweren Hypothek belastet, die bis heute in *leib- und sexualfeindlichen Tendenzen* nachwirkt.

LIT Hartmut Leppin, Die Kirchenväter und ihre Zeit, München [2]2007.
Therese Fuhrer, Augustinus, Darmstadt 2004.

Wenn Sie Ihr Wissen überprüfen wollen:

1. Welche Faktoren förderten und welche hemmten die christliche Mission?
2. Definieren Sie die Begriffe »Häresie« und »Schisma« und stellen Sie jeweils ein Beispiel vor!
3. In welchen Etappen vollzog sich die Entwicklung des Christentums von der verfolgten Religion zur Staatsreligion?
4. Beschreiben Sie die Communio-Struktur der Alten Kirche!
5. Wie lautet die traditionelle Begründung des päpstlichen Primats und was ist dazu aus heutiger Sicht zu sagen?
6. Wie entstand das Mönchtum und welche zwei Lebensformen sind hier grundsätzlich zu unterscheiden?
7. Mit welchen beiden zentralen Fragen der Theologie befassten sich die ersten vier ökumenischen Konzilien?
8. Was verbinden Sie mit den Namen der Kirchenväter Ambrosius und Augustinus?

B. Die mittelalterliche Kirche

I. Die Christianisierung der Germanen

1. Die Zeit der Völkerwanderung

Nachdem der kraft- und machtlos gewordene römische Staat durch die jungen Völker der Germanen überwältigt worden war, *verlagerte sich der Schwerpunkt des politischen Geschehens aus dem Mittelmeerraum in das Gebiet nördlich der Alpen.* Entscheidender noch als dies wurde die Tatsache, dass mit den **Germanen** durchaus neue Menschen in die abendländische Welt eintraten, Menschen, die **von einem anderen Fühlen, Denken und Handeln bestimmt** waren als die romanische Bevölkerung. So musste sich das gesamte Gefüge des gesellschaftlichen Lebens, der Geistigkeit und Kultur wandeln, musste ein neues Zeitalter anbrechen, eben das »*Mittelalter*«.

Heraufbeschworen wurde dieser Wandel der Dinge durch die **große Völkerwanderung**. Die germanischen Stämme wie z. B. die Westgoten, die Vandalen oder die Alamannen traten als Feinde und Zerstörer des Imperium Romanum auf den Plan, als **um 375** die von Asien her einbrechenden **Hunnen** die östlichen Grenzvölker bedrängten und zur Wanderung nach dem

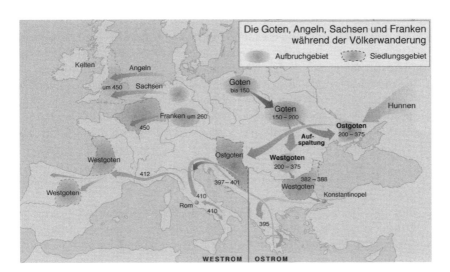

WESTROM | OSTROM

Süden und Westen antrieben. Immer weiter dehnte sich die Germanen-herrschaft aus, bis **476** der letzte weströmische Kaiser Romulus Augustulus abgesetzt wurde und der Skirenfürst Odoakar den Thron bestieg (**Ende des weströmischen Reiches**). Ganz West- und Mitteleuropa standen nun unter germanischer Herrschaft.

Im Verlauf ihrer Bewegungen und Reichsgründungen haben die Germanenvölker alle das Christentum angenommen. Wegweisend waren dabei die *Goten* (Wulfila), durch deren Vermittlung der **Arianismus** seinen Siegeszug durch nahezu alle germanischen Stämme antrat. Lediglich die Franken, von denen gleich noch ausführlicher zu sprechen sein wird, haben sich vom Arianismus ferngehalten.

Unter dem Stichwort »*Arianismus*« darf man sich freilich keine falschen Vorstellungen machen. Mit den speziellen Merkmalen arianischer Theologie hatte das Christentum der Germanen nämlich wenig zu tun. Der wesentliche Unterschied zum Glauben der römischen Bevölkerung bestand lediglich darin, dass die **Lehre der katholischen Kirche von der Trinität (Dreifaltigkeit) als unbiblisch abgelehnt** wurde.

2. Das Christentum unter den Franken

Von kaum zu überschätzender Bedeutung für den weiteren Gang der abendländischen Geschichte aber sollte es sein, dass die Franken in Gestalt des Königs **Chlodwig** aus dem Geschlecht der *Merowinger* am Ende des 5. Jahrhunderts die **katholische Form des christlichen Glaubens** annahmen. Auslöser hierfür war eine ähnliche Situation wie seinerzeit bei Kaiser Konstantin: Vor der entscheidenden Schlacht gegen die Alamannen (496/97) habe Chlodwig auf Drängen seiner Frau Christus angerufen und für den Fall seines Sieges den Übertritt zum Christentum versprochen. Er siegte tatsächlich und ließ sich am Weihnachtsfest wohl des Jahres 498 oder 499 taufen, und zwar von einem katholischen Bischof, vermutlich vom zuständigen Metropoliten *Remigius von Reims* († um 533) in dessen Kathedrale. Bemerkenswert an diesem Vorgang, weil symptomatisch für die Christianisierung der Germanen insgesamt, sind vor allem zwei Dinge:

1. das sog. **Sieghelfer-Motiv**, das besagt, dass sich ein Gott zuerst durch Sieg- und Lebenshilfe als wirkmächtig erweisen muss, ehe man ihm folgen kann.

2. das für die ganze frühmittelalterliche Bekehrungsweise gleichfalls grundlegende Phänomen der **kollektiven Taufe**. Gregor von Tours, der Geschichtsschreiber der Franken, weiß davon zu berichten, dass »*mehr als dreitausend aus dem Heer*« mit dem König ins Taufbad gestiegen

seien. Mag die Zahl selbst auch legendär sein (vgl. oben S. 21 f. das Pfingstereignis: Apg 2,41), so kann doch kein Zweifel bestehen, dass die Gefolgschaft sich dem König anschloss. Die Zuwendung zum Christentum geschah im Frühmittelalter nicht mehr wie in der Antike durch Bekehrung einzelner, sie vollzog sich vielmehr kollektiv.

Die Taufe des Frankenherrschers Chlodwig und dessen Hinwendung zum katholischen Bekenntnis waren für den weiteren Gang der abendländischen Geschichte folgenschwer wie nur wenige Ereignisse zuvor und danach. Indem sich hierdurch – wie sich herausstellen sollte – **das lebenskräftigste germanische Volk mit der zukunftsreichsten Richtung innerhalb des Christentums verband,** wurde ein für die mittelalterliche Geschichte grundlegender Schritt getan und die *Voraussetzung für die Geburt des christlichen Abendlandes* geschaffen.

- Einerseits gelang es Chlodwig, seine Herrschaft durch die Verbindung von Germanen und Romanen in ein und derselben Religion fester zu verankern und so den entscheidenden Grundstein für das aufsteigende fränkische Großreich zu legen.
- Auf der anderen Seite erhielt das römische Papsttum, dem in Italien längst eine weit über den streng kirchlichen Rahmen hinausreichende Funktion zugefallen war, nun die Möglichkeit, das Germanentum mit der christlich-antiken Kultur zu verschmelzen.

Der Bekehrung der Franken folgte in den nächsten Jahrzehnten und Jahrhunderten nach und nach der **Übertritt aller germanischen Stämme** – schließlich auch der Westgoten – **zum Christentum.** Was diesen Massenbekehrungen jedoch fehlte, war die christliche Glaubensunterweisung vor und die Nacherziehung nach der Taufe, so dass das *volle Christentum mit seinen hohen sittlichen Forderungen und seiner geistigen Gottesvorstellung kaum Fuß fassen konnte.* Zudem griffen Königtum und Adel rücksichtslos in die Angelegenheiten der Kirche ein und hemmten ihre Wirksamkeit. Diese Kirche existierte nur noch vor sich hin, irgendeine missionarische Wirkung ging von ihr nicht aus.

In dieser desolaten Lage kam die **Hilfe** aus dem Norden, zunächst vor allem **von der »grünen Gottesinsel« Irland her.**

3. Die irische Kirche und ihre Festlandsmission

Irland hatte dem Römischen Reich nie angehört, wies aber wohl bereits im 4. Jahrhundert christliche Gemeinden auf. Näher greifbar wird das irische Christentum erst in der Gestalt des Briten **Patrick**, der als Sklave nach

Irland verschleppt worden war und um 432 als Missionsbischof dorthin zurückkehrte. Als Patrick, **der Apostel Irlands**, im Jahre 461 starb, war die Insel nicht nur christianisiert, sondern auch kirchlich organisiert.

a) Die eigentümliche Gestalt des irischen Christentums
• Typisch für die städtelose Insel war der **monastische Charakter des gesamten kirchlichen Lebens** *(1. Eigenheit)*. Das äußere Kennzeichen dieser Kirche ist somit nicht eine bischöfliche, sondern die *klösterliche Organisation*, weswegen die Äbte die verantwortlichen Leiter der irischen Kirche waren. Denn der Mönch galt bei den Iren aufgrund seiner Askese als der bessere Fürbitter und Heilsmittler, weswegen es vorteilhafter schien, die Taufe, die Kommunion oder eine andere geistliche Handlung von ihm zu empfangen und nicht von einem *Bischof*, dessen Tätigkeit sich auf die rein bischöflichen Weihefunktionen beschränkte.

Die **Askese**, die man in den Klöstern pflegte, war **äußerst hart**, »*fast ein lebendiger Tod*« (Robert E. McNally). Das tägliche Gebetspensum umfasste nicht selten den Psalter mit allen 150 Psalmen; weiter übte man asketische Formen wie das Ausbreiten der Arme in Kreuzesform, strenges Fasten, lange Nachtwachen, zahllose Kniebeugen, Stehen in eiskaltem Wasser und sogar Stockschläge schon für geringste Vergehen.

Diese irischen Klöster waren aber auch hervorragende **Stätten der gelehrten Bildung**. In ihnen lebte und wirkte das Altertum fort, das lateinische wie das griechische, wobei namentlich in der Bibelrezeption und Schriftauslegung Hervorragendes geleistet wurde.

• Besondere Bedeutung hat die in den irischen Klöstern praktizierte **Buße** gewonnen, die sich im frühen Mittelalter über das ganze Abendland ausbreitete und zur allgemeinen kirchlichen Bußform wurde (vorher nur einmal mögliche und daher oft auf das Sterbebett verschobene Exkommunikationsbuße; siehe oben S. 48). Sie war gekennzeichnet durch
1. eine *mehrmalige Bußmöglichkeit* (sooft wie nötig),
2. die *Einbeziehung auch kleinerer, alltäglicher (lässlicher) Sünden*, für die detaillierte Systeme von Bußtarifen entstanden (**Tarifbuße**), und

> Diese Systeme lassen sich durchaus mit dem heutigen amtlichen Verwarnungs- und Bußgeldkatalog vergleichen, in dem für jedes Verkehrsdelikt eine bestimmte »Buße« festgelegt ist.

3. durch eine *einfachere Form der Rekonziliation*, die jeder Priester an jedem beliebigen Tag ohne Anwesenheit der Gemeinde vornehmen konnte.
Durch diese neue Form der **Privatbeichte** *(2. Eigenheit)* gelang es, das

allzu streng gewordene Bußverfahren und das Sakrament selbst wieder in das Leben des Christen zu integrieren. Aus der schon im Judentum empfohlenen *Trias der Bußwerke* (Beten, Fasten und Almosengeben) wurde jetzt jedoch das **Fasten** zur Hauptbußform, ganz gleich welcher Sündengattung die Verfehlung angehörte. Mit der Einführung des Fastens als Universalmittel wurde die Buße primär nicht mehr als sittlich-bessernd oder heilend verstanden, sondern zuvorderst als **Strafe**. Dieser Schritt sollte für die abendländische Frömmigkeitsgeschichte *äußerst folgenreich* sein: Es begann eine *stärkere Gewichtung des äußeren Werkes und der zählbaren Leistung*, während das auf sittliche Besserung abzielende reumütige Hineinschauen in sich selbst zurücktrat.

- Eine *dritte* und letzte wichtige *Eigenheit* des irischen Christentums fassen wir in der sog. **Peregrinatio** (Wanderschaft, Pilgerschaft). Die irische Mönchskirche war nämlich alles andere als weltflüchtig und zurückgezogen, sondern im Gegenteil getragen von einem überaus starken Aktionsgeist. Das Ideal der Mönche hieß »*Peregrinatio religiosa pro Christo*« (wörtlich: Religiöse Wanderschaft für Christus), hieß »**Um-Christi-willen-heimatlos-werden**« und doch überall beheimatet sein.

> Das biblische Vorbild hierfür fand man in Abraham, der auf Gottes Geheiß sein Land, die Verwandtschaft und das Vaterhaus verlassen hatte (vgl. Gen 12,1).

So ging man nach Schottland, auf die Orkney- und Shetland-Inseln, nach Island und schließlich auf das europäische Festland, wo mit dem Kloster **Luxeuil** (sprich: Lüxöj) in den Vogesen die erste irische Gründung entstand, die Zentrale für alle weiteren Gründungen auf fränkischem Boden.

b) Die Iren auf dem Kontinent

Der Vorstoß auf das Festland wurde von **Columban dem Jüngeren** getragen. Er brach um 590 gegen den Willen seines Abtes vom irischen Kloster Bangor mit zwölf Gefährten, gleich Christus mit seinen 12 Aposteln, auf und missionierte mit Feuereifer im Bereich der fränkischen Landeskirche. Mit dem Erscheinen der irischen Mönche beginnt für die verweltlichte fränkische Kirche etwas völlig Neues. **Jetzt lernen die Franken erstmals das volle Christentum kennen.** Sie sind tief beeindruckt von der asketischen, herben Persönlichkeit Columbans und seiner Gefährten. Scharen von jungen Männern begeistern sich für das neuartige Mönchsideal.

Aber: der große Missionar **ignorierte völlig das bestehende gallo-fränkische Klosterrecht**. Er regierte selbstherrlich seine Gründungen, ließ Weihen durch einen ortsfremden Bischof vornehmen, erkannte die herkömmlichen Bischofsrechte nicht an (z. B. auf Abgaben) und übte auch seelsorgerliche

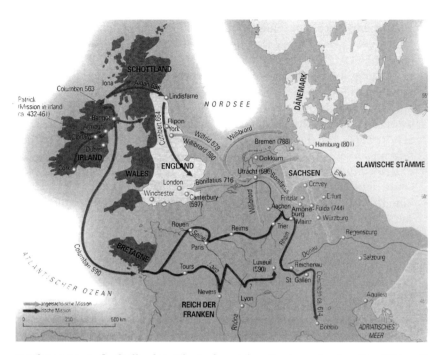

Funktionen außerhalb des Klosterbereichs. So konnte der Konflikt mit dem Episkopat nicht ausbleiben. Als sich Columban schließlich sogar weigerte, auf Synoden zu erscheinen, und den damaligen König (Theuderich II., † 613) wegen des sittenlosen Treibens am Merowingerhof mit der Exkommunikation bedrohte, musste er 610 Luxeuil fluchtartig verlassen. Nach Columbans Tod (616) trugen seine zahlreichen Schüler, die keineswegs alle Iren waren, sondern auch der einheimischen fränkischen Bevölkerung entstammten, seinen Geist weiter (→ Bezeichnung: *irofränkische Mission*).

Ohne Zweifel tat die erstarrte Kirche auf dem Festland durch die **irofränkische Missionswelle** einen wesentlichen Schritt nach vorne. Aber die Arbeit der irofränkischen Mönche galt einer fest in sich geschlossenen Klosterorganisation, die sich gegen den Einfluss der Gesamtkirche abschirmte und nach ihren eigenen Gesetzen lebte. In dieser **Abschließung** liegt die Stärke, aber auch die Grenze der irischen Mission auf dem Kontinent, die letztlich doch *nur eine vorbereitende Etappe* bildete *für die wirkliche Christianisierung* der Germanen durch die Angelsachsen.

4. Die angelsächsische Kirche und ihre Festlandsmission

Die Christianisierung Britanniens leiteten erst 40 Missionare ein, die Papst *Gregor I. der Große* (590–604) 596/97 auf die Insel entsandte.

Nach Gregor I. ist der – von ihm zwar nicht erfundene, aber wesentlich geförderte – **Gregorianische Choral** benannt, ein einstimmiger, unbegleiteter liturgischer Gesang der lat.-röm. Kirche, der durch seine feierliche Schlichtheit besticht und sogar in moderner Popmusik Verwendung gefunden hat.

Nach erfolgversprechenden Anfängen wurde es jedoch versäumt, das Christentum hinreichend zu festigen, so dass es eines neuerlichen Anlaufs in der 2. Hälfte des 7. Jahrhunderts bedurfte. Diesen entscheidenden Wendepunkt in der angelsächsischen Kirchengeschichte, der den Sieg des römischen Christentums brachte, führte dann erst **Wilfrid** (634–709/10) herbei, Abt des Klosters *Ripon* in Northumbrien (Nordengland) und später *Bischof von York*.

Nachdem er einige Jahre in Rom gelebt hatte, kehrte er 660, vom römischen Christentum aufs tiefste beeindruckt, nach England zurück und trat nun als **entschiedener Vertreter der römischen Ansprüche** auf, als Sendbote der Forderungen des Apostels Petrus. Er gewann Einfluss auf den König von Northumbrien (Oswiu), und dieser ließ zu, dass Wilfrid (664 auf der Synode von Whitby) mit einem irofränkischen Abt über die Richtigkeit römischen bzw. irofränkischen Brauchtums disputierte. Der König entschied sich für Wilfrid und die von ihm verteidigte römische Kirchenform mit dem vielzitierten Satz: *Er wolle lieber der Ordnung Petri folgen, wie sie die römische Kirche vertrete, damit er sicher sein könne, dass ihm einst durch den Pförtner Petrus auch die Himmelspforte geöffnet werde* (vgl. Mt 16,19). Dieser recht grobschlächtig anmutenden Argumentation, die uns etwas von der Mentalität der Zeit ahnen lässt, schlossen sich auch die südenglischen Grafschaften an. Damit war die **Entscheidung zugunsten Roms im angelsächsischen Raum** endgültig gefallen.

a) Die Gestalt des angelsächsischen Christentums

Auch die frühe *englische* Kirchengeschichte war auf vielfältige Weise vom Mönchtum geprägt, wobei nach dem Sieg der römischen Observanz der als »abbas Romensis« verehrte Benedikt mit seiner Regel zum Leitbild des monastischen Lebens wurde.

- Eine angelsächsische Besonderheit stellten dabei die zahlreichen **Doppelklöster** dar, die für gewöhnlich unter der Leitung einer Äbtissin (!) standen, jedoch hinsichtlich ihrer Verfassung von ganz unterschiedlicher Struktur sein konnten.

- Ein weiteres wichtiges Kennzeichen der angelsächsischen Kirche waren die **Kathedralklöster.** Die Bischöfe wie auch die Priester sollten nämlich möglichst Mönche sein, daher bestanden an den Bischofssitzen schier durchgängig Klöster, die sogenannten Kathedralklöster, und auch die Missionsstationen draußen im Land waren häufig Klosterzellen. Mit anderen Worten: *Während in Irland die Klöster die übliche bischöfliche Kirchenstruktur zerstörten, wurde in England die traditionelle* **römische Episkopalverfassung** *aufgebaut, dabei aber das Leben der Geistlichen mönchisch organisiert.* Dieses Modell gelangte durch die angelsächsischen Missionare, vor allem durch Bonifatius, auch auf den Kontinent, ging sodann in die karolingische Kirchenreform ein und hat auf diese Weise die abendländische Kirche des Mittelalters entscheidend geprägt.

b) Die Anfänge der angelsächsischen Festlandsmission
Abendländische Bedeutung gewann das angelsächsische Christentum erst durch seine missionarische Aktivität auf dem Festland. Dabei übernahmen die Angelsachsen von den Iren das Ideal der *Peregrinatio pro Christo,* entwickelten jedoch eine **völlig andere Missionsmethode: Sie ließen sich ihre Arbeit vom Papst sanktionieren und von der politischen Obergewalt unterstützen.** Ausgerüstet mit päpstlichen Sendbriefen und königlichen Schutzzusicherungen, traten sie vor die Großen und Führer des Volkes, vor die Stammesherzöge, und suchten diese zu gewinnen. Diese »*Mission von oben*« wurde durch eine umsichtige Organisation des Kirchenwesens abgesichert, und die Bindung an das universale Papsttum gab dem Unternehmen Weite und Eigenständigkeit und bewahrte vor neuerlichem Rückfall in landeskirchliche Verengung.

Den Auftakt bildete die Mission in Friesland, dem heutigen Holland, wobei **Willibrord** († 739), einem Schüler Wilfrids, der Durchbruch bei den hartnäckig an der Stammesreligion festhaltenden *Westfriesen* gelang. Die Erfolge Willibrords führten ihm ständig neue Mitarbeiter zu. Unter ihnen war auch Winfrid, der das Werk der angelsächsischen Mission zur Vollendung bringen sollte.

c) Winfrid-Bonifatius und die Erneuerung der fränkischen Kirche
Winfrid-Bonifatius war der größte der angelsächsischen Festlandmissionare und gleichzeitig der entscheidende »**Geburtshelfer**« des christlichen **Europa**. Seine Bedeutung für die abendländische Christenheit liegt nicht in erster Linie in der missionarischen Arbeit, sondern in der organisatorischen Tätigkeit und hier besonders in dem erfolgreichen Bemühen, die stagnierende fränkische Landeskirche eng mit dem Mittelpunkt der universalen Kirche, also mit Rom, verbunden zu haben. Er wurde dadurch zum

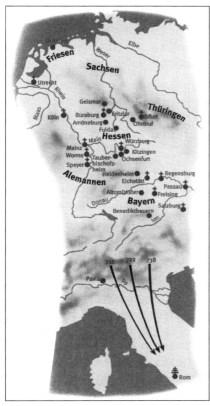

Der Wirkungsbereich des Bonifatius und seine Romreisen

Wegbereiter für den Bund des Papsttums mit den Franken, über den im nächsten Kapitel zu sprechen ist.

Wie Willibrord ging Winfrid zunächst nach Rom (718), um sich von Papst Gregor II. (715–731) zur Mission unter den Germanen beauftragen zu lassen, und dort erhielt er auch den Namen Bonifatius (nach dem Heiligen, dessen Fest am Tag vor der amtlichen Sendung gefeiert wurde). Aus Rom zurückgekehrt, wirkte Bonifatius zunächst als Mitarbeiter Willibrords in Friesland, dann aber seit 721 als selbständiger Missionar in Oberhessen und Thüringen, wo er außerordentliche Erfolge erzielte und das Kloster *Amöneburg* bei Marburg als Missionsstützpunkt gründen konnte.

Als er darüber nach Rom berichtet, fordert ihn der Papst zum erneuten Besuch auf und weiht ihn am 30. November 722 zum Missionsbischof Germaniens rechts des Rheins ohne festen Sitz.

Bonifatius krönte sein Missionswerk in Hessen um 723 durch die demonstrative Fällung der dem germanischen Gott Donar geweihten Eiche (Donareiche, robur Jovis) bei Geismar.

War dies schon außergewöhnlich, so noch mehr der damals von Bonifatius geleistete Gehorsamseid: Der Eid entsprach nämlich dem für *italienische* Bischöfe üblichen Formular, in dem die besonders enge Bindung an den Petrusnachfolger zum Ausdruck kam. Um ihm für den Aufbau einer Kirchenorganisation mehr Autorität zu verleihen, ernannte ihn Papst Gregor III. (731–741) 732 zum Erzbischof ohne festen Sitz. Eine dritte Romreise brachte Bonifatius 738 schließlich den Titel eines »Legatus Germanicus et Servus Sedis Apostolicae« (Gesandten für Germanien und Diener des Apostolischen Stuhls) ein, verbunden mit dem besonderen Auftrag, *die kirchlichen Verhältnisse in Bayern, Alamannien, Hessen und Thüringen neu*

und zentralistisch zu organisieren, wozu er 739–742 eine Reihe von Bistümern (= Diözesen) begründete bzw. reformierte.

> Es handelte sich um die Diözesen Regensburg, Passau, Salzburg, Freising, Würzburg sowie um Büraburg und Erfurt, die jedoch bald der Diözese Mainz eingegliedert wurden; Erfurt ist 1994 wiedergegründet worden.

Nach mancherlei Enttäuschungen nahm Bonifatius als 80-jähriger Greis seine allererste Tätigkeit wieder auf und ging noch einmal in die *Friesenmission*. Dort wurde er **754** auf einer Firmreise bei Dokkum von Räubern überfallen und mit 52 Gefährten erschlagen. Sofort als **Märtyrer** gefeiert, fand der »**Apostel der Deutschen**« (Beiname seit dem 16. Jh.) in **Fulda**, seiner Lieblingsgründung, die letzte Ruhestätte.

Bonifatius tauft Heiden (oben) und wird 754 von Friesen bei Dokkum erschlagen (unten) (Miniatur im Codex Bambergensis, 11. Jh.)

> Bis heute halten deshalb die deutschen Bischöfe ihre Versammlungen mit Vorliebe in Fulda ab. Die Herbstvollversammlung der Deutschen Bischofskonferenz (bis 1965: Fuldaer Bischofskonferenz) findet stets dort statt.

II. Der Bund des Papsttums mit den Franken

1. Zur Situation der Christenheit um und nach 700

a) Die zweite islamische Expansionswelle

An der Wende vom 7. zum 8. Jahrhundert lagen dunkle Wolken über der Christenheit. Der Eintritt der Angelsachsen in den Kreis der christlichen Völker wird für die Zeitgenossen wenig bedeutet haben gegenüber dem **Verlust der beiden alten christlichen Kulturprovinzen Afrika und Spanien.** Dem gewaltigen islamischen Expansionsdrang war das byzantinische Reich nicht gewachsen. Es musste zusehen, wie weite Teile seiner Herrschaft verlorengingen. Nur Konstantinopel selbst, die alte Kaiserstadt am Bosporus, konnte verteidigt werden. Ihr Fall hätte nach menschlichem Ermessen die Heidenwelt Mittel- und Osteuropas dem **Islam** geöffnet und dadurch die lateinische Christenheit tödlich bedroht. **732** brachten die *Franken* unter Karl Martell durch den **Sieg bei Tours und Poitiers** (siehe Karte S. 79) auch *im Westen* die arabische Expansion zum Stehen. Die freie Christenheit hatte zwar Afrika und Spanien verloren, aber es war ihr gelungen, den großen Angriff der arabischen Welt abzuwehren, und der Verlust der Provinzen im Mittelmeergebiet war durch innereuropäische Mission auszugleichen.

b) Der Aufstieg der Karolinger zum Königtum

Seit der Mitte des 7. Jahrhunderts vermittelte das merowingische Königtum nur noch den Schein von Herrschaft, und das fränkische Reich drohte sich in Anarchie aufzulösen, wären da nicht seine »*Hausmeier*« (= wichtigster Beamter, »rechte Hand« des Königs; lat. Majordomus) gewesen, die je länger, desto intensiver die *eigentliche Regierungsgewalt* ausübten. Dabei wurde es entscheidend, dass die **Pippiniden** als die späteren Karolinger für dauernd dieses Hausmeieramt zu gewinnen vermochten (**Hausmeierdynastie**) und in einer Abfolge von Generationen, die sich mit Herrschergestalten wie Pippin dem Mittleren († 714), Karl Martell († 741) und Pippin dem Jüngeren († 768) verbinden, eine umfassende Konsolidierung des Frankenreiches bewerkstelligten, ehe dann Karl der Große (768–814) diese Entwicklung auf den Höhepunkt führte. Der karolingische Aufstieg ist somit ein Vorgang von welthistorischer Relevanz und kann in seiner Dynamik und Dramatik kaum überschätzt werden, zumal er auch für den Gang der abendländischen *Kirchen*geschichte von dem Augenblick an höchst bedeutsam wurde, da **Pippin der Jüngere** begann, die Hände nach der fränkischen Krone auszustrecken.

Pippin d. J. musste dabei freilich äußerst vorsichtig zu Werke gehen, denn das *Königtum galt den Germanen als heilig und unantastbar (sakrosankt)*. Wollte er den unfähigen Merowinger Childerich III. absetzen, so bedurfte er hierzu einer **höheren Autorität, die** das Unternehmen rechtfertigen und **das fehlende Geblütsrecht der Hausmeier durch geistliche Salbung ersetzen konnte.** Nach Lage der Dinge kam hierzu nur der Papst in Frage, dessen Ansehen im Frankenreich namentlich durch das Wirken eines Bonifatius mächtig gestiegen war. Und so schickte Pippin 750 zwei Abgesandte zum damals regierenden **Papst Zacharias** (741–752) mit der berühmten Frage, *ob es gut sei oder nicht, dass im Frankenreich Könige regierten, die keine königliche Macht besäßen.* Und Zacharias gab auf diese an sich merkwürdige Frage die von Pippin erhoffte Antwort, *dass es besser sei, denjenigen, der wirklich die Macht innehabe, König zu nennen, als einen,* *der ohne Königsmacht sei, damit die naturgemäße Ordnung nicht gestört werde.*

Nun konnte **Pippin** mit päpstlicher Zustimmung den letzten Merowinger ins Kloster schicken; er selber aber ließ sich auf der Reichsversammlung in Soissons **751** zum **König** wählen und von fränkischen Bischöfen die alttestamentliche Königssalbung vornehmen. Die Karolinger empfingen somit ihre **Legitimation** nicht aus dem Geblüt, sondern **aus dem »Gottesgnadentum«** (*gratia Dei rex*), was ihrer Herrschaft in christlichen Augen *Züge einer Theokratie* (Gottesherrschaft) verlieh.

c) Die Errichtung des Kirchenstaates und die Konstantinische Schenkung

Rasch sollte Pippin Gelegenheit erhalten, sich dem Papsttum für die Legitimierung seiner Königserhebung erkenntlich zu zeigen. Schutzlos den seit 568 in Oberitalien (Hauptstadt: Pavia) ansässigen und nun Rom bedrohenden *Langobarden* (germanischer Volksstamm) ausgeliefert und vom kaiserlichen Schutzherrn in Konstantinopel im Stich gelassen, blieb Papst *Stephan II.* (752–757) nämlich keine andere Wahl, als den Frankenkönig um Hilfe zu bitten. Pippin versagte sie ihm nicht, sondern verpflichtete sich vielmehr **754** gegenüber dem hl. Petrus, der in Gestalt des Papstes sozusagen selber als Schutzflehender bei ihm in Ponthion (südöstlich von Châlons-sur-Marne) erschienen war, zur Verteidigungshilfe.

Stephan II. war der erste Papst, der die Alpen überquerte, und der erste Papst, der nicht nach Konstantinopel, sondern in den Westen reiste.

Über diesen **Bund mit dem Papsttum** hinaus machte er ein Schenkungsversprechen (sog. **Pippinische Schenkung**), demzufolge ganz Mittelitalien bis hinauf zum Fluss Po dem Papst übertragen werden sollte, was allerdings in dieser Größe niemals verwirklicht worden ist. Kurz vor dem Aufbruch in den Krieg bestätigte der Papst Pippin in seiner Königsstellung, indem er an ihm und seinen Söhnen (Karl und Karlmann) eine Salbung vollzog. Mit dieser **päpstlichen Salbung** war für die Karolinger eine *neue Form von Geblütsheiligkeit* eingeleitet, denn jetzt regierte nicht mehr nur ein einzelner König, sondern **ein ganzes Geschlecht von Gottes Gnaden**. Obendrein verlieh der Papst Pippin und seinen Söhnen zum Ausdruck ihrer Schutzgewalt über Rom den Titel **»Patricius Romanorum«** *(Schutzherr der Römer)*, den bislang der Exarch von Ravenna, der Vertreter des Kaisers in Konstantinopel, innegehabt hatte.

Mit der Übertragung der in zwei Feldzügen den Langobarden entrissenen Gebiete an den Papst, *näherhin des römischen Dukats und des Ravennater Exarchats*, trat der **»Kirchenstaat«**, die weltliche Herrschaft der Päpste *(Patrimonium Petri* = Erbgut des Petrus*)*, ins Dasein, die die byzantinische

Die Anfänge des Kirchenstaates

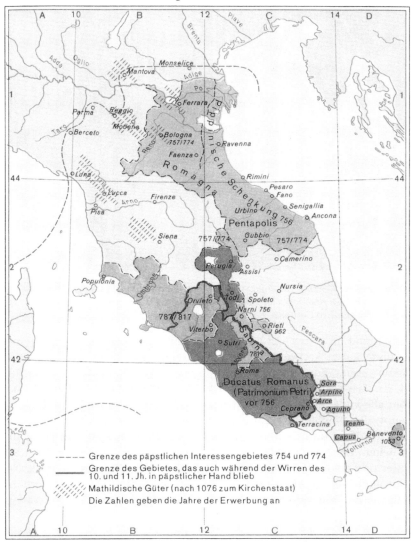

Grenze des päpstlichen Interessengebietes 754 und 774

Grenze des Gebietes, das auch während der Wirren des
10. und 11. Jh. in päpstlicher Hand blieb

Mathildische Güter (nach 1076 zum Kirchenstaat)

Die Zahlen geben die Jahre der Erwerbung an

Oberhoheit zwar nicht leugnete, aber praktisch eliminierte. Wohl um diesen ungewöhnlichen Tatbestand der päpstlich-weltlichen Herrschaft zu
»erklären«, dürfte die *berühmteste Fälschung des Mittelalters* entstanden
sein, das »*Constitutum Constantini*« (Verordnung/Verfügung Konstantins),
dessen zweiter Teil die sog. **Konstantinische Schenkung** bildet.

Darstellung der Konstantinischen Schenkung: Kaiser Konstantin übergibt Papst Silvester I. das Zeichen der Herrschaft über Rom und das ganze Abendland (Fresko in der Basilika SS. Quattro Coronati, Rom, 1246)

Während im ersten Teil dieses Dokuments, das sich als Abschrift einer Urkunde Kaiser Konstantins mit Schenkungen zugunsten der römischen Kirche ausgibt, Konstantins Bekehrung geschildert ist, wird im zweiten Teil erklärt, dass **der Kaiser aus Dankbarkeit dem römischen Stuhl den Primat über alle anderen Kirchen übertragen** und die Lateranbasilika in Rom als Haupt aller Kirchen anerkannt habe; ferner habe er **dem Papst seinen Besitz in Rom und darüber hinaus kaiserliche Insignien und Vorrechte verliehen.** Über ganz Italien und den Westen sollten künftighin Papst Silvester und seine Nachfolger Macht und Befehl ausüben, während Kaiser Konstantin aus Respekt vor dem priesterlichen Vorrang und dem Haupt der Religion des himmlischen Kaisers seine Residenz nach Byzanz verlegt habe.

»Denn es ist nicht recht«, so die Begründung, *»dass dort, wo der himmlische Machthaber den ersten Priester und das Haupt der christlichen Kirche eingesetzt hat, auch der irdische Kaiser seine Macht ausübt.«*

Die **Wirkung** dieser Verordnung für das Mittelalter ist **kaum zu überschätzen.** Mindestens seit der Mitte des 11. Jahrhunderts allgemein für echt gehalten, diente sie den Päpsten

• nicht nur zur *Begründung des Kirchenstaates,*

- sondern auch zur *Untermauerung ihres Anspruchs auf die geistliche Welt-herrschaft*, angefangen von Gregor VII. über Innocenz III. bis hin zu Bonifaz VIII.

Erst namhafte Humanisten des 15. Jahrhunderts haben die Konstantinische Schenkung als **Fälschung** nachgewiesen. Bis zum 19. Jahrhundert sollte es aber dauern, bis sich diese Erkenntnis allgemein durchgesetzt hatte.

LIT Horst Fuhrmann, Einladung ins Mittelalter, München ⁵1997; als Taschenbuch: München ⁴2008.

d) Die Folgen des Bündnisses von 754

Das Bündnis zwischen dem fränkischen Königtum und dem Papsttum hatte **größte Auswirkungen auf die Zukunft**:
1. wurden hierdurch die Voraussetzungen für das Handeln von Jahrhunderten geschaffen,
   - für die *fortwährenden Italienzüge der deutschen Könige und Kaiser* genauso wie
   - für die *Herrschaftsansprüche der Päpste im hohen Mittelalter*.
2. ist unübersehbar: Die nunmehr **vom Papsttum ausgeübte weltliche Herrschaft** musste nur zu bald zum *begehrten Objekt des römischen Adels* werden. Diese Parteikämpfe zeitigten für die weitere Papstgeschichte ein gravierendes Problem, nämlich die **Angewiesenheit des Papsttums auf wirksamen Rechtsschutz**. Ohne eine einigermaßen überparteiliche Instanz, die über genügend Macht zur Rechtsdurchsetzung verfügte, musste der Papstthron als verlockender Machtposten in die lokalen Adelskämpfe hineingezogen werden und dabei seine geistliche Funktion einbüßen – *ein Problem des ganzes Mittelalters.*

2. Die Neuordnung Italiens durch König Karl

Karl der Große (768–814), *der gewaltigste Herrscher des Mittelalters*, hat die von Pippin geknüpfte Verbindung des Frankenreiches mit dem Papsttum vollendet und auf dieser Grundlage ein abendländisches »*Imperium Christianum*« geschaffen.

Nach einem neuerlichen Ruf des Papstes um Unterstützung gegen die Langobarden zwang er deren König nach einjähriger kriegerischer Auseinandersetzung zur völligen Kapitulation. Er **entthronte das langobardische Königshaus**, setzte sich selber dessen Eiserne Krone auf und betitelte sich fortan als »*König der Franken und Langobarden*« wie auch als »*Patricius Romanorum*«. Der Papst, der auf eine Vergrößerung des Kirchenstaates gehofft hatte, sah sich dagegen weithin enttäuscht. Karl überließ ihm vorerst nur die *Sabinerberge* (Sabina); erst später kamen noch weitere Gebiete hinzu.

3. Die Eingliederung der Sachsen in das fränkische Großreich

Nachdem **Karls kirchlich-religiöse Stellung abgesichert** war, konnte er sich nun dem *Aufbau und der Grenzsicherung seines Reiches* widmen. In gewaltigen Heerzügen dehnte er die fränkische Herrschaft nach allen Richtungen aus. So kämpfte er gegen die *Sarazenen* in Spanien, gegen die *Slawen*, die *Awaren*, die *Böhmen* und die *Dänen*. Am längsten und erbittertsten aber gestalteten sich die Feldzüge Karls gegen die *Sachsen*, die sich von 772 bis 804 volle *32 Jahre* hinzogen.

a) Die Eroberung der Sachsenlande

Die Sachsen waren ein *mächtiges germanisches Volk*, das sich von der Elbe bis nahe an den Rhein und von Schleswig-Holstein bis nach Thüringen und Hessen ausgebreitet hatte. Es setzte dem Christentum seiner politischen Gegner, der Franken, einen äußerst zähen Widerstand entgegen und war beim Tod des Bonifatius **der einzige nahezu ganz heidnische deutsche Volksstamm**. Da das sächsische Reich wie ein Keil ins Frankenreich hereinragte, kam es in den Grenzbezirken zu fortwährenden Fehden und Überfällen. Für die Schaffung des fränkischen Einheitsstaates schien somit die Bezwingung der Sachsen unverzichtbar. Karl verfolgte also mit seinen Feldzügen gegen den »unzivilisierten« Nachbarn in erster Linie ein politisches Ziel; aber zwangsläufig verband sich mit dem Unternehmen die religiöse Frage, denn **ohne Gemeinschaft in der Religion schien es unmöglich, aus Sachsen und Franken ein Volk zu schaffen**. So wurden die blutigen Sachsenkriege von selbst zur »*Zwangs- oder Schwertmission*«. Wohl an Weihnachten 785 ließ sich der Westfale *Widukind*, der die Nutzlosigkeit weiterer Widerstandes eingesehen hatte, mit vielen Gefolgsleuten in der königlichen Pfalz zu *Attigny* in der Champagne taufen und machte damit dem Krieg im Großen ein Ende. Wirkliche Beruhigung trat aber erst ein, nachdem Tausende von sächsischen Familien auf fränkischen Boden verpflanzt und fränkische Ansiedler nach Sachsen gezogen waren.

b) Missionierung und kirchliche Organisation

Bei der Missionierung der Sachsenlande wurde eine ganze Reihe benachbarter fränkischer Bistümer und Abteien zur Mitarbeit herangezogen, allen voran das **Kloster Fulda** unter Abt *Sturmi* und die **Bistümer Mainz und**

Würzburg. Nach und nach konnte das neugewonnene Gebiet kirchlich organisiert werden. Insgesamt erhielt das Sachsenland 8 Diözesen:

- **Münster, Osnabrück, Minden und Bremen**, die zur **Kirchenprovinz Köln** geschlagen wurden, sowie
- **Paderborn, Verden** (bei Bremen)**, Hildesheim und Halberstadt**, die an die **Kirchenprovinz Mainz** fielen.

> In Anlehnung an die Provinzeinteilung des Römischen Reiches entstanden als Ausdruck der »*communio ecclesiarum*« (= Gemeinschaft der Kirchen; vgl. oben A II 2 a) **Kirchenprovinzen**. Sie umfassen *mehrere benachbarte Diözesen* (= Bistümer) mit dem Ziel, die gemeinsame pastorale Tätigkeit und die Beziehungen der Diözesanbischöfe untereinander zu fördern. An der Spitze steht ein *Erzbischof* als **Metropolit** der Kirchenprovinz (und Oberhirte seiner Erzdiözese); die ihm zugeordneten und unterstellten Bischöfe werden seit dem 8. Jahrhundert *Suffragane* (von lat. *suffragium*: Hilfe, Stimmrecht) genannt.

Überraschend schnell blühten auch Männer- und Frauenklöster auf, die das kirchliche Erziehungs- und Kulturwerk fortführten. Eine hervorragende Stellung unter ihnen nahm das 822 von zwei Cousins König Karls gegründete

Benediktinerkloster **Corvey** bei Höxter an der Weser ein. Hier oder im Stift *Verden an der Aller* entstand wahrscheinlich um die Mitte des 9. Jahrhunderts die volkstümliche Evangeliendichtung »**Heliand**«, die die biblischen Personen und Ereignisse in ein germanisches Gewand kleidete und die Heilsgeschichte so schilderte, als habe sie sich im Sachsenland abgespielt.

Im 10. Jahrhundert stellte das Volk der Sachsen mit dem Kaisergeschlecht der *Ottonen* die Träger der christlich-deutschen Reichsidee, wie sie das abendländische Mittelalter geprägt hat. So schuf Karl der Große durch die Eroberung der sächsischen Gebiete die Voraussetzungen für die Entstehung *eines* deutschen Volkes und *eines* deutschen Reiches.

4. Karl der Große und die fränkische Reichskirche

Obwohl sich Karl als **Herr der Reichskirche** verstand, *der Bistümer besetzt und Synoden leitet und die Kirche überhaupt beaufsichtigt und kontrolliert,*

Die Synode von Frankfurt 794 bezeichnet Karl als »rex et sacerdos« (König und Priester).

während der Papst als erster Bischof des Reiches für sie zu beten hat, wird man das Verhältnis von Staat und Kirche unter Karl dem Großen nicht ohne

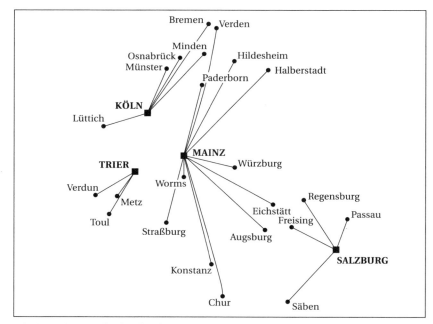

Die Organisation der fränkischen Reichskirche

weiteres als Staatskirchentum oder als Cäsaropapismus ähnlich dem byzantinischen bezeichnen dürfen,

> Der byzantinische *Kaiser* hatte in dieser Sonderform der Theokratie die höchste weltliche und geistliche Gewalt inne, so dass auch der Patriarch von Konstantinopel ihm als *oberstem Priester* untergeordnet war.

da sich Karl des inneren Unterschiedes zwischen beiden Gewalten wohl bewusst war. Wir sprechen besser von einer **engen Verflechtung von Staat und Kirche im karolingischen Zeitalter**, wobei dem Staat zwar die erste Stellung zukommt, aber immer unter der Einschränkung, dass dem christlichen Glauben und seinen Vertretern besondere Ehre und Förderung gebührt.

> Dies äußerte sich in der
> • Verleihung hoher Ämter,
> • Sorge um die kirchlichen Finanzen,
> • gewissenhaften staatlichen Vollstreckung von durch die Kirche verhängten Strafen,
> • strengen Ahndung der Verletzung kirchlicher Vorschriften.

Wert wird auch gelegt
• auf die allsonn- und feiertägliche *Predigt in der Landessprache* und
• auf einen *geordneten Gottesdienst*, bei dem die Gemeinde nicht nur Glaubensbekenntnis und Vaterunser mitzusprechen, sondern auch *an der Liturgie aktiv teilzunehmen* hat.
Dies alles zusammengenommen zeigt, dass sich Karl nicht nur um den äußeren Bestand, sondern auch um das *innere Leben der Kirche* annimmt und **das von den Iren und Angelsachsen begonnene Werk der Verchristlichung des fränkischen Stammesgebietes fortsetzt und in die Tiefe führt.**

Die Fürsorge für die Kirche stellt sich aber gleichzeitig auch als eine *Fürsorge für die Wissenschaft* dar, die man als »**karolingische Renaissance**« bezeichnet. Über das ganze karolingische Reich hin entstanden *Zentren gelehrter Arbeit*, in denen neben Angelsachsen, Iren und Langobarden bald auch einheimische Mönche und Gelehrte erfolgreich wirkten. Zum geistigen Mittelpunkt dieser Bildungsbemühungen entwickelte sich alsbald der Kreis von Gelehrten, den Karl an seiner **Aachener »Hofschule«** um sich sammelte; ihr gehörte z. B. *Einhard* an, der erste Biograph Karls des Großen, oder *Paulus Diakonus*, der eine Geschichte der Langobarden schrieb. **Insgesamt ging es bei dieser Renaissance um eine Wiedergeburt der christlichen Spätantike**, die jetzt zur *gemeinsamen Bildungsgrundlage des Abendlandes* aufbereitet wurde. So begannen die Theologen des Frankenreiches allenthalben,

- Kirchenväter wie Augustinus, Hieronymus oder Johannes Chrysostomos zu studieren, und
- nahmen nun auch aktiven Anteil an den dogmatischen Auseinandersetzungen der Zeit, so z. B. um das »*filioque*« (siehe oben A II 3) oder im *Bilderstreit der Ostkirche* (siehe unten B II 6 b).

LIT Lutz E. von Padberg, Die Christianisierung Europas im Mittelalter, Stuttgart ²2009.

5. Die Erneuerung des abendländischen Kaisertums

Das in seinen Grenzen gefestigte **fränkische Großreich** konnte sich bald an die Seite der **beiden anderen Großmächte der mediterran-abendländischen Welt** stellen, nämlich des **byzantinischen Herrschaftsgebietes** und des **arabischen Großreiches.** Dabei zielte Karls Streben nach kaiserlicher Geltung zumindest anfänglich nicht auf die Beseitigung des byzantinischen Kaisertums; er wünschte lediglich, als *gleichrangig mit Ostrom* anerkannt zu werden. Hier endete der Konflikt zwischen der herrschsüchtigen Kaiserwitwe *Irene* und ihrem eigenen Sohn *Konstantin VI.* (* 771) in einer Tragödie. Irene ließ ihren Sohn, als dieser 797 mit 26 Jahren ihrer Vormundschaft überdrüssig war, blenden (d. h. die Augen ausstechen) und übernahm selbst die Regierung des oströmischen Reiches. *Eine Frau als alleinige Inhaberin kaiserlicher Macht war aber ein staatsrechtlich höchst anfechtbares Novum in der Geschichte des Imperiums.* In Westrom zog man daraus sofort Konsequenzen, indem man in den liturgischen Gebeten den Namen des byzantinischen Kaisers durch den Namen des Frankenherrschers ersetzte. Der **Gedanke, das Kaisertum von Byzanz nach Westrom zurückzuholen** und es König Karl anzutragen, war jetzt zumindest naheliegend, als 799 ein neues dramatisches Ereignis eintrat: der **Aufstand gegen Papst Leo III.** (795–816).

Attentäter versuchen, Leo III. zu blenden und ihm die Zunge herauszuschneiden; Augenlicht und Sprechfähigkeit bleiben dem Papst aber erhalten (Gothaer Weltchronik, um 1270)

Im Frühjahr 799 erschien Leo schutzflehend vor Karl in Paderborn; in Rom hatten ihn nämlich Verwandte seines Vorgängers bei einer Bittprozession überfallen und schwer misshandelt. Um die handfesten Beschuldigungen – sie lauteten auf Meineid und Hurerei – zu überprüfen, ließ Karl den Papst unter starkem fränkischen Schutz im Spätherbst 799 nach Rom zurückgeleitet, wo fränkische Bischöfe und Adelige eine Untersuchung einleiteten. Am 22. Dezember 800 rechtfertigte sich Leo III. freiwillig und leistete einen **Eid auf seine Unschuld.** Ein derartiger Ausgang des Verfahrens lag zweifelsohne auch im Interesse Karls, weil er die Krönungssalbung seines Sohnes Ludwig durch den Papst beabsichtigte. Als er aus diesem Anlass am **Weihnachtstag 800** die Peterskirche betrat, setzte ihm Leo jedoch selbst eine Krone auf, und die Römer akklamierten den **Frankenherrscher** dreimal als neuen **Kaiser**, worauf ihm der Papst nach byzantinischem Zeremoniell die *Proskynesis* erwies, d. h. seine Verehrung durch einen Kniefall zum Ausdruck brachte.

Bei Pippin war es 754 – also nur ein knappes halbes Jahrhundert zuvor – noch umgekehrt gewesen!

Damit hatte sich *eine der denkwürdigsten Szenen abendländischer Geschichte* ereignet.

Beide Institutionen, Papsttum und Kaisertum, wussten aus dem Ereignis des Weihnachtstages 800 ihren Nutzen zu ziehen:

- Karl, der im ersten christlichen Kaiser Konstantin sein Vorbild sah, übernahm mit der Kaiserwürde auch die *römisch-christliche Reichsideologie* und benutzte seit 801 den Kaisertitel »*Imperator et Augustus*«.

- Umgekehrt entwickelte das Papsttum in typisch römischer Denkweise die **Theorie von der Übertragung der römischen Reichsgewalt** (»*Translatio imperii*«) **an die Franken:** Da die byzantinischen Kaiser ihres göttlichen Auftrags, Kaiser der Christenheit zu sein, nicht mehr würdig seien, habe der Papst

Silbermünze (nach 800) mit dem Bildnis Karls des Großen und der Umschrift: KAROLUS IMP(erator) AUG(ustus). Auf der Rückseite ein Kirchengebäude mit der Umschrift: XPICTIANA RELIGIO (christiana religio = christliche Religion)

die römische Reichsgewalt in christlicher Verantwortung auf die Franken übertragen. Diese päpstliche Geschichtstheorie von der *Translatio imperii*, die mit den tatsächlichen Vorgängen des Jahres 800 keineswegs im Einklang steht, *band alle künftigen Kaiserkrönungen an das Apostelgrab von St. Peter.*

Zwar empfingen die Nachfolger Karls des Großen, die Kaiser Ludwig der Fromme (814–840) und Lothar I. (817–855), die Krone zunächst von ihrem Vater; aber beide Herrscher ließen doch später die geistliche Weihehandlung durch den Papst nachholen. Es bildete sich so im Laufe des 9. Jahrhunderts der durch das ganze Mittelalter geltende **Grundsatz**, dass *nur der Papst rechtmäßig die Kaiserkrone verleihen könne* (daran hielt man sich bis 1530) *und dass der gegebene Ort dafür die Peterskirche zu Rom sei.*

6. *Exkurs:* Die Orthodoxen Kirchen des Ostens

Geschichte, Glaube und Frömmigkeit der orthodoxen Kirchen sind hierzulande vielen Menschen fremd. Dabei zählen sie **heute** etwa 150 Millionen Gläubige in aller Welt, allein in Deutschland mehr als 1,5 Millionen. Sie bilden somit **nach der römisch-katholischen Kirche die zahlenmäßig größte christliche Konfession.**

a) Ein erstes kurzes Schisma
Nachdem es aufgrund von Streitigkeiten um das Konzil von Chalzedon (siehe oben A II 3) bereits von 484–519 zu einem kurzzeitigen Schisma zwischen Rom und dem Osten gekommen war (*Acacianisches Schisma*, benannt nach dem Patriarchen von Konstantinopel Acacius, den Papst Felix II. gebannt und abgesetzt hatte), **erzeugten unterschiedliche Traditionen, Riten und Bräuche immer wieder Spannungen im Verhältnis zwischen West- und Ostkirche.**

b) Der Bilderstreit (um 726–843)
Vor allem aber vertiefte der *Streit um* die *bildliche Darstellung zentraler Ereignisse und Personen der Heilsgeschichte* die Entfremdung der Kirchen. Nachdem das Christentum zunächst am Bilderverbot des Dekalogs (Ex 20,4) festgehalten hatte, entwickelte sich im Osten durch die Begegnung mit der heidnischen Welt seit dem 4. Jahrhundert eine besondere Wertschätzung der Bilder. Da man in ihnen eine reale Repräsentation des Dargestellten sah, steigerte sich diese Wertschätzung unter dem Einfluss des Mönchtums teilweise zum **Bilderkult und Ikonenaberglauben** (Ikone von griech. *eikon*: Bild). Daran nahm neben kleinasiatischen Bischöfen auch der byzantinische Kaiser, der zudem die Verehrung seiner Person beeinträchtigt sah, Anstoß und warf den Bilderverehrern »Götzendienst« vor.

So entbrannte der zunächst bis zum 7. ökumenischen Konzil von Nizäa 787 andauernde Bilderstreit, in dem Kaiser Leon III. 730 ein Gesetz erließ, das den kirchlichen Gebrauch religiöser Bilder verbot und deren Beseitigung anordnete (**Bildersturm** = *Ikonoklasmus*). Insbesondere sollten – wegen der Nichtdarstellbarkeit der göttlichen Natur Christi – alle Christusbilder zerstört werden. Als nach dem positiven Entscheid von 787 eine Synode im Jahre 815 das **Bilderverbot** erneuerte, wurden wiederum zahlreiche Bilder aus den Kirchen entfernt, Malereien zerstört oder übertüncht. Schließlich siegten aber doch die Ikonenfreunde: **Seit** der Synode von Konstantinopel **843** ist die **Verehrung von Ikonen in der Ostkirche nie mehr bedroht** worden.

c) Die Mission bei den Slawen

Nach dem Bilderstreit begannen neue missionarische Bemühungen um die Slawen. Im Gegensatz zur lateinischen Kirche verzichteten die Byzantiner auf die Einführung einer einheitlichen liturgischen Sprache (in diesem Fall: des Griechischen). Sie setzten auf die **Volkssprache**, weil sie daran glaubten, dass das Pfingstereignis die babylonische Sprachverwirrung gelöst habe und das Evangelium nun in allen Sprachen verkündet werden könne. Beispielhaft gingen die Brüder **Kyrill** († 869) **und Method** († 885) aus Thessaloniki vor, die Fürst Rastislaw von Mähren zur Mission in sein Land gebeten hatte. Hier schufen die beiden *Slawenapostel* für die Verwendung des Slawischen in der Kirche ein eigenes Alphabet (glagolitisches Alphabet, Glagolica), begannen mit der Übersetzung der Heiligen Schrift und übertrugen die östliche Liturgie in die altslawische Sprache.

d) Das Morgenländische Schisma 1054 und die Errichtung des Lateinischen Patriarchats Konstantinopel 1204

Im 9. Jahrhundert, das mit der von Byzanz als feindlicher Akt empfundenen Kaiserkrönung Karls d. Gr. durch Papst Leo III. 800 begonnen hatte (vgl. oben B II 5), folgten neue Streitigkeiten, namentlich wegen des Primatsanspruches des römischen Papstes (siehe A II 2 c). Als Papst Leo IX. (1049–1054) nach den byzantinischen Besitzungen in Süditalien und Sizilien ausgriff, befahl **Patriarch Michael Kerullarios** (1043–1058), die lateinischen Kirchen und Klöster in Konstantinopel zu schließen. Die Polemik früherer Zeiten flammte nun wieder auf. Im Frühjahr 1054 traf eine Gesandtschaft Leos IX. unter Leitung von **Kardinal Humbert a Silva Candida** zu Verhandlungen in Konstantinopel ein. Sie wurde vom Kaiser ehrenvoll, vom Patriarchen dagegen überaus frostig empfangen. Da in den umstrittenen Fragen (»*filioque*« [vgl. A II 3]; Primat; Verwendung ungesäuerten Brotes bei der Eucharistie; Fasten am Sonntag; Priesterehe) *keine Einigung* zu erzielen war, legte Kardinal Humbert am 16. Juli 1054 vor versammeltem Klerus und Volk auf dem Altar der Patriarchatskirche Hagia Sophia die von ihm verfasste **Bannbulle gegen Kerullarios** und seine Anhänger nieder.

Der Begriff »**Bulle**« (von lat. *bulla*: Kapsel) bezeichnete zunächst ein beidseitig geprägtes, durch eine Schnur an einer Urkunde befestigtes Metallsiegel (v. a. aus Gold oder Blei), ehe ab dem 13. Jahrhundert die mit derartigen Siegeln versehenen Urkunden selbst so benannt wurden. Päpstliche Bullen (heute nur mehr für feierlichste Erlasse verwendet) enthielten meist allgemeine Dekrete oder politisch bedeutsame Exkommunikationen.

Der byzantinische Patriarch reagierte auf den Bannfluch seinerseits mit der **Exkommunikation der päpstlichen Legaten.** Fortan blieb der Name des Papstes in den byzantinischen Kirchenbüchern getilgt. **Endgültig besiegelt** wurde die **Trennung der beiden Kirchen** freilich erst zur Zeit der Kreuzzüge, als 1204 von Rom aus das **Lateinische Patriarchat Konstantinopel** errichtet und die Stadt weitgehend zerstört wurde. **Erst 1965 erfolgte die Aufhebung der gegenseitigen Bannflüche, das Schisma selbst besteht jedoch bis heute fort,** und dies obwohl die Bischofssitze von Rom und Konstantinopel, die sich auf die Apostelbrüder Petrus und Andreas zurückführen, »*wahre Schwesterkirchen*« sind (Papst Benedikt XVI.).

LIT Johannes Oeldemann, Die Kirchen des christlichen Ostens. Orthodoxe, orientalische und mit Rom unierte Ostkirchen, Kevelaer [3]2011.

III. Grundzüge der abendländischen Kirchengeschichte vom Tod Karls des Großen bis zur Gregorianischen Reform

1. Der Verfall des Karolingerreiches

Schon Karls Sohn und Nachfolger *Ludwig der Fromme* (814–840) war nicht in der Lage, das gewaltige Territorium zusammenzuhalten und die Machtansprüche seiner Söhne zu bändigen. So kam es zu mehreren Reichsteilungen, die das Frankenreich letztlich in zwei Hälften spalteten, in romanische und germanische Gebiete. Der **Verfall der zentralen Reichsgewalt** bot natürlich Feinden von außen Angriffsflächen:

- Im Süden plünderten und raubten die *Sarazenen*,
- im Osten bedrängten die *Ungarn* seit 900 durch fortwährende Einfälle das Reichsgebiet;
- im Norden und Westen richteten die *Normannen* schweren Schaden an, ehe sie geschlagen werden konnten und sich nach England wandten.

Schließlich blieb 899 als letzter Erbe der sechsjährige, natürlich zur Herrschaft unfähige Sohn Arnulfs von Kärnten, **Ludwig das Kind**. Mit dessen Tod **911** war das **Ende des karolingischen Reiches** gekommen.

Die Kaiserwürde geriet in die Hände italienischer Potentaten, bis sie Otto I. der Große 962 dem Reich zurückgewann. Der politische Zusammenbruch zog den **totalen Verfall der abendländischen Kultur**, die unter Karl dem Großen und Ludwig dem Frommen so herrliche Blüten getrieben hatte, nach sich.

2. Der Herrschaftsanspruch des Papsttums und das »Saeculum obscurum«

Beim Fehlen überragender Herrscherpersönlichkeiten gelang es dem Papsttum, **vorübergehend** eine **größere Selbständigkeit** gegenüber der fränkischen Oberhoheit zu erringen und sein politisches Ansehen zu steigern. Aber bald wurde es selber in den Strudel des allgemeinen Verfalls hineingerissen. Seines Rückhalts am universalen Kaisertum beraubt, versank es rasch in den Parteiinteressen römischer Adelsgeschlechter und wurde – als gewöhnliches Territorialbistum – ein **Spielball lokaler Gewalten**. Nicht zu Unrecht hat man darum für den Zeitraum vom Ende des Karolingerreiches bis zum Beginn der Gregorianischen Reform in der Kirchengeschichtsschreibung die Bezeichnung »*Saeculum obscurum*« (finsteres Zeitalter) geprägt. Gewiss gab es auch unter den etwa fünfzig Päpsten dieser Epoche durchaus würdige Männer; aber insgesamt war das Bild, das der römische Bischofsstuhl bot, der universalen Bedeutung des Papsttums ganz und gar nicht angemessen.

Während sich im »*Saeculum obscurum*« Italien und auch Frankreich in voller Auflösung befanden, gelang es im deutschen Sprachraum unter tüchtigen *Herrschern aus dem sächsischen Hause (Ottonen, 919–1024)*, sich aus den anarchischen Zuständen nach dem Zerfall des karolingischen Reiches herauszuarbeiten und auch die kirchlichen Verhältnisse zu bessern. **Von dem wiedererneuerten deutschen Königtum und Kaisertum kam alsdann Hilfe auch für das tief erniedrigte Papsttum.**

3. Die Erneuerung des deutschen Reiches und des abendländischen Kaisertums unter Otto dem Großen

a) Die Grundlegung des ottonischen Reichskirchensystems
Unter Ottos Herrschaft (936-973) erfolgte ein grundlegender politischer Wandel: Ihm ging es um die **Wiederherstellung der Zentralgewalt**. In den

Otto der Große übergibt als Stifter dem thronenden Christus ein Modell des Magdeburger Doms (Elfenbeintafel aus Mailand, um 970)

dadurch ausgelösten Konflikten mit diversen Stammesherzögen blieb er siegreich. Ein Territorium nach dem anderen vermochte er sich zu unterwerfen, und dadurch, dass er die eroberten Herzogtümer an Familienangehörige vergab, wurde die Einheit des Reiches indirekt wiederhergestellt. Schließlich konnte Otto mit einem 50 000 Mann starken Heer die einfallenden *Ungarn 955* in der *Schlacht auf dem Lechfeld* (bei Augsburg) vernichtend schlagen und sie dadurch für die Zukunft von den Reichsgrenzen fernhalten.

Die Geschehnisse der fünfziger Jahre, in denen sich die Königsmacht nur mühsam gegenüber den Partikulargewalten hatte halten können, waren für Otto I. der **Anlass, die innere Ordnung des Reiches auf eine völlig neue Basis zu stellen.** Nun suchte der König eine **zuverlässige Stütze in den Reichsbischöfen.** Und dieses Bündnis zwischen Königtum und Kirche wurde zur *Grundlage deutscher Politik auf Jahrhunderte hin.*

• Die Kirche reichte bereitwillig die Hand zum Bund, denn sie bedurfte einer starken Zentralgewalt zum Schutz des Kirchenguts vor dem Zugriff des stets begierigen Laienadels.

• Auf der anderen Seite hatte der König von den unter der Forderung des Zölibats stehenden Bischöfen und Priestern keine Bildung neuer Partikulargewalten zu befürchten, da Erbfolge und Hausmachtpolitik ausschieden. Die mit reichen Schenkungen bedachten Bistümer und Abteien ließen sich vielmehr als königliche Eigenkirchen und Reichslande betrachten und entsprechend behandeln.

Von daher gesehen ist es nur allzu verständlich, dass Otto mit Entschiedenheit daranging, den *kirchlichen Grundbesitz zu mehren* und die Stellung der Bischöfe durch *Verleihung fürstlicher Rechte und Privilegien* auszubauen, die dadurch zu **Fürstbischöfe**n wurden. Als solche leiteten sie nicht nur eine Diözese (= Bistum) – wie jeder Diözesanbischof heute –, sondern waren auch Herren über ein weltliches Territorium (= Hochstift).

Oberhirte

=

Fürst und Bischof

Otto legte damit den Grund zur *Entstehung der geistlichen Fürstengewalt und der mittelalterlichen Feudalkirche,* den Grund zur *nahezu tausendjährigen* **ottonischen Reichskirchenverfassung,** *die das Antlitz Deutschlands bis zur großen Säkularisation des Jahres 1803 entscheidend geprägt hat.*

Es darf aber nicht übersehen werden, dass die ottonische Kirchenpolitik für die Kirche auch eine große Gefahr in sich barg: die **Gefahr der Verweltlichung.** Die kanonische Wahl der Bischöfe wurde nun zur bloßen Formalität. In Wahrheit bestimmte der König die Bischofskandidaten, führte sie durch die Übergabe des Hirtenstabes in ihre Aufgabe ein und ließ sie den Lehenseid ablegen. Zunächst nahm kaum jemand an diesem Verfahren der **Laieninvestitur** Anstoß (Investitur = Einkleidung). Aber mit dem *Wiedererwachen des kirchlichen Geistes* im Zuge der cluniazensischen Reformbewegung (siehe unten B IV 1 a) wurden die königlichen Eingriffe *als Beschränkung der kirchlichen Freiheit empfunden,* und an der Laieninvestitur sollte sich der *erste gewaltige Kampf zwischen Papsttum und Kaisertum, der Investiturstreit,* entzünden.

b) Die Erneuerung des abendländischen Kaisertums

Otto hatte schon 936 bei seiner Königskrönung in Aachen bewusst an die Tradition der Karolinger angeknüpft. Nachdem seine Absicht, sich in Rom die Kaiserwürde zu holen, in den fünfziger Jahren nicht realisierbar war, bot ein **päpstlicher Hilferuf 960, verbunden mit der Einladung zur Kaiserkrönung,** endlich die willkommene Gelegenheit dazu. Die Salbung und Krönung ging **962** auch reibungslos vonstatten, aber kaum hatte Otto Rom verlassen, nahm Papst Johannes XII. (955–963) gegen Otto Verbindung mit Byzanz und anderen Mächten auf. Sofort kehrte der Kaiser zurück, ließ den flüchtigen Papst auf einer Synode absetzen und mit Leo VIII. (963–965) einen Laien zum Papst erheben. **Die Römer mussten Otto schwören, künftig ohne seine Zustimmung keinen Papst mehr zu wählen** – *und dieser hatte dem Kaiser vor der Konsekration den Treueid zu leisten.*

Das *deutsche Königtum* in dem von Heinrich I. (919–936) erneuerten Reich blieb von nun an für Jahrhunderte *mit der Herrschaft über Italien und mit dem römischen Kaisertum verbunden.* Allerdings sollte die **janusköpfige Natur des Papsttums,** nämlich sowohl **Stadtherrschaft und damit Streitobjekt** rivalisierender römischer Adelsfamilien als auch **geistliche Autorität des Abendlandes** zu sein, fortan als *Hauptproblem der kaiserlichen Italienpolitik* erweisen.

4. Das »Heilige Römische Reich« in spätottonisch-frühsalischer Zeit

Da sich die Nachfolger Ottos, Otto II. (973–983) und Otto III. (983–1002) immer mehr Italien zugewandt hatten, kostete es Heinrich II. dem Heiligen (1002–1024) große Mühe, das Reich zusammenzuhalten.

Das **Papsttum** war seit dem Tode Ottos III. erneut **Spielball römischer Adelsgeschlechter** geworden. *Benedikt IX.* (1032–1045), ein höchst fragwürdiger Mann auf dem Stuhl Petri, hatte 1045 einen Gegenpapst erhalten, *Silvester III.* (1045). Benedikt, aus Rom vertrieben, trat nun sein Amt gegen die Zahlung eines größeren Geldbetrages an seinen Taufpaten ab, der als *Gregor VI.* (1045/46) den päpstlichen Stuhl in Anspruch nahm. Da Benedikt ungeachtet dessen bald wieder nach Rom zurückkehrte, kämpften nunmehr drei Männer um die höchste kirchliche Würde. Der aus dem fränkischen Herrschergeschlecht der *Salier* (1024–1125) stammende **Heinrich III.** (1039–1056) hielt in dieser Situation **1046** zu **Sutri** (bei Rom) eine **Synode** ab, die Silvester und Gregor absetzte, gleiches geschah wenig später auf einer römischen Synode mit Benedikt.

Unmittelbar danach wurde der von Heinrich benannte Bischof *Suidger von Bamberg* von Klerus und Volk zum Papst gewählt; erst 1007 gegründet, stellte das Bistum Bamberg somit bereits einen Nachfolger Petri. Als **Clemens II.** (1046/47) am Weihnachtstag inthronisiert, setzte er sofort dem deutschen König und seiner Gemahlin Agnes die **Kaiserkrone** auf. Auch bei den nächsten drei Erledigungen des päpstlichen Stuhles übte Heinrich unwidersprochen das Designationsrecht; d. h. er benannte den Römern *deutsche Bischöfe* zur »Wahl«, nämlich
- *Poppo von Brixen* → **Damasus II.** (1048)
- *Bruno von Toul* (Lothringen) → **Leo IX.** (1049–1054) und
- *Gebhard von Eichstätt* → **Viktor II.** (1055–1057).

Damit hatte das römisch-deutsche Kaisertum eine **Machtfülle über das Papsttum** erlangt, **die selbst jene Karls des Großen überstieg**.

IV. Das Ringen um die Freiheit der Kirche

1. Hintergründe und Wurzeln der »Gregorianischen Reform«

Im Verhältnis des Christentums zur Welt sind *seit den frühesten Anfängen zwei gegensätzliche Momente* erkennbar:

Auf der einen Seite *asketische Weltflucht*, auf der anderen Seite *christliches Wirken in dieser Welt*; also:

Überwindung der Welt oder **Verchristlichung der Welt**,

das war die Alternative. Ohne Zweifel stand für die Kirche als Institution die letztgenannte Haltung im Vordergrund, die jedoch die permanente Gefahr in sich barg, sich bei der Verchristlichung allzu sehr auf das Weltliche einzulassen. Um so wichtiger waren *Impulse gegen eine solche »Verweltlichung«*, die in der Kirchengeschichte stets aufs Neue vom **Mönchtum** ausgingen.

a) Die monastische Erneuerung (Gorze und Cluny)

Die stärksten Impulse monastischer Erneuerung im Zeichen *strengster Beachtung der Benediktusregel* kamen nördlich der Alpen im 10. und 11. Jahrhundert von den Benediktinerklöstern **Gorze** in Lothringen und **Cluny** in Burgund.

- Während sich die Reformbewegung von Gorze (*lothringische Reform*) durch betonte *Verbundenheit mit dem Reich* auszeichnete und sich auf die jeweiligen Diözesanbischöfe sowie auf den König stützte,
- wurde bei der zentralistisch organisierten *cluniazensischen Reformbewegung*, die bis zum 14. Jahrhundert etwa 3000 Klöster erfasste, das *Kloster-*

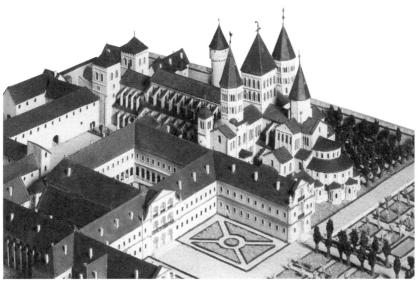

Modell der romanischen, von 1080–1230 erbauten Klosterkirche von Cluny, bis zum Neubau des Petersdoms in Rom im 16. Jahrhundert die größte Kirche der Christenheit (Länge: 187 m)

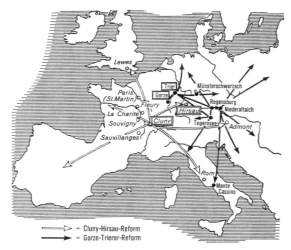

= Cluny-Hirsau-Reform
= Gorze-Trierer-Reform

Die Reformen von Cluny und Gorze, die in Deutschland über 100 bzw. etwa 170 Klöster erfassten.

gut jeder weltlichen und geistlichen Gewalt entzogen und direkt dem Schutz des Hl. Stuhls unterstellt. Beherrschendes Element dieser Form des Mönchtums war die überaus feierlich ausgestaltete **Liturgie** samt Chorgebet, hinter der das Studium und v. a. die körperliche Arbeit stark zurücktraten.

b) Die Reform der Kanoniker (Chorherren)

Neben den Mönchen standen die Kanoniker oder Chorherren. Dies waren *Weltgeistliche*, die als Mitglieder eines an Dom-, Stifts- oder anderen Kirchen bestehenden Kapitels den Bischof bzw. Kirchenvorsteher unterstützten, zum gemeinsamen Chorgebet verpflichtet waren (→ *Chorherren*) und gemeinsam nach einer bestimmten, mönchsähnlichen Regel (= Kanon → *Kanoniker*) lebten. Von den Mönchen *unterschieden sich die Kanoniker* in erster Linie dadurch, dass sie ihre Bestimmung im **Dienst an den genannten Kirchen** fanden und **kein Gelübde persönlicher Armut** ablegten.

Außerdem trugen sie bessere Kleidung (Leinen statt Wolle), ihre Gemeinschaft war nach Weihegraden abgestuft, und manchmal konnten sie innerhalb des Stiftsbezirks in Einzelhäusern wohnen.

Seit dem 11. Jahrhundert differenziert man zwischen

- weltlichen Chorherren (**Säkularkanoniker**, *ordo antiquus*), die an den älteren, gemäßigten Vorschriften für die Lebensführung festhielten, und
- regulierten Chorherren (**Regularkanoniker**, *ordo novus*), die sich zu persönlicher Besitzlosigkeit verpflichteten und an strengere Ordensregeln banden, zumeist an jene des hl. Augustinus (*Augustinerchorherren*).

c) Die Kritik an Priesterehe (Nikolaitismus) und Simonie

Viele Menschen, Geistliche und Laien aller Schichten, wurden im 10. und 11. Jahrhundert **von religiös-asketischen Idealen angezogen**. Um so schärfer traten gewisse Gegebenheiten der frühmittelalterlichen Kirche ins Bewusstsein und wurden nun als Missstände empfunden. Die Kritik dieser

Kreise richtete sich vor allem gegen die Priesterehe sowie gegen simonistische oder simonieähnliche Praktiken.

- Seit dem 4./5. Jahrhundert hatte die Kirche des Westens begonnen, den **höheren Klerus** (sog. *Majoristen*: Bischöfe, Presbyter, Diakone, Subdiakone) auf die Enthaltsamkeit von der Ehe, also auf den **Zölibat** zu verpflichten. Bezüglich der Presbyter, Diakone und Subdiakone hatte sich diese Forderung jedoch nie allgemein durchgesetzt und war vielfach sogar in Vergessenheit geraten. Da die *Pfarrgeistlichen auf dem Lande* zur Bestreitung ihres Unterhalts aus der Landwirtschaft der Mithilfe von Frau und Kindern bedurften, lebten sie in fast allen Ländern mit Frauen zusammen, entweder in regelrechter Ehe oder im Konkubinat, worunter man in dieser Zeit aber gewöhnlich eine Ehe minderen Rechtes zu verstehen hat, nicht etwa ein ungebundenes Verhältnis. Man sollte sich daher hüten, hier einfach von Verfall oder gar von Sittenlosigkeit zu sprechen.

> Dieser Zustand blieb *für weite Teile Europas das ganze Mittelalter die Regel*, zum Beispiel in den skandinavischen Ländern.

Seit dem frühen 11. Jahrhundert verstärkten sich jedoch die Versuche, die Zölibatsforderung einzuschärfen, wobei neben der **kultischen Reinheit** die Sorge auch dem **Kirchenvermögen** galt, das man erhalten wollte und dem durch Klerikerfrauen und -kinder Zweckentfremdung drohte. Erfolgreich konnte man hierbei nur sein, wenn es gelang, die öffentliche Meinung der Christenheit für das Ideal der priesterlichen Ehelosigkeit zu gewinnen. Diese Bewegung wuchs zur Mitte des 11. Jahrhunderts hin beträchtlich an, so dass sie in der zweiten Hälfte des Jahrhunderts vom Reformpapsttum in den Dienst genommen werden konnte. Priesterehen schmähte man nun als **Nikolaitismus**, und zwar im Anschluss an die Nikolaiten, eine frühchristliche Sekte, der sexuelle Ausschweifung vorgeworfen wurde.

- Das andere Schlagwort gegen die Schäden in der Kirche lautete **Simonie**. Im Anschluss an *Simon Magus* (Apg 8,18–24) versteht man darunter den **Kauf oder Verkauf geistlicher Dinge**, der seit dem 4. Jahrhundert auf Konzilien und Synoden immer wieder streng verboten wurde. Schon in antiker und frühmittelalterlicher Zeit hat man nicht selten für Weihen, Sakramente, Begräbnisse, Amtsübernahmen u. ä. Gebühren erhoben. Dies galt als völlig legal, barg jedoch die Gefahr in sich, in wirkliche Simonie hineinzugeraten.

> Auch heute noch sind für geistliche Handlungen (bei denen der Priester oder Diakon die Stola trägt) und für kirchliche Beurkundungen *Stolgebühren* zu entrichten.

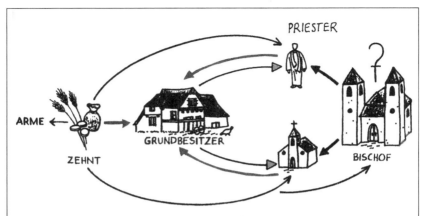

PRIESTER

ARME ←

ZEHNT

GRUNDBESITZER

BISCHOF

Grundbesitzer:

→ errichtet Kirche auf seinem Gut
→ stellt einen Priester an und sorgt für seinen Lebensunterhalt
→ *zugleich:* Verfügungsrecht; Abhängigkeit von der Kirche
← Anspruch auf Spenden
← Anspruch auf Stolgebühren
← Verwaltung des gesamten Kirchenzehnten

Kirchenzehnt:
Nach kirchlichen Gesetzen war je ¼ bestimmt für
→ Bischof
→ Unterhalt des Priesters
→ Kirchengebäude
→ Arme

Reaktion der Bischöfe:
→ verlangen von Priesteranwärtern geistliche Bildung
→ konsekrieren Kirche erst auf das Versprechen des Besitzers hin, die Kirche spätestens nach seinem Tod in die beschöfliche Verfügungsgewalt zu geben.

Das mittelalterliche Eigenkirchenwesen

2. Anfänge und Radikalisierung der Reform

Schon im Pontifikat *Leos IX.* (vgl. oben B III 4) machten sich die ersten Anzeichen bemerkbar, dass der päpstliche Stuhl nicht auf Dauer wie eine Eigenkirche in kaiserlicher Verfügungsgewalt behandelt werden konnte. An der sich allmählich herausbildenden Römischen Kurie trat nämlich neben der »**Reform der Kirche**« ein ferneres, höheres Ziel immer deutlicher hervor, dessen Schlagwort »**Freiheit der Kirche**« (*Libertas ecclesiae*) hieß, was nicht zuletzt den Ausschluss des Königs von der Papstwahl bedeuten musste.

Mit der Wahl und Anerkennung Papst Nikolaus' II. (1058–1061) gelangte die *radikale Richtung der kurialen Reformpartei an die Macht.* Dies bewies die **Lateransynode von 1059**, die unter scharfer Bannandrohung die Einhaltung der priesterlichen Ehelosigkeit befahl. An den Weltklerus erging die Aufforderung, das gemeinsame Leben (*vita communis* oder *canonica*) wieder allgemein aufzunehmen (vgl. oben IV 1 b!). Die Verkündigung der *Zölibatsforderung* führte in vielen Bistümern zu *offenem Aufruhr des Klerus*, der nicht gewillt war, die Gattinnen plötzlich als Konkubinen zu entlassen und den Nachwuchs als Hurenkinder von sich zu stoßen. Schließlich erließ die Versammlung bei erneuter Verpönung der Simonie wohl das **erste Verbot einer Laieninvestitur**, d. h. sie *untersagte strengstens, eine Kirche aus Laienhand, sei es umsonst oder gegen Entgelt, zu empfangen.*

Nikolaus II. war im Grunde nur ein schwaches, unselbständiges Werkzeug in der Hand jener Kreise, die ihn erhoben hatten. Die eigentlich leitende Persönlichkeit an der Kurie stellte Kardinal *Humbert von Silva Candida* dar. Hinter diesem und mehr und mehr neben ihm aber stand der jüngere und genialere Diakon *Hildebrand*, der 1073 als Gregor VII. den Stuhl Petri besteigen sollte.

3. Der Kampf Papst Gregors VII. (1073–1085) um die »Reinheit« und »Freiheit« der Kirche

a) Persönlichkeit und Reformanspruch Gregors VII.

Gregor VII. war klein und unscheinbar von Gestalt. Aber in dem unansehnlichen Körper wohnte ein gewaltiger, ja überragender Geist. Alle seine Fähigkeiten stellte Gregor VII. in den Dienst der Idee, die ihn beherrschte: Er wollte die Verwirklichung des Gottesreiches auf Erden unter der Führung des Papstes, dem als Stellvertreter Christi alle Christgläubigen unterworfen sein müssen, Könige und Kaiser nicht ausgenommen. Das **Ziel Gregors VII.** war jedoch nicht die päpstliche Weltherrschaft, sondern **eine auf der geistlichen Gewalt beruhende Führung innerhalb der christlichen Welt**.

Was frühere Päpste gelegentlich gefordert hatten, ist bei Gregor klar und zugespitzt formuliert, und zwar in 27 kurzen Leitsätzen, dem sog. **Dictatus papae** aus dem Jahre **1075**. Die brisantesten waren folgende:

3. *[Der Papst] ganz allein kann Bischöfe absetzen und auch wieder einsetzen. [25. … auch ohne Beschluss einer Synode!].*
12. *Der Papst kann Kaiser absetzen.*
16. *Keine Synode darf ohne seine Weisung eine allgemeine genannt werden.*
18. *Sein Entscheid kann von niemandem aufgehoben werden, er selbst aber kann Urteile aller anderen Instanzen aufheben.*
19. *Über ihn besitzt niemand richterliche Gewalt.*

Der **Papst** beanspruchte also in diesem Programm die **höchste Autorität in der Christenheit**. Er vermag nicht nur in die Rechte der Bischöfe einzugreifen, sondern ist aufgrund seiner geistlichen Obergewalt auch über Kaiser und Könige gestellt, die er sogar absetzen kann, wenn religiös-sittliche Gründe dies gebieten. **Über ihm steht** demnach **nur Gott!**

War der »Dictatus papae« zunächst lediglich ein theoretisches Manifest, so lag seine politische Tragweite doch auf der Hand. Und bald gab der *Investiturstreit* Gelegenheit, den 12. Leitsatz in die Tat umzusetzen.

b) Gregors Kampf mit Heinrich IV. (1056–1106): Der Investiturstreit

Auf der römischen Fastensynode von 1075 erließ *Gregor* eine folgenschwere Anordnung: Er *verbot* neben Simonie und Priesterehe nicht nur die Übertragung eines Kirchenamtes durch Laienhand im allgemeinen, sondern konkret die *Investitur des Erzbischofs von Mailand durch den deutschen König*. Als Heinrich IV. im Sommer 1075 die aufständischen Sachsen niedergeworfen hatte, beantwortete er die päpstliche Maßregel mit der **eigenmächtigen Besetzung mehrerer italienischer Bistümer**, von denen das sehr bedeutsame Erzbistum Mailand nicht einmal vakant war. Auf diese Weise herausgefordert, sandte der **Papst** an Heinrich ein **Mahnschreiben**; für den Fall weiteren Ungehorsams ließ Gregor dem König mündlich Bann und Absetzung androhen.

Nun ging **Heinrich** zum **offenen Kampf** über. Auf dem Reichstag zu Worms kam es im Januar 1076 zu turbulenten Szenen. Aufgehetzt durch die

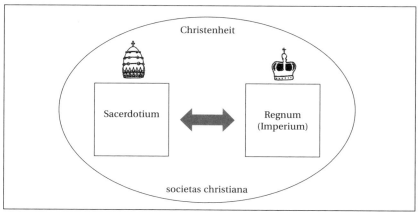

Im Mittelalter stehen sich geistliche und weltliche Gewalt nicht wie heute als Kirche und Staat gegenüber, die im wesentlichen zwei getrennten Sphären angehören, sondern beide befinden sich innerhalb der christlichen Einheitsgesellschaft. Daher konnten die deutschen Bischöfe bei Konflikten zwischen dem christlichen Herrscher und dem Nachfolger Petri durchaus auch auf Seiten des ersteren stehen.

böswilligen Verleumdungen eines abtrünnigen Kardinals (Hugo Candidus), sandten die 26 **deutschen Bischöfe** einen förmlichen **Absagebrief an den Papst**, während der König in einem eigenen Schreiben kraft seines Patriziats Gregor VII. die Gewalt aberkannte und ihn zum Verzicht auf seine Würde aufforderte. Das leidenschaftliche Manifest an »*Hildebrand, nicht mehr den Papst, sondern den falschen Mönch*« (er war zuvor Benediktiner im von Cluny reformierten Marienkloster zu Rom gewesen) schloss mit den vielzitierten Sätzen: »*So steige du denn, der du durch diesen Fluch und das Urteil aller unserer Bischöfe und unser eigenes verdammt bist, herab, verlasse den apostolischen Stuhl, den du dir angemaßt hast. Ein anderer steige auf den Thron des heiligen Petrus, einer, der Gewalttat nicht mit Frömmigkeit bemäntelt, sondern die reine Lehre des heiligen Petrus lehrt. Ich, Heinrich, durch die Gnade Gottes König, sage dir zusammen mit allen meinen Bischöfen: Steige herab, steige herab!*« (»*descende, descende!*«).

Gregor erwiderte den maßlosen Angriff dadurch, dass er auf der römischen Fastensynode im **Februar 1076** den **Kirchenbann über Heinrich** verhängte, ihm die Ausübung der Regierungsgewalt untersagte und die königlichen Untertanen vom Treueid entband. Die Exkommunikation des Königs, ein bis dahin unerhörter Eingriff, sollte ihre Wirkung nicht verfehlen. Standen die **deutschen Bischöfe wie bisher geschlossen auf der Seite des Königs**, so sahen die Territorialfürsten in der Bannung Heinrichs und in der Entbindung vom Treueid eine willkommene Gelegenheit, ihre eigene Position auszubauen. So beschloss man im Oktober 1076 (auf dem Fürstentag zu Tribur bei Mainz), sich dauernd von Heinrich abzuwenden, falls er nicht bis zum Jahrestag der Exkommunikation vom Bann gelöst sei; ein Reichstag zu Augsburg an **Lichtmess (2.2.) 1077** solle die

Heinrich IV. steht barfuß und im Büßergewand vor der Festung Canossa. Im Hintergrund legt die Burgherrin Mathilde von Tuszien beim zögernden Papst ein Wort für den Kaiser ein (Gemälde von Eduard Schwoiser, 1862).

Entscheidung treffen, und der **Papst selbst als Schiedsrichter** dort erscheinen. Gregor nahm die Schiedsrichterrolle an und begab sich auf den Weg nach Deutschland.

Nun eilte Heinrich, der um jeden Preis eine Koalition zwischen Papst und Fürsten verhindern wollte, in kühnem Zug über die Alpen, um von Gregor die Absolution zu erlangen. Der Papst hatte sich auf die Nachricht vom Anrücken Heinrichs vorsichtshalber in die **Festung Canossa** am Nordhang des Apennin zurückgezogen, die der Markgräfin Mathilde von Tuszien gehörte. Dort erschien der **König Ende Januar 1077 an drei Tagen im Büßergewand** und wartete bei klirrender Kälte (es war der kälteste Winter des 11. Jahrhunderts!) vor den Mauern auf Einlass, während in der Burg *Mathilde von Tuszien* und *Abt Hugo von Cluny, Heinrichs Taufpate,* den Papst um Milde anflehten. Erst am vierten Tag entschloss sich Gregor, seines priesterlichen Amtes zu walten. Unter der Bedingung, dass sich Heinrich mit den Fürsten einige und dem Papst für den Fall einer Reise nach Deutschland freies Geleit gewähre, wurde Heinrich wieder in die kirchliche Gemeinschaft aufgenommen.

Nachdem sich die Hoffnung der deutschen Territorialfürsten, den König mit Hilfe des Papstes entmachten zu können, nicht erfüllt hatte, setzten sie (auf dem Fürstentag zu Forchheim) im März 1077 Heinrich aus eigener Machtvollkommenheit ab und wählten **Rudolf von Schwaben** zum **Gegenkönig**. Im Laufe des nun ausbrechenden Bürgerkriegs verschlechterte sich das Verhältnis Heinrichs zu dem möglichste Neutralität wahrenden Papst erneut. Als der salische Herrscher schließlich mit der Androhung eines Gegenpapstes seine Anerkennung und die Bannung Rudolfs forderte, erneuerte die Fastensynode vom **März 1080** den **Bann**, sprach die **Absetzung Heinrichs** aus und bestätigte Rudolf als König.

Nach dem **Tod Rudolfs im Oktober 1080** rüstete Heinrich jedoch zum **Waffengang gegen den Papst**. Gregor saß in der uneinnehmbaren Engelsburg und wartete auf die *Hilfe der Normannen*, die mit einem starken Heer anrückten. Tatsächlich musste Heinrich Rom verlassen, aber in den Plünderungskämpfen der zügellosen Normannen ging ein Gutteil der Ewigen Stadt in Flammen auf. Gregor VII. konnte sich nicht mehr halten. Unter den Verwünschungen der Bevölkerung verließ er mit den Normannen die Stadt und begab sich, von wenigen Getreuen begleitet, nach Salerno (südlich von Neapel). Dort **starb** er im Mai **1085**. Seine letzten, an Psalm 44 gemahnenden Worte sollen gelautet haben: »*Dilexi iustitiam et odivi iniquitatem, propterea morior in exsilio.*« (Ich habe die Gerechtigkeit geliebt und die Ungerechtigkeit gehaßt; deshalb sterbe ich in der Verbannung.)

Gregor, der *1606 heiliggesprochen* wurde, war bis zuletzt unerschüttert in seiner Überzeugung, für eine gerechte Sache gekämpft zu haben. Und wenn er der nach ihm benannten **Reform** auch nicht zum Sieg verhelfen konnte, so doch zum **Durchbruch**. Der besiegte Papst, den der zeitgenössische Theologe Petrus Damiani (1006/07–1072) einmal einen »*heiligen Satan*« genannt hatte, siegte in seinen Nachfolgern, **prägte das Antlitz des Abendlandes für über zwei Jahrhunderte** und *bestimmt die Gestalt der Kirche bis in unsere Tage herein.*

4. Der Fortgang und die Beilegung des Investiturstreites

a) Die Fortsetzung des Kampfes mit Gregors Nachfolgern
Das Ringen zwischen geistlicher und weltlicher Gewalt, zwischen *Sacerdotium* und *Regnum* (*Imperium*), setzte sich nach dem Tode Gregors VII. 1085 unvermindert fort. Obwohl die Lage des Kaisers jetzt günstiger war als zuvor, vermochte er seine Gegner nicht zu überwinden. Nach wiederholtem Scheitern von Ausgleichsverhandlungen war das Verlangen nach Beilegung des langwierigen Streites mittlerweile allenthalben so stark geworden, dass beide Teile sich ihm nicht mehr entziehen konnten. Publizisten und Kanonisten hatten das Problem in heftigen *Streitschriften* gedanklich erörtert. Man lernte dabei, **Amt und Besitz voneinander zu trennen, unterschied die geistliche und die weltliche Seite der Investitur** und *bestritt letztere dem König nicht mehr.*

b) Das Wormser Konkordat (1122)
Nach vierzehntägigen schwierigen Beratungen zwischen den Vertretern des Papstes und denjenigen des deutschen Königs fand der Investiturstreit am 23. September 1122 durch das Wormser Konkordat endlich sein Ende.

Heinrich V. (1106–1125) **verzichtete** darin **auf die Investitur mit Ring und Stab, behielt aber das Recht auf die** mit dem Szepter zu vollziehende **Regalieninvestitur**, d.h. auf die Belehnung mit dem Königsgut. Der König gestand ferner die freie kanonische Wahl der Bischöfe zu, doch verblieb ihm für das deutsche Reichsgebiet ein **wesentlicher Einfluss auf die Wahl:**

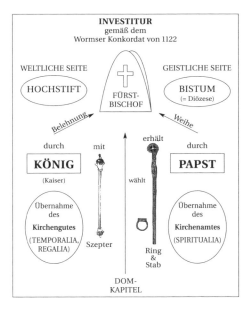

99

- Sie sollte *in seiner oder in seines Bevollmächtigten Gegenwart* stattfinden und
- *bei zwiespältigem Ausgang von ihm* unter Mitwirkung des Metropoliten und der Suffragane *zugunsten der »sanior pars«* (= der besseren Seite) *entschieden* werden.

Der Kirchenstaat wurde von den Bestimmungen des Wormser Konkordats ausgenommen. Damit war der Investiturstreit nach fast fünfzigjähriger Dauer beendet.

Wenn man den Ausgang dieses Streites näher betrachtet, so hatte das Kaisertum zwar einen Teil seiner Rechte behauptet. Der **eigentliche Sieger** war aber dennoch das **Papsttum** und die Römische Kurie, denn die *Laieninvestitur in der alten Form* war *beseitigt*, die Bischofswahl und die Verfügung über die Symbole des geistlichen Amtes (Ring und Stab) der Kirche zurückgegeben, die *Bevormundung der geistlichen Gewalt durch die weltliche abgeschüttelt*. Denn auch **von einer Bestätigung der *Papst*wahl durch den König und Kaiser** konnte jetzt selbstverständlich **keine Rede mehr** sein; vielmehr sollte das Papsttum einem noch höheren Aufstieg seiner Macht entgegengehen.

5. *Exkurs:* Der Erste Kreuzzug (1096–1099) und weitere Kreuzzugsunternehmen

Zwei unterschiedliche geistige Kräfte waren es, die in der Kreuzzugsbewegung zur Wirkung kamen:

1. der *Gedanke der Wallfahrt zu den Geburtsstätten des Christentums* und
2. die *Losung des heiligen Krieges*, des Ritterkampfes im Dienste der Kirche.

Beides war nicht neu, hatte sich aber bisher aufgrund der Vorschrift, dass Pilger keine Waffen tragen durften, gegenseitig ausgeschlossen. Um so größer war daher die Wirkung, als Papst **Urban II.** (1088–1099) diese Vorstellung über Bord warf und eine **Vereinigung von Wallfahrt und heiligem Krieg** schuf. Als *Franzose* entstammte er dem Land, das seit geraumer Zeit das Zentrum der Kreuzzugsbestrebungen war, und als *Cluniazenser* gehörte er derjenigen Richtung des Benediktinerordens an, die seit einem Jahrhundert in engstem Kontakt mit der christlichen Ritterbewegung stand. So war *Urban geradezu prädestiniert dafür, den Kreuzzugsgedanken zur Entfaltung zu bringen.*

Bereits seit 1071 befand sich Jerusalem in der Gewalt der türkischen Dynastie der Seldschuken. Die unmittelbare Veranlassung für einen Kreuzzug bildete jedoch der angesichts des feindlichen Drucks auf Kon-

100

stantinopel immer dringlicher werdende *Hilferuf des byzantinischen Kaisers*, und den eigentlichen *Auftakt* die glühende Rede, die der Papst im November **1095** anläßlich der **Synode von Clermont** (Südfrankreich) an die gewaltige, vor den Toren der Stadt versammelte Menge richtete. Der Widerhall war überwältigend. Immer wieder wurde der Papst durch den Ruf »*Deus le volt!*« (altfranzösisch: **Gott will es!**) unterbrochen, der zum *Schlachtruf aller Kreuzfahrer* werden sollte. Was die Massen besonders aufhorchen ließ, war

Christus als Führer der Kreuzritter, der im Mund ein Schwert trägt wie der himmlische Richter in der Apokalypse (Offb 1,16; 2,16). Links oben Christus als Menschensohn, der »in seiner Herrlichkeit« (Mt 25,31) zum Weltgericht kommt (Miniatur aus einer Handschrift der Apokalypse, England, 14. Jh.)

die Gewährung des gleichen vollen **Nachlass**es **der kanonischen Bußstrafen**, wie ihn Jerusalempilger erwarben, was bald zu völliger Sündenvergebung vergröbert wurde. Hierdurch gewann der Kreuzzug in den Augen der Christen einen unermesslichen religiösen Wert und eine enorme innere Dynamik.

So kann es nicht verwundern, dass der Buß- und Wanderprediger *Peter von Amiens* gleich nach Urbans Aufruf begann, seine Anhänger in Mittel- und Nordwestfrankreich für die bewaffnete Wallfahrt zu begeistern. In einer durch apokalyptische Ideen angeheizten **Atmosphäre religiöser Erregung, gepaart mit tiefer wirtschaftlicher Unzufriedenheit** (vorausgegangen war eine Welle von Naturkatastrophen, Seuchen und Hungersnöten und just in jenem Jahr auch noch eine Missernte!), brachten seine Appelle eine **religiöse Massenbewegung** bisher unbekannten Ausmaßes ins Rollen: Insgesamt etwa 50 000 bis 70 000 Männer und Frauen aus den unteren Bevölkerungsschichten machten sich in 5 oder 6 großen Haufen nacheinander auf den Weg (**Bauernkreuzzug**), ohne Vorbereitung und Ausrüstung und ohne eine Vorstellung, wie weit der Weg nach Jerusalem war. »*Als sie nun auf ihrem Zuge durch die Städte kamen, in denen Juden wohnten, sprachen sie zueinander: ›Seht, wir ziehen den weiten Weg, um die Grabstätte [Jesu] aufzusuchen und uns an den Ismaeliten [= Muslimen] zu rächen, und siehe, hier wohnen unter uns die Juden, deren Väter ihn unverschuldet umgebracht und gekreuzigt haben! So lasst zuerst an ihnen uns Rache nehmen und sie austilgen unter den Völkern, dass der Name Israel nicht mehr erwähnt werde; oder sie sollen unseresgleichen werden und zu unserem Glauben sich bekennen.‹*«

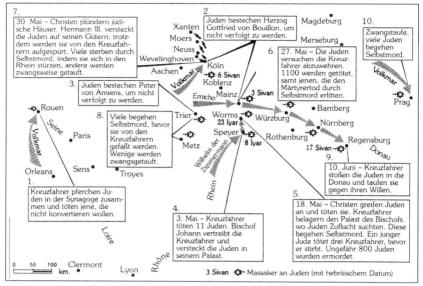

7.
30. Mai – Christen plündern jüdische Häuser. Hermann III. versteckt die Juden auf seinen Gütern; trotzdem werden sie von den Kreuzfahrern aufgespürt. Viele sterben durch Selbstmord, indem sie sich in den Rhein stürzen, andere werden zwangsweise getauft.

2.
Juden bestechen Herzog Gottfried von Bouillon, um nicht verfolgt zu werden.

6.
27. Mai – Die Juden versuchen die Kreuzfahrer abzuwehren. 1100 werden getötet, samt jenen, die den Märtyrertod durch Selbstmord erlitten.

10.
Zwangstaufe, viele Juden begehen Selbstmord.

3.
Juden bestechen Peter von Amiens, um nicht verfolgt zu werden.

8.
Viele begehen Selbstmord, bevor sie von den Kreuzfahrern gefaßt werden. Wenige werden zwangsgetauft.

9.
10. 10. Juni – Kreuzfahrer stoßen die Juden in die Donau und taufen sie gegen ihren Willen.

1.
Kreuzfahrer pferchen Juden in der Synagoge zusammen und töten jene, die nicht konvertieren wollen.

4.
3. Mai – Kreuzfahrer töten 11 Juden. Bischof Johann vertreibt die Kreuzfahrer und versteckt die Juden in seinem Palast.

5.
18. Mai – Christen greifen Juden an und töten sie. Kreuzfahrer belagern den Palast des Bischofs, wo Juden Zuflucht suchten. Diese begehen Selbstmord. Ein junger Jude tötet drei Kreuzfahrer, bevor er stirbt. Ungefähr 800 Juden wurden ermordet.

Xanten · Moers · Neuss · Wevelinghoven · Aachen · Köln · 6 Sivan · Koblenz · Emicho · Mainz · 3 Sivan · Magdeburg · Merseburg · Bamberg · Nürnberg · Prag · Volkmar · Trier · Worms 23 Iyar · Würzburg · Speyer · Rothenburg · 8 Iyar · 17 Sivan · Regensburg · Metz · Wilhelm der Zimmermann · Donau · Rhein · Rouen · Volkmar · Seine · Paris · Orleans · Sens · Troyes · Loire · Rhône · Clermont · Lyon

0 50 100 km.

3 Sivan · Massaker an Juden (mit hebräischem Datum)

Der Judenpogrom von 1096

(Bericht des zeitgenössischen Chronisten Salomo bar Simson) Die ursprüngliche Ablassverheißung war nun völlig entstellt zur Losung, dass jedem, der einen Juden erschlage, die Sünden vergeben würden.

Und so **metzelte man** in *Rouen* (Nordfrankreich) und in mehreren Städten des Rheinlands **Tausende von Juden hin**, am meisten in *Mainz*, wo allein über 1000 Juden ihre Glaubenstreue mit dem Leben bezahlten. Weniger blutige Aktionen in Städten an der Donau, in Franken und Böhmen schlossen sich an, ehe die irregeleiteten Scharen auf ihrem weiteren Weg von den Ungarn und Türken schließlich aufgerieben wurden.

Die kriegserfahrenen Ritter dagegen, denen der päpstliche Kreuzzugsappell *ausschließlich* gegolten hatte, brachen erst – wie vorgesehen – im August 1096 nach gründlicher Vorbereitung auf. Am 15. Juli 1099 fiel endlich Jerusalem, wo die Sieger unter den Muslimen ein Blutbad anrichteten und die Juden bei lebendigem Leibe in einer Synagoge verbrannten. *Gottfried von Bouillon*, der Herzog von Niederlothringen, wurde zum Regenten erkoren und nahm den Titel eines Vogtes des Heiligen Grabes an. Nach dessen Tod im Jahre 1100 ließ sich sein Bruder *Balduin* (1100–1118) schließlich zum *König des Reiches Jerusalem* krönen. Insgesamt wurden aus den eroberten Gebieten **vier abendländische Kleinstaaten** gebildet: **das Königreich Jerusalem, das Fürstentum Antiochien sowie die Grafschaften Edessa und Tripolis**.

Der Erfolg des Ersten Kreuzzuges kam für alle Beteiligten überraschend und wurde daher als Wille Gottes gedeutet. In Wirklichkeit konnten sich die Kreuzfahrer wohl deshalb militärisch durchsetzen, weil die muslimischen Herrscher dieses Unternehmen nicht richtig einzuschätzen wussten und es infolgedessen auch nicht sonderlich ernst nahmen. Es sollte fast eine Generation dauern, bis sie sich von diesem Schock erholt hatten und darangingen, die verlorenen Gebiete zurückzuerobern. 1144 gelang es dem Emir von Aleppo, *Edessa* einzunehmen und den dortigen Kreuzfahrerstaat auszulöschen. Dies war der unmittelbare Anlass für den **2. Kreuzzug (1147–1149)**. Trotz der flammenden Kreuzzugsaufrufe und -predigten des großen Zisterziensers *Bernhard von Clairvaux* (sprich: Klärwoh; siehe unten B VI 1), sich diese einmalige Gelegenheit zur Rettung des Seelenheils nicht entgehen zu lassen, scheiterte der Kreuzzug.

In der Folgezeit fielen immer mehr Gebiete der Kreuzfahrerstaaten den Arabern in die Hände, wobei sich *Sultan Saladin* (1138–1193) zum gefährlichsten Gegner entwickelte. Nachdem er das Kreuzfahrerheer im Juli 1187 bei Hattin vernichtend geschlagen hatte, nahm er im Oktober desselben Jahres Jerusalem ein. Der *Fall Jerusalems* führte zum **3. Kreuzzug (1189–1192)**, der von den führenden europäischen Mächten getragen war. An der Spitze stand der greise Stauferkaiser **Friedrich I. Barbarossa** (= Rotbart, 1152 König, 1155 Kaiser), den jedoch 1190 im kleinasiatischen Fluss Saleph der Tod ereilte. Während dadurch der deutsche Kreuzzug völlig zusammenbrach, erreichten der englische König Richard I. Löwenherz und der franzö-

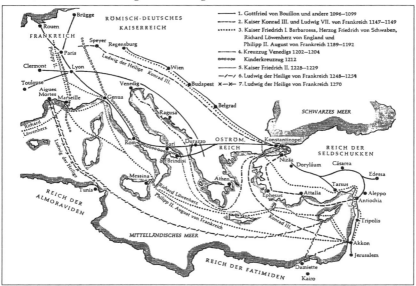

Die Kreuzzüge

sische König Philipp II. *Akko(n)*, das anschließend ausgebaut werden konnte. Zudem gelang es in einem Vertrag mit Saladin, den Küstenstreifen von Askalon bis Antiochia zu sichern, nicht aber Jerusalem zu erobern.

Das letztliche Scheitern der Kreuzzüge des 12. Jahrhunderts gab Anlass zu Spekulationen, warum der göttliche Beistand, der beim 1. Kreuzzug zum Sieg geführt hatte, den Kreuzfahrern nun versagt blieb. In dieser Situation trachtete *Innocenz III.* (zu ihm siehe unten B V 1) danach, wieder dem Papsttum die Führung zu sichern. Der von ihm initiierte **4. Kreuzzug (1202–1204)** endete unter dem Einfluss Venedigs mit der Eroberung und Plünderung des christlichen Konstantinopel und der Gründung eines bis 1261 bestehenden lateinischen Königreichs (vgl. oben B II 6 d).

Die Forderung nach einer Rückeroberung Jerusalems blieb dennoch virulent, und da offensichtlich nicht nur die weltlichen, sondern auch die päpstlichen Waffen versagt hatten, kam **1212** in Nordfrankreich und im Rheinland gleichzeitig die Idee eines **Kinderkreuzzug**s auf: Was den moralisch verderbten Rittern, den Reichen und Mächtigen nicht gelungen war, das sollten jetzt unschuldige, unbewaffnete Kinder mit Gottes Hilfe erreichen. Wie nicht anders zu erwarten, scheiterte das irrwitzige Unternehmen kläglich; die letzten der 25 000 bis 30 000 Kinder und Jugendlichen, die auf dem Weg noch nicht umgekommen waren, wurden von Marseiller Kaufleuten zum Verkauf auf Sklavenmärkten nach Nordafrika verschifft bzw. in Italien als Knechte und Mägde zurückbehalten oder nach Hause geschickt.

Der schon von Innocenz III. vorbereitete **5. Kreuzzug (1217–1221)**, an dem *Franz von Assisi* (siehe unten B VI 3) zur Bekehrung von Muslimen unbewaffnet teilnahm, endete erfolglos in Ägypten. 1229 konnte Kaiser Friedrich II. durch Verhandlungen Jerusalem zurückgewinnen (in der Karte wird dieses Unternehmen von 1228/29 als *5. Kreuzzug* gezählt); bereits 1244 ging es jedoch wieder an türkische Söldnertruppen verloren. Die beiden letzten Kreuzzüge um das Hl. Land (**6. Kreuzzug 1248–1254, 7. Kreuzzug 1270**) waren fehlgeschlagene Unternehmungen des französischen Königs Ludwig IX. des Heiligen, der 1270 vor Tunis einer Seuche erlag. Im Jahre **1291 fiel** die letzte den Christen noch verbliebene Stadt **Akko**, wodurch das **Zeitalter der Kreuzzüge** nach knapp zwei Jahrhunderten **zu Ende** ging.

Auch wenn die Kreuzzüge vorderhand *kriegerische Ereignisse* waren, die von christlicher Seite als angemessene Reaktion auf die jahrhundertelange aggressive Expansion des Islam betrachtet wurden, von muslimischer Seite dagegen als gewalttätige Übergriffe des barbarischen Westens auf die eigene Kultur und Religion, hätten sie doch eine *Chance zur Begegnung* geboten, die jedoch kaum genutzt wurde. Hieran leidet das Verhältnis zwischen muslimischer und europäischer Welt bis heute.

LIT Nikolas Jaspert, Die Kreuzzüge, Darmstadt 6̂2013.

religiös	politisch	kulturell
• Vereinigung von Wallfahrt und Heiligem Krieg • Entfremdung zwischen West- und Ostkirche (1204 Eroberung und Plünderung Konstantinopels!) • Beanspruchung des Hl. Landes → Entfremdung zwischen Christentum, Islam und Judentum • Offenhalten der Pilgerwege • Vorwegnahme der eschatologischen Völkerwallfahrt nach Jerusalem (vgl. Jes 2,2) • Verstärkung endzeitlicher Strömungen im Christentum	• Heiliger Krieg »im Namen Gottes« • Neues Zusammengehörigkeitsgefühl des christlichen Abendlandes; Festigung der *societas christiana* • Stärkung der geistlichen Herrschaft des Papsttums • Ausbildung nationaler Identitäten (v. a. Steigerung des französischen Nationalbewusstseins)	• Steigerung des abendländischen Kulturbewusstseins • Interkultureller Austausch (Sprache, Naturwissenschaften, Kunst, Militär- und Festungstechnik)

Bedeutung der Kreuzzüge für das Abendland

wirtschaftlich	psychologisch	Folgen für die Juden
• Christen betreiben nun selbst Fernhandel (Import neuer Gewürze, Pflanzen und Luxusgüter) • Blüte der Geldwirtschaft • Entstehung eines wohlhabenden Bürgertums • Ansteigen des Lebensstandards • Aufschwung der Seestädte (v. a. in Oberitalien und Frankreich)	• Massen von arbeits- und besitzlosen Menschen erhalten vorübergehend eine politisch und religiös hochlegitimierte Betätigung (v. a. beim Ersten Kreuzzug) • Umlenkung der Unzufriedenheit auf »außenpolitische Ziele«	• Angewiesenheit auf Schutz als Nichtchristen • Neues Bewusstwerden der eigenen, vom Leiden geprägten Schicksalsgemeinschaft • Neue Möglichkeiten christlicher Legitimierung antijüdischer Vorurteile • Verlust des Fernhandels → Hinwendung zum Geldhandel und zur Pfandleihe (aufgrund des Verbots anderer Erwerbszweige für Juden) • Zur Verminderung der Gefährdung Dezentralisierung jüdischer Ansiedlung (Einbeziehung kleinerer Landstädte)

V. Das Verhältnis von geistlicher und weltlicher Gewalt im 12. und 13. Jahrhundert

1. Das Papsttum auf der Höhe seiner Macht: Innocenz III. (1198–1216)

Papst Innocenz III. (Fresko im Kloster San Benedetto, Subiaco)

Mit Innocenz III., einem hochgebildeten Kardinaldiakon von erst 37 Jahren, gelangte das Papsttum an den Gipfelpunkt seiner Macht. Innocenz fasste alle Herrschaftsansprüche seiner Vorgänger zusammen und begnügte sich endgültig nicht mehr mit dem Anspruch, »*Vicarius Petri*« zu sein; vielmehr nennt er sich »**Vicarius Christi**«, Stellvertreter Christi auf Erden (seither fester Titel der Päpste), und auch »**Arbiter mundi**«, Schiedsrichter der Welt.

Seine grundsätzliche Auffassung vom Verhältnis der geistlichen und weltlichen Gewalt hat Innocenz III. bereits im Jahr seines Amtsantrittes zugunsten der Superiorität des Papstes anhand des **Sonne-Mond-Gleichnis**ses formuliert. Dieses Gleichnis lautet im Originalwortlaut so:

»Wie Gott, der Schöpfer des Alls, am Himmel zwei große Lichter geschaffen hat, ein größeres, das den Tag, und ein kleineres, das die Nacht regieren sollte [Gen 1,16], so hat er in der katholischen Kirche, die mit dem Himmel gemeint ist, zwei große Herrscher eingesetzt, einen höheren über die Seelen und einen niedrigeren über die Leiber, die sich zueinander verhalten wie Tag und Nacht: Das sind die Autorität des Papstes und die Macht des Königs. Wie nun der Mond sein Licht von der Sonne erhält und zugleich kleiner und im Hinblick auf die Helligkeit, Stellung und Wirksamkeit unbedeutender ist, so erhält die königliche Macht ihren Glanz von der Autorität des Papstes.« **So sind für Innocenz der König und alle anderen weltlichen Herrscher nur Lehensträger des Papstes.**

Im **deutschen Thronstreit** entschied sich Innocenz zunächst für *Otto IV. von Braunschweig* und krönte ihn 1209 zum Kaiser. Als Otto jedoch wider Erwarten einen Angriff auf das Königreich Süditalien-Sizilien begann, wo sich der Papst zwischenzeitlich die Macht gesichert hatte, sprach er den Bann über ihn aus und ließ im Herbst 1211 den damals 16-jährigen *Fried-*

rich II. (1212–1250), einen Enkel Friedrich Barbarossas, zum König wählen, der ihm öffentlich den Treueid schwören und bedeutende Zugeständnisse machen musste.

Einen nach außen hin glanzvollen Abschluss fand der ereignisreiche Pontifikat Innocenz' III. durch das XII. ökumenische Konzil, das als **IV. Lateranense** vom 11.–30. November **1215** zu Rom tagte. Es war die *größte und prunkvollste aller Kirchenversammlungen des Mittelalters*, von über 400 Bischöfen und mehr als 800 Äbten und Stiftsprälaten und von Gesandten fast aller christlichen Fürsten besucht, und erwies das Papsttum sinnenfällig auch als geistige Mitte aller Länder und Reiche. Das Konzil

- traf Vorkehrungen für einen neuen *Kreuzzug*, den mittlerweile 5. (1217–1221; siehe oben B IV 5) und
- grenzte das katholische Glaubensverständnis gegen die *häretischen Bewegungen der Katharer und Albigenser* ab (dazu Näheres unter B VI 2!).
- Im Rahmen dieser Abgrenzung wurde auf dem 4. Laterankonzil auch die bis heute gültige **Abendmahlslehre** der katholischen Kirche dogmatisiert (Kap. 1) und zwar in der Weise, dass Christi »*Leib und Blut im Sakrament des Altars unter den Gestalten von Brot und Wein wahrhaft enthalten sind* [**Realpräsenz**]*, wenn durch göttliche Macht das Brot in den Leib und der Wein in das Blut* **wesensverwandelt** [= lat.: *transsubstantiatis*] *sind*« (DH 802) → **Transsubstantiationslehre**.
- Außerdem erließ die Synode Dekrete zur Reform der Kirche und des kirchlichen Lebens. So wurde in Kapitel 21 den Gläubigen geboten, **wenigstens einmal jährlich und zwar in der österlichen Zeit das Buß-sakrament und die Kommunion zu empfangen** (bis heute gültig!).
- Schließlich verabschiedete das Konzil noch vier Konstitutionen hinsichtlich der **Juden** (Kap. 67–70). Hierbei ist besonders Kapitel 68 erwähnenswert, wonach von nun an **alle Juden** beiderlei Geschlechts ein **Erkennungszeichen** tragen mussten. Diese Kleidervorschrift trug wesentlich zur zwangsweisen Isolierung und zur gesellschaftlichen Degradierung der Juden bei, wie sie das Spätmittelalter prägte.

Das Erkennungszeichen war zunächst ein *gehörnter Hut* (ab dem 12. Jahrhundert nachweisbar), dann oft ein **gelber Ring an der Brust** – der *Vorläufer des gelben Sterns*, mit dem *im Dritten Reich* vom 19. September 1941 an (im besetzten Polen bereits seit November 1939) alle Juden ab dem 6. Lebensjahr gekennzeichnet sein mussten.

Die unter Innocenz III. erreichte Höhe kirchenpolitischer Macht konnten die Päpste nicht lange halten. Unter *Urban IV.* (1261–1264)

Urban IV. schrieb *1264*, veranlasst durch die Visionen der Nonne Juliana von Lüttich, die Feier des **Fronleichnamsfest**es, des jüngsten Hochfestes der katholischen Kirche, vor, das bis heute am Donnerstag nach dem Dreifaltigkeitssonntag begangen wird (seit dem 14. Jahrhundert mit prunkvollen eucharistischen Prozessionen).

und *Clemens IV.* (1265–1268), die beide *Franzosen* waren, bahnte sich jedoch eine **grundlegende Entscheidung** an, *indem die Kurie ihre Politik nun bewusst in französische Bahnen lenkte*. Das ehrgeizige Bestreben der deutschen Kaiser, in Unteritalien im Widerstreit mit der päpstlichen Oberlehensherrschaft eine eigene Hausmacht zu begründen und die sizilische Krone dauernd mit der deutschen zu verbinden, veranlasste die Kurie zu erbitterter Abwehr und zur **Anlehnung an die neu aufstrebende europäische Großmacht Frankreich**. Aber Frankreich lag *räumlich ebenso nah wie Deutschland* und präsentierte sich vor allen Dingen *politisch viel geschlossener* als das aus vielen Partikulargewalten zusammengesetzte deutsche Staatsgebilde. Folgerichtig stand das Papsttum alsbald in **Abwehrstellung gegen die Franzosen** und in ständig neuen Versuchen, deren Umklammerung zu beseitigen.

2. Die Krise des Papsttums unter Bonifaz VIII. (1294–1303)

Mit diesem herrschsüchtigen Mann ergriff der *Wille zur Macht* die Tiara. Was Innocenz III. zu Beginn des 13. Jahrhunderts als päpstliches Selbstverständnis formuliert hatte, nahm Bonifaz VIII. am Ende des Jahrhunderts wieder auf.

a) Im Konflikt mit Frankreich

Auch Bonifaz legte sich mit Frankreich an. Den konkreten Anlass hierzu bot ein französischer Bischof, den **König Philipp IV. der Schöne** (1285–1314) 1301 wegen unbedachter Äußerungen hatte verhaften und unter Anklage des Hochverrats stellen lassen. Der Papst verlangte die sofortige Freilassung des Bischofs und lud die französischen Bischöfe und Theologen zu einer Synode nach Rom, um mit ihnen »*über die Wahrung der kirchlichen Freiheit, die Reform des Reiches und die Abstellung der bisherigen Exzesse*« zu beraten. Philipp selbst wurde im Dezember 1301 wegen Bedrückung des Klerus und tyrannischer Regierung zur persönlichen Verantwortung in die Ewige Stadt geladen. Allein, *der französische Herrscher dachte nicht daran, sich dem Papst zu beugen*; vielmehr ließ er das päpstliche Schreiben in verzerrter Form veröffentlichen. Die dadurch bezweckte *nationale Erregung* beherrschte dann eine Versammlung der französischen Reichsstände im

Frühjahr 1302 zu Paris. Sie hieß des Königs Vorgehen gegen den verurteilten Bischof gut und untersagte gleichzeitig dem französischen Episkopat die Reise nach Rom.

Trotzdem war dieser auf der römischen Sondersynode vom Herbst 1302 vertreten. Nach deren Beendigung erließ Bonifaz im November die Bulle »**Unam sanctam**«, *eine der berühmtesten in der gesamten Kirchengeschichte.* Sie ist das **klassische Dokument des päpstlichen Hoheitsanspruchs**, wie er sich seit den Tagen Gregors VII. und Innocenz' III. ausgebildet hatte und **von Bonifaz VIII. mit Schroffheit vorgetragen** wurde. Die Bulle führte aus,

- es gebe **nur eine Kirche** (»*Unam sanctam Ecclesiam catholicam et ipsam [ebenso] apostolicam …*«) und
- **außer ihr kein Heil** (*extra ecclesiam nulla salus*) und **keine Vergebung der Sünden** (DH 870).
- Ihr einziges Haupt sei Christus, der durch seinen Stellvertreter Petrus und dessen Nachfolger wirke. *Beide Schwerter, das geistliche wie das weltliche, gehörten der Kirche; sie selbst führe das geistliche, das weltliche aber der König im Dienst und nach Weisung der Kirche.*

Papst *Gelasius I.* (492–496) hatte gelehrt, dass es in der Welt zwei nebeneinander bestehende oberste Gewalten gebe, die beide von Gott eingesetzt und sanktioniert seien, nämlich die geistliche und die weltliche Gewalt (*Sacerdotium* und *Regnum*; siehe Graphik oben S. 96). Die allegorische Deutung von Lk 22,38 (»*Herr, hier sind zwei Schwerter*«) und weiterer Bibelstellen führte im Investiturstreit in Fortführung der *gelasianischen Zweigewaltenlehre* zur **Zweischwerterlehre**, die im geistlichen und weltlichen Schwert (*gladius spiritualis* bzw. *gladius materialis*) die beiden Gewalten versinnbildlicht sah. Im Gegensatz zu der von Bonifaz VIII. vertretenen **kurialen** Zweischwerterlehre ging die *imperiale* Zweischwerterlehre davon aus, dass Gott jedes Schwert unmittelbar dem Papst bzw. dem König (Kaiser) verliehen habe und daher beide Gewalten gleichgeordnet und auf ihrem Gebiet selbständig seien.

Die geistliche Gewalt überrage an Würde jede weltliche, könne sie einsetzen und über sie richten, falls sie sündige. *Die höchste geistliche Gewalt aber könne nur von Gott gerichtet werden. Wer sich ihr widersetze, widerstehe Gott.* Und aufgrund all dessen folgert der berühmte Schlusssatz: »*Wir erklären, sagen und definieren…, dass es für jedes menschliche Geschöpf unbedingt notwendig zum Heil ist, dem Römischen Bischof unterworfen zu sein.*« (DH 875)

Dies hört sich gewiss spektakulär an, war aber dennoch nicht sonderlich neu.

Der Schlusssatz stammte vom berühmten Theologen *Thomas von Aquin* (siehe unten B VI 4); der Gedankengang der Bulle folgte einer Abhandlung seines Schülers *Aegidius Romanus* (um 1245-1316), Augustinereremit und Erzbischof von Bourges.

Der heftige Widerspruch gegen die Bulle »Unam Sanctam« richtete sich denn auch nicht eigentlich gegen die darin zusammengefassten theologischen und kirchenrechtlichen Doktrinen des 13. Jahrhunderts, sondern gegen das vermeintliche kirchenpolitische Programm, das man darin zu erkennen glaubte.

Neu war lediglich, dass *Bonifaz zur Verdeutlichung seines zweifachen Herrschaftsanspruches in die päpstliche Krone, die Tiara, einen zweiten Kronreif einfügen ließ*, dem bereits durch seinen übernächsten Nachfolger Clemens V. noch ein *dritter* folgen sollte. Die stets nur außerhalb der Liturgie getragene **dreistöckige Tiara** (*triregnum*) symbolisierte, dass der Papst

1. der Vater der Fürsten und Könige,
2. der Lenker des Erdkreises und
3. der Stellvertreter Christi auf Erden sei.

In einem symbolischen Akt *legte Papst Paul VI. seine Tiara am 13. November 1964 ab* und machte sie den Armen zum Geschenk. Auch von seinen Nachfolgern nicht mehr getragen, führt Benedikt XVI. die Tiara *nicht einmal mehr im Wappen* (stattdessen die bischöfliche Mitra).

b) Das Attentat von Anagni im September 1303

Philipp der Schöne enthielt sich zunächst jeder Stellungnahme, entschloss sich dann aber zu schärferem Kampf, zum Angriff auf die Person des Papstes, auf seinen guten Namen, auf die Rechtmäßigkeit seiner Würde. Verantwortlich für diese Wende war sein neuer Kanzler *Wilhelm von Nogaret* und hinter diesem der Einfluss der Kardinäle aus der mächtigen Adelsfamilie der *Colonna*, mit der der Pontifex kurz zuvor eine harte Auseinandersetzung gehabt hatte. Eine Versammlung von Prälaten und Baronen zu Paris erhob im Juni **1303 gegen den Papst schwerste Anklagen**: Er sei ein Häretiker, Gotteslästerer, Simonist; er treibe Unzucht und Zauberei, habe auch seinen Vorgänger ermordet und könne folglich nicht rechtmäßiges Oberhaupt der Kirche sein.

Papst Bonifaz VIII. verkündet das Heilige Jahr 1300, mit dem die Reihe dieser Jubeljahre ihren Anfang nahm (letztes im Jahr 2000) (Detail der Nachzeichnung eines Freskos von Giotto in der Lateranbasilika, Rom)

Mit diesen unhaltbaren, ja ungeheuerlichen Anklagepunkten wollte die Versammlung die **Einberufung eines Allgemeinen Konzils zwecks Absetzung des Papstes** herbeiführen. Da sich der König ihren Vorschlag zu eigen machte, blieb Bonifaz VIII. nichts anderes übrig, als durch *Exkommunikation und Befreiung vom Untertaneneid* gegen Philipp IV. vorzugehen. Schon war das päpstliche Konsistorium anberaumt, auf dem am 8. September 1303 die feierliche Exkommunikation verkündet werden sollte, als es am Tag zuvor zu dem **berühmt-berüchtigten Attentat von Anagni** (sprich: Anánji; südöstlich von Rom) kam. Eine Schar gedungener Söldner stürmte die Wohnungen der Kardinäle und den Papstpalast in Anagni. Man verlangte von Bonifaz unter persönlichen Misshandlungen

- den **Rücktritt vom Amt**,
- die *Wiedererstattung des enteigneten Colonna-Besitzes* und
- die *Auslieferung des Kirchenschatzes* an einige ältere Kardinäle.

Bonifaz wies alles hartnäckig zurück und *bot sein Leben an*. In der Stadt, die zunächst den Verschwörern beigestanden hatte, schlug die Stimmung bald um. Um die Mittagszeit des 9. September befreite man den Papst und vertrieb die Verschwörer. Bonifaz kehrte aus dem unsicheren Anagni am 25. September nach Rom zurück. Aber die furchtbare Enttäuschung von Anagni setzte dem Leben des schon vorher Leidenden drei Wochen später ein Ende.

Das Ergreifende an der Geschichte dieses ganzen Konflikts ist der **ungeheure Kontrast zwischen dem Anspruch des Papstes und der wirklichen Sachlage**, die sich jetzt auf einen Schlag aller Welt enthüllte; es ist die für den Papst buchstäblich tödliche Überraschung, welche er in Anagni über seine eigene Position erlebte. Gewiss war sein Auftreten gegen den König von Frankreich brüsk gewesen. Seine Bullen gaben den Ansprüchen eine für königliche Ohren besonders verletzende Form. Aber wie bereits gesagt: Diese Ansprüche selbst waren nicht neu; die großen Vorgänger auf dem Papstthron im hohen Mittelalter hatten sie erhoben und weithin auch durchgesetzt. Neu indes war, dass ihm, Bonifaz, auf solches Bestreben hin rücksichtslose Grobheit, kalter Hohn und pietätlose Gewalttat entgegenschlugen und siegreich blieben. **Am Tag des Attentates von Anagni war die hochmittelalterliche Geltung des Papsttums untergegangen**, und eine neue Epoche im Verhältnis der beiden Gewalten hatte sich mit geballter Faust angekündigt.

VI. Die Armutsbewegung des hohen Mittelalters und die Entstehung der Bettelorden

Die große, am Evangelium ausgerichtete Armutsbewegung des hohen Mittelalters ist dort entstanden, wo die **Gegensätze von Armut und Reichtum** hart aufeinanderstießen, *in den wirtschaftlich zu einer Art mittelalterlichem Frühkapitalismus aufstrebenden Gebieten Mittelitaliens und Südfrankreichs.* Und hier wurde die Bewegung auch – durch das Zusammenwirken mehrerer unglücklicher Umstände – **häretisch**, vornehmlich in den *Katharern* und den *Waldensern*. Die »kirchlichen« **Kinder der Armutsbewegung** sind die **großen Bettel- oder Mendikantenorden** (von lat. *mendicare* = betteln), zu denen zuvorderst die *Franziskaner* und *Dominikaner* zählen.

1. Die Reformorden des 11./12. Jahrhunderts und das Armutsideal

Bei weitem nicht alle dem Mönchtum zuneigenden Männer und Frauen fanden in der benediktinischen Einheitsform des frühmittelalterlichen Ordenswesens ihre Erfüllung. Viele lebten als Einsiedler in abgeschiedenen Gegenden, sei es einzeln, sei es in Kolonien.

> Der in der Bergwildnis von Chartreuse (lat. *Cartusia*) bei Grenoble (Frankreich) 1084 durch Bruno von Köln (um 1030–1101) gegründete und bis heute bedeutsame *Eremitenorden* der **Kartäuser** ist – neben den 1664 als strenge Reform der Zisterzienser (s. u.) ins Leben gerufenen *Trappisten* – der **strengste Orden der katholischen Kirche** mit striktem Stillschweigen und Fasten. Da er niemals einer Reform unterzogen werden musste, heißt es: »*Cartusia numquam reformata, quia numquam deformata*« (Die Kartause [d. h. hier: der Kartäuserorden] wurde niemals reformiert, weil sie niemals deformiert war).

Andere zogen büßend und predigend umher. Wieder andere schlossen sich zu geistlichen Kommunitäten neuer Art zusammen. Stets aber stand dahinter als Lebensideal die »*Vita evangelica et apostolica*« in Armut und freiwilliger Entsagung, die bewusste Orientierung an den ethischen Forderungen der Frohbotschaft. So kam es zur Gründung einer Fülle von neuen Ordensgemeinschaften, von denen hier mit den Zisterziensern und den Prämonstratensern nur die wichtigsten kurz vorgestellt werden können.

Die **Zisterzienser**, benannt nach ihrem Gründungskloster *Cîteaux* (lat. *Cistercium*) in Burgund, sahen die Verwirklichung des neuen Armutsideals in der Rückkehr zur Reinheit der Benediktusregel, und zwar in scharfer Ablehnung des reich und mächtig gewordenen cluniazensischen Mönch-

Die Ausbreitung des Zisterzienserordens (und Prémontré)

tums, das wohl den einzelnen Mönch, nicht aber das Kloster zur Besitzlosigkeit verpflichtete. Unter diesem Vorzeichen wurde **1098** in der Nähe von Dijon durch *Robert von Molesme* (sprich: Moläm; um 1028–1111) ein strenges Reformkloster gegründet. Der Mann, der dem neuen Ordensideal zum entscheidenden Durchbruch verhalf, war aber nicht Robert von Molesme, sondern der junge burgundische Adelige **Bernhard von Clairvaux** (1090–1153). Als er im April 1112 an die Pforte von Cîteaux klopfte, brachte er gleich dreißig Genossen mit. Und er verlieh nun der zisterziensischen Bewegung eine ungeahnte **Expansionskraft**, wobei dem Orden durch die *Betonung der Handarbeit und der Beschäftigung mit der Bodenkultur* vor allem bei der **Erschließung und Missionierung des Ostens** hohe Bedeutung zukam. Die eigentlichen Ziele Bernhards, der mit Päpsten, Kaisern und Königen in Verbindung stand, waren aber die Heiligung und Verinnerlichung des Mönchtums und – daraus hervorgehend – die religiöse Erneuerung der Kirche.

Auch bei den *Kanonikern* (Chorherren; siehe oben B IV 1 b) entstand ein Reformzweig, nämlich die 1120/21 in Prémontré (lat. *Praemonstratum*) bei Laon (Nordfrankreich) durch *Norbert von Xanten* (1080/85–1134; 1126 Erzbischof von Magdeburg) gegründeten **Prämonstratenser**. Sie nahmen die strengere Fassung der Augustinusregel an, um ein Leben in völliger Armut und äußerster Bußfertigkeit, geprägt von Fasten und Schweigen, Chorgebet und Handarbeit, zu führen.

Damit gab es jetzt im Abendland vier sog. Prälatenorden:

> Diese Bezeichnung bürgerte sich im Volk ein, weil die Äbte (bei den Chorherren: Pröpste) dieser Orden seit dem Spätmittelalter in der Regel **infulierte Prälaten** (von mittellat. *praelatus*: Herausgehobener, Bevorzugter) waren, d. h. die zunächst den Bischöfen vorbehaltenen *Pontifikalien* (Mitra [Inful], Stab, Ring, Brustkreuz [Pektorale]) tragen durften, waren sie doch selbst aufgrund des klösterlichen Grundbesitzes und des Sitzes im politischen Gremium der Landstände »kleine Bischöfe«.

	Benediktiner	Augustinerchorherren
	↓ **Prälatenorden** ↓	
Reform:	Zisterzienser	Prämonstratenser
	(Cîteaux)	(Prémontré)

2. Häretische Strömungen und Gruppen: Katharer und Waldenser

Die *größte mittelalterliche Sekte* waren die **Katharer**. Die Gedankenwelt dieser Bewegung lässt sich in direkter Linie bis ins Altertum, ja bis in vorchristliche Zeit zurückverfolgen. Gnostische Ideen (siehe oben A I 4 a) und die aus ihnen folgenden Konsequenzen für die Theologie erlebten in den vierziger Jahren des 12. Jahrhunderts einen Siegeszug. So entstand die »**Kirche der Reinen**« (griech. *katharoî*), deren Gläubige sich gänzlich von der Welt des Teufels fernhalten und in völliger Sündenlosigkeit leben sollten, dabei streng fastend (kein Fleischgenuß) und sich jeglichen Geschlechtsverkehrs enthaltend. Gerade diese *rigorosen Forderungen* scheinen die Menschen angezogen zu haben. So bildete sich in einigen Gegenden Westeuropas eine regelrechte Gegenkirche, meist im Verborgenen, aber da und dort auch mit Kenntnis und sogar Förderung der weltlichen Herren und der Landesgeistlichkeit.

Allerdings hatte diese Kirche der *Katharer* mit ihrem orientalischen Dualismus *schon nach mehreren Generationen den Höhepunkt überschritten*. Ihre »Nachfolge« trat eine zweite, »abendländischere« Bewegung an, das **Waldenser**tum. Diese Sekte geht auf den Kaufmann **Petrus Waldes** (Valdès; † um 1206) von Lyon zurück, der um 1176 seine Bekehrung erlebte. Nachdem er der Anweisung an den reichen Jüngling getreu seinen Besitz verschenkt hatte (vgl. Mt 19,21),

Beim Mönchsvater Antonius war es dieselbe Bibelstelle, die ihn zur Umkehr veranlasste (siehe oben A II 2 e)!

konnte er mit seinem Ruf zur Armut bald eine Gefolgschaft um sich scharen, provozierte aber durch die *Ignorierung des Verbots der Laienpredigt* kirchliches Vorgehen (1184 [?] Exkommunikation der Waldenser). **Mit der Herausdrängung der Waldenser *aus* der Kirche radikalisierte sich ihre Kritik *an* der Kirche.** So schienen ihnen Heiligenverehrung, Fegfeuer und Gebete für die Toten den Ernst der Forderung Gottes nach Vollkommenheit im *irdischen* Leben aufzuweichen.

> »Die **Waldenser** stellen die *älteste, bis zum heutigen Tag überlebende evangelisch geprägte Dissidentengemeinde in der westlichen Christenheit* dar« (Paolo Ricca) mit z. Z. weltweit 45 000–50 000 Mitgliedern (v. a. in Italien).

Die offizielle Kirche brauchte lange, bis sie eine klare Einstellung zur neuen Lage gefunden hatte. Über einzelne kraftlose oder lokale Anstrengungen führte erst **Innocenz III.** hinaus, der die Gefährlichkeit, aber auch den geistlichen Ernst dieser Sekten begriff. Gleichwohl ist er für die furchtbaren Gewaltmaßnahmen maßgebend verantwortlich, die seit **1209** ergriffen wurden – nämlich im Rahmen eines **Kreuzzug**es **gegen die Katharer in Südfrankreich** (mit ihrem Zentrum in der und um die Stadt *Albi*), des sogenannten **Albigenserkrieg**es, zu dem der Papst nach der Ermordung eines päpstlichen Legaten in der Provence am 10. März 1208 aufgerufen hatte. *Zwanzig Jahre lang* währte das unchristliche Morden, das auf

Wappen der Waldenser mit dem Wahlspruch »Das Licht leuchtet in der Finsternis« (Joh 1,5)

beiden Seiten unendlich viel Blut forderte. Ganze Städte wurden entvölkert und weite Landstriche verwüstet, wobei der französische König mit dieser Aktion zugleich politische Ziele verfolgte, nämlich die Unterwerfung südfranzösischer Vasallen. Gleichzeitig wurde hier **zum ersten Mal in aller Form die Kreuzzugsidee und -praxis auf den Kampf gegen die Ketzer angewendet.**

Aber nicht nur mit Gewalt hat *Innocenz III.* die Sekten bekämpft. Er schlug noch einen anderen, **friedlicheren und insgesamt wirkungsvolleren Weg** ein, indem er – wohl mehr aus taktischen Gründen – mehrfach *inner-*

kirchliche Gemeinschaften, die gewisse Ideale mit den Sekten teilten, lebhaft förderte. Die größte Bedeutung gewannen dabei die Franziskaner und die Dominikaner, die sich in den folgenden Jahrzehnten zu großen, das ganze Abendland erobernden Mönchsorden entwickeln sollten.

3. Franz von Assisi (1181/82–1226) und der Orden der Minderbrüder (Franziskaner)

a) Auf der Suche nach dem gottgewollten Lebensweg

Der **Italiener Francesco Bernardone** verlebte als Sohn eines reichen Tuchhändlers eine sorglose Jugend. Nach der Teilnahme am Städtekrieg zwischen Assisi und Perugia mit darauffolgender Gefangenschaft und ernsthafter Erkrankung geriet der 25-jährige in eine religiöse Krise, die zur inneren wie äußeren Wandlung des Lebens führte. Wie ein Feuer war der Ruf des Herrn auf seine Seele gefallen: »*Willst du vollkommen sein, so gehe hin, verkaufe alles, was du hast, und gib es den Armen…*« (Mt 19,21). Auf steter Suche nach dem gottgewollten Lebensweg pflegte Franz nun Aussätzige, restaurierte verfallene Kapellen in der Umgebung von Assisi und führte das Leben eines Bettlers. Vom Vater in einem aufsehenerregenden Prozess *enterbt*, wurde Franz bei einem Gottesdienstbesuch in der kleinen Portiuncula-Kirche, unweit von Assisi,

Wohl einziges zeitgenössisches Porträt des Franziskus von Assisi, noch ohne Heiligenschein und Stigmata (Wundmale) (Fresko im Kloster San Benedetto, Subiaco, um 1224)

1209 die entscheidende Wegweisung zuteil. Im Tagesevangelium von der Aussendung der Jünger (Mt 10,9–16) erkannte er sein eigenes Lebensprogramm. Lebenslang wollte er **als Wanderprediger in Armut und Demut dem Herrn nachfolgen** – und dabei *kam Franz von Assisi Jesus so nah wie wohl kaum ein anderer Christ in der gesamten Kirchengeschichte.*

Als sich bald eine Anzahl gleichgestimmter junger Menschen um den enterbten Kaufmannssohn scharte, in der Absicht, seine radikale Christusnachfolge zu teilen, war es unvermeidlich geworden, der kleinen, aber schnell und stetig wachsenden Schar eine Art **Lebensregel** zu geben. Bedauerlicherweise ist uns ihre Urgestalt nicht überliefert. Doch nach allem, was an biographischen Zeugnissen auf uns gekommen ist, darf man davon ausgehen, dass Franz diese erste Regel *ganz und gar aus der Bibel* *zusammengestellt* hat. Auch durch die späteren, wesentlich ausführlicheren und kirchenamtlich bestätigten Fassungen der Regel (1219 und 1223) zieht sich wie ein roter Faden diese Intention der getreuen, buchstäblichen Nachfolge Christi. »**Fratres minores**« (*Minderbrüder*) nannte Franz sich und seine Gefährten, und er hat damit die evangeliumsgemäßen Haltungen der Brüderlichkeit und des Minderseins, d. h. der umfassenden Armut und Demut vor Gott und den Menschen, zu Grundpfeilern der neuen Gemeinschaft deklariert, die anfangs eine **reine Laienbewegung** war.

b) Die Anfänge der franziskanischen Bewegung

Nie hatte Franz daran gedacht, eine Ordensgemeinschaft zu gründen. Die geschichtliche Entwicklung ist freilich darüber hinweggeschritten. Die Minderbrüder wurden alsbald zu einer Institution zusammengefasst, und Papst *Gregor IX.* (1227–1241) sprach nicht bloß **1228 Franz von Assisi heilig** (nur 1½ Jahre nach seinem Tod!), sondern verbot kraft apostolischer Vollmacht auch, was ihm an der Bewegung des Poverello (ital.: kleiner Armer) nicht kirchenkonform erschien. Inzwischen hatte sich der Orden der Minderbrüder (lat. *Ordo Fratrum Minorum* = OFM) bereits über weite Teile Europas hin ausgebreitet. In unseren Landen widmete sich der Minoritenorden ganz der **Volkspredigt** und der **karitativen Hilfe** für den Nächsten. Beim Volk der Städte und Märkte erfreuten sich seine Mitglieder rasch größter Beliebtheit, nicht nur, weil sie fromm und hilfsbereit waren, sondern auch, weil man ihnen keinerlei Abgaben zu leisten hatte, da sie ja **im Gegensatz zu den Prälatenorden auf den Erwerb von Grund und Boden verzichteten**, vielmehr ihren Unterhalt durch freiwillige Gaben und ausgedehnte Bettelfahrten bestritten (**keine Ortsgebundenheit** = *lat. stabilitas loci;* man tritt in den Orden, nicht in ein bestimmtes Kloster ein; *lat. stabilitas ordinis*). **Mit den übrigen Bettelorden wurden die Minoriten** auf diese Weise **zu den wichtigsten Seelsorgern des städtischen Bürgertums.**

Rasche Verbreitung fand auch das weibliche Pendant der Minoriten, die in strenger Klausur ein Leben des Gebetes und der Betrachtung führende Gemeinschaft der **Klarissen**, die durch die Adelige *Klara von Assisi* (um 1194–1253) nach dem Vorbild des Franziskus gegründet worden war. Großen Anklang fand nicht zuletzt auch die religiöse

Franziskus nimmt Klara das Ordensgelübde ab (Buchillustration, 15. Jh.)

117

Laienbewegung, die sich im »**Dritten Orden**« (*Tertiar[inn]en* oder *Tertia-rier[innen],* von lat. *tertius* = der dritte) des hl. Franz sammelte (heutiger Name in Deutschland und Österreich: *Franziskanische Gemeinschaft*).

Im Innern der franziskanischen Ordensgemeinschaften herrschte freilich alles andere als Friede und Ordnung. Es ging um die Frage, wie das Wollen des Poverello, sein Ethos, über die Zeiten gerettet werden könne. Immer wieder ist diese »*quaestio franciscana*« im Laufe der Jahrhunderte aufgebrochen, hat unterschiedliche Beantwortung erfahren, neue Ordenszweige hervorgetrieben,

> Nachdem im 14. Jahrhundert die *Observantenbewegung* entstanden war, die aufgrund besonders genauer Beobachtung (lat. *observantia*) der Ordensregel die Treue zur Gründungsintention für sich allein beanspruchte, konnte im 15. Jahrhundert die Einheit des Ordens noch formell gewahrt werden, ehe 1517 die endgültige Aufspaltung in **Konventualen** [= *Minoriten*, OFMConv] und **Observanten** [OFM; OFMObs] erfolgte. Bereits wenig später (1525) entstanden als Reformgruppe innerhalb der Observanten die **Kapuziner** (OFMCap).

aber auch unversöhnliche Rivalität gezeitigt und Kämpfe auf Leben und Tod ausgelöst.

4. Dominikus de Guzmán (um 1170–1221) und der Orden der Predigerbrüder (Dominikaner)

Parallel zum franziskanischen Orden entstand **1215** in Südfrankreich der **Orden der Predigerbrüder** (*Ordo Praedicatorum* = OP), die man nach ihrem

Stifter, dem **Spanier Dominikus de Guzmán** (z gesprochen wie engl. th) bald Dominikaner nannte. Ihr Leben in Armut war eine kräftige Waffe gegen südfranzösische *Ketzergruppen,* wie sie Dominikus als päpstlich bestellter Wanderprediger in Südfrankreich kennengelernt hatte.

Denn *den häretischen Predigern der Katharer,* die aus eigener Vollmacht das Evangelium verkündeten, standen nun *Prediger gegenüber,*

- die gleich ihnen auf Wanderschaft waren,
- sich der selben Armut verpflichtet hatten,
- *aber* ihre **Verkündigung als kirchlichen Auftrag** ausführten.

Dominikus diskutiert mit Ketzern (Ausschnitt aus einem Fresko von Andrea Bonaiuti, Florenz, um 1365)

118

Die Predigttätigkeit, die auf die Überzeugungskraft des Arguments setzte, führte zur Regelung des **Studiums**, das **wesentliche Aufgabe der Dominikaner** werden sollte. Die Ordenskonstitution forderte die Errichtung eines zentralen Studienhauses für jede Ordensprovinz; die fähigsten Nachwuchskräfte aber sollten an den Universitäten ausgebildet werden.

In der unmittelbaren Bindung an den Papst, wofür schon die Residenz des Generalmagisters in Rom deutliches Zeichen war, wurde bald die Gesamtkirche zum Arbeitsfeld. Im Todesjahr des Dominikus *1221* entstand in *Köln der erste deutsche Dominikanerkonvent*, und am Ende des 13. Jahrhunderts zählte der Orden bereits mehr als 90 Niederlassungen in Deutschland. Die Tätigkeit der Dominikaner war längst über die Ketzerpredigt hinausgewachsen, wennschon die von **1231** an in päpstlichem Auftrag übernommene **Inquisition** (lat. *inquisitio* = Befragung) eine folgenreiche Erinnerung an diese Erstaufgabe blieb (und ihnen die Deutung des Ordensnamens als »*domini canes*« [= Spür-/Bluthunde des Herrn] eintrug).

Die vom 13. bis zum 19. Jahrhundert bestehende **Inquisition** »*ist ein von der lateinischen Kirche entwickeltes Verfahren der* **Aufspürung** *und* **Aburteilung** *getaufter Irrlehrer und ihrer Anhänger zum Schutz der göttlichen Weltordnung und des ewigen Heils der Gläubigen*« (Kurt-Victor Selge) und nur verständlich vor dem Hintergrund der als heilig und gottgestiftet betrachteten *christlichen Einheitsgesellschaft* des Mittelalters (siehe Graphik S. 96), die man *durch die* im 12./13. Jahrhundert entstehenden *häretischen Massenbewegungen lebensgefährlich bedroht* sah. Hatte man zunächst nur auf Anzeigen hin Untersuchungen eingeleitet, ordnete Rom 1184 die regelmäßige bischöfliche Visitation zur Aufspürung Verdächtiger an. Da die Bischöfe diese Verordnung nicht konsequent umsetzten, **betraute Gregor IX. 1231 zusätzlich die neuentstandenen Bettelorden (insbesondere die Dominikaner) mit der Durchführung des Inquisitionsverfahrens**, das sich im 14. und besonders im 15. Jahrhundert auf **weitere Glaubensverstöße** (z. B. Zauberei und Hexerei als Rückfall in den Götzendienst) ausdehnte. Obgleich für Gewaltmaßnahmen (Folter, Strafvollstreckung) die weltliche Macht um Hilfe angerufen wurde (»*die Kirche vergießt kein Blut*«), hat sich die römische Kirche in der Inquisition »*von der altchristlichen Selbstverpflichtung, auf Gewalt in Religionsdingen zu verzichten, beschämend weit entfernt*« (Arnold Angenendt).

Angesichts des in der Reformationszeit auch Italien erfassenden Protestantismus richtete Papst Paul III. **1542** eine **Zentralinstanz für alle Länder** ein, die »*Sacra Congregatio Universalis Inquisitionis*« (= Hl. Kongregation der Universalen Inquisition), der auch die Führung des von 1559 bis 1966 existierenden »*Index der verbotenen Bücher*« oblag. Nach dem Ende des klassischen Inquisitionsverfahrens Anfang des 20. Jahrhunderts wurde diese Behörde 1908 in *Hl. Officium* (zur Wahrung von Glaubens- und Sittenlehre) und 1965 in *Hl. Kongregation für die Glaubenslehre* umbenannt.

Hinzugekommen war die **Mission**saufgabe im Norden und Osten Europas sowie im Orient und im fernen Asien, hinzugekommen war auch die **Lehr-**

Albertus Magnus (mit Mitra und Strahlenkranz) deutet auf seinen Schüler Thomas von Aquin (mit Heiligenschein). Da ihn die Mitscholaren wegen seiner Schweigsamkeit und Korpulenz verspotten, entgegnet ihnen Albert: »Der, von dem ihr sagt, er sei ein stummer Ochse, wird in der Wissenschaft noch solch ein Brüllen hören lassen, dass sich der ganze Erdkreis wundern wird!« (= Übersetzung des Spruchbandes) (Titelholzschnitt aus: Rudolf von Nimwegen, Legendenbuch Alberts d. Gr., 1480)

tätigkeit an den großen Universitäten (überragende Theologen: *Albertus Magnus,* um 1200–1280, und sein Schüler *Thomas von Aquin,* 1225–1274).

Der gewöhnliche Predigerkonvent aber, in der Stadt gelegen, hatte – wie die Franziskaner – in der **Seelsorge an der städtischen Bevölkerung** sein wichtigstes Aufgabengebiet.

5. Zur Bedeutung der Bettelorden

Die *vier* großen *Bettelorden,* zu denen neben den Franziskanern und Dominikanern auch die im späten 12. Jahrhundert auf dem Berge Karmel (Hl. Land) gegründeten und um 1238 nach Europa übergesiedelten **Karmeliten** und die 1244 in der Toscana / Italien entstandenen **Augustinereremiten** gehören, haben sich als Frucht besonderer Betonung evangelischer Armut gebildet. Sie traten neben die *vier Prälatenorden,* die jetzt zu den »alten Orden« geworden waren (siehe Graphik oben auf S. 114) und überall ins Hintertreffen gerieten.

Franziskaner	Dominikaner
Bettel- oder Mendikantenorden	
Augustinereremiten	Karmeliten

Vor allem den Franziskanern und Dominikanern ist es zu verdanken, dass es gelang, **die Ausbreitung der sektiererischen Armutsbewegung einzudämmen und die große religiöse Erregung des 12. Jahrhunderts in kirchliche Bahnen zu lenken.** Ihre Gründer Franziskus und Dominikus wurden die *volkstümlichsten Heiligen*, obgleich sie unter anderer Konstellation wohl auch Ketzer hätten werden können.

LIT Georg Schwaiger / Manfred Heim, Orden und Klöster. Das christliche Mönchtum in der Geschichte, München ³2008.
Jörg Oberste, Ketzerei und Inquisition im Mittelalter, Darmstadt ²2012.
Kurt-Victor Selge, Art. Inquisition, in: EKL³ 2 (1989) 686–690.

VII. Das Papsttum in Avignon und das Abendländische Schisma

1. Die »Babylonische Gefangenschaft« der Päpste (1305–1377)

a) Streiflichter (Templerorden – Ludwig der Bayer – Stellenbesetzungs- und Finanzsystem)

Mit der schwer wiedergutzumachenden Niederlage von Anagni endete und begann eine Epoche päpstlicher Geschichte. *Dante Alighieri* hat in seinem großen Jenseitsgedicht, der »*Divina Commedia*«, den Übergang der römischen Kurie in die französische Abhängigkeit allegorisch gezeichnet:

Das Papsttum sitzt als buhlerische Dirne auf dem Wagen der *ecclesia triumphans*, an seiner Seite der Riese Frankreich, der es im Wechsel liebkost und geißelt; als die Dirne das Auge nach dem Dichter wendet, entführt sie der Riese in den Wald – das *Exil von Avignon*. Und im 19. Gesang des Inferno lässt der Dichter nicht nur Bonifaz VIII. in die Hölle fahren, sondern auch **Clemens V.** (1305–1314), mit dessen Pontifikat das 70-jährige

Der Papstpalast von Avignon, links vorne die berühmte Brücke (»Sur le pont d'Avignon...«)

Fernbleiben der Päpste von Rom, ihre »Babylonische Gefangenschaft«, anhebt und mit dessen Namen sich die **Auslöschung des Templerordens** verbindet. Die Tempelherren, einer der im Zeichen der Kreuzzüge entstandenen Ritterorden,

In den seit der 2. Hälfte des 11. Jahrhunderts entstehenden **geistlichen Ritterorden** *verbinden sich die Mönchs- und Kanonikerreformen jener Zeit mit der Kreuzzugsbewegung. Die ursprünglichen Aufgaben der Ordensritter, die sich neben den drei üblichen Mönchsgelübden (Armut, Keuschheit, Gehorsam) zum* **Waffendienst** *verpflichteten, waren die Begleitung der Pilger zu den heiligen Stätten, ihr Schutz vor Überfällen durch Räuber und Muslime und ihre Betreuung bei Krankheit und Unfall;* später kam *die Verteidigung der heiligen Stätten und der Kreuzfahrerstaaten sowie der Kampf gegen Muslime und Heiden* hinzu. Die drei bedeutendsten Ritterorden waren die **Templer**, der **Deutsche Orden** und die **Johanniter**, nachmals nach ihrem Hauptsitz auf der Insel Malta *Malteser* genannt (heute bekannt durch den 1953 vom Malteserorden und vom Deutschen Caritasverband ins Leben gerufenen *Malteser-Hilfsdienst*).

hatten mit dem Verlust des Hl. Landes im späten 13. Jahrhundert ihre **eigentliche Aufgabe eingebüßt** und insbesondere in Frankreich einen großen Reichtum an Liegenschaften und Geld erworben. Darauf richtete sich die Begierde des habsüchtigen französischen Königs, *Philipps des Schönen*, dem es nach hartem Ringen und unter an den Haaren herbeigezogenen Anschuldigungen (Götzendienst und Sodomie) gelang, den Papst zur völligen Aufhebung des Ordens der Templer zu bewegen, von denen Dutzende auf dem Scheiterhaufen, unter der Folter oder im Kerker starben.

Verbrennung von Templern (Chronique de France)

Gleich mehrere avignonesische Päpste, namentlich *Johannes XXII.* (1316–1334), trugen die **letzte große Auseinandersetzung zwischen** mittelalterlichem Papsttum und Kaisertum, zwischen **Imperium und Sacerdotium**, aus (vgl. nochmals die Graphik oben S. 96), und zwar mit **Kaiser Ludwig IV. dem Bayern** (1314–1347), wobei es dem Papsttum trotz rücksichtslosen Einsatzes aller zu Gebote stehender Waffen (Exkommunikation, Interdikt [= Gottesdienstsperre], Kreuzpredigt) nicht gelang, den Anspruch auf Approbation der deutschen Königswahl und damit auf die Oberherrschaft über das Kaisertum durchzusetzen. Vielmehr bestimmte die Versammlung der deutschen Kurfürsten in Rhense bei Koblenz **1338** (**Kurverein von Rhense**; daran angelehnt die berühmte *Goldene Bulle* von 1356), dass **der erwählte König zur Ausübung seiner Rechte keiner päpstlichen Bestätigung und Ermächtigung bedürfe.**

Drei geistliche (Erzbischöfe von Mainz, Köln und Trier) und vier (später sechs) weltliche Reichsfürsten bildeten bis 1806 das Wahlgremium des deutschen Königs.

Neben der Vernichtung des Templerordens und dem Kampf mit Ludwig dem Bayern muss beim Exil von Avignon noch ein drittes Stichwort genannt werden, nämlich der konsequente **Ausbau des päpstlichen Stellenbesetzungs- und Finanzsystems.** Insbesondere in der kurialen Besteuerungspraxis kannte die Erfindungsgabe der Apostolischen Kammer, der die gesamte Finanzverwaltung unterstand, keine Grenzen. Bei jeder Pfründenbesetzung, ob Benefizium, Bistum oder Abtei, waren *hohe Gebühren und Abgaben* verschiedenster Art zu entrichten, um die *horrenden Ausgaben der Kurie* zu finanzieren. Nicht nur die politischen Unternehmungen der Avignon-Päpste (Kampf gegen Ludwig den Bayern, Abwendung der Türkengefahr, Rückeroberung des Kirchenstaates) waren recht kostspielig, auch der aufgeblähte Verwaltungsapparat, die luxuriöse Hofhaltung (insgesamt über 4000 Angestellte!), die gewaltigen Bauten, der käufliche Erwerb Avignons und die reichen Zuwendungen an Verwandte der Päpste (**Nepotismus**, von lat. *nepos* = Neffe) verschlangen immense Summen. Die Einnahmen (z. B. aus dem Kirchenstaat) hatten dagegen im Exil einen starken Rückgang erfahren.

Angesichts solch ungeistlichen Gebarens kann es nicht erstaunen, wenn in weiten Teilen der Christenheit das Vertrauen in das Oberhirtenamt des Papstes zu schwinden begann und der **Ruf nach einer Reform der Kirche an Haupt und Gliedern** im Laufe des 14. Jahrhunderts immer lauter wurde.

b) Die Rückkehr nach Rom (Gregor XI.)

Nachdem bereits *Urban V.* (1362–1370) 1367 einen ersten Anlauf unternommen hatte, nach Rom zurückzukehren, wo sich die Verhältnisse infolge wilder Parteiungen und ständig neuer Aufstände und Raubzüge immer unerfreulicher gestalteten, tat sein Nachfolger, der Franzose **Gregor XI.** (1370–1378), bestärkt durch die Visionen der Mystikerin *Katharina von Siena* (1347–1380), **1377** endlich diesen Schritt. Noch ein friedloses Jahr verbrachte Gregor in Rom, angesichts der desolaten Verhältnisse voller Reue über seine Rückkehr. Dann starb er im Vorgefühl des kommenden Schismas 1378 – bis heute der letzte Franzose auf dem Stuhl Petri.

2. Das Große Abendländische Schisma

a) Die Doppelwahl von 1378

Der frühe Tod Gregors XI., noch bevor sich die Kurie in Rom wieder richtig festigen konnte, brachte die Kirche in eine recht schwierige Lage, und die abzuhaltende Papstwahl, die erste, die seit 75 Jahren wieder in Rom stattfand, nahm einen turbulenten Verlauf. Die Sorge der Römer, das eben erst mühsam zurückgewonnene Papsttum erneut zu verlieren, ist nur zu verständlich. Aber diese Sorge nahm rasch gewalttätige Formen an, **wollte man doch unbedingt die Wahl eines Römers oder doch wenigstens eines Italieners** sichern. Schließlich entschloss sich ein Teil der Kardinäle, für den *Erzbischof Bartolomeo Prignano von Bari* zu stimmen. Da der Gewählte dem Kardinalskollegium nicht angehörte, aber in Rom weilte, ließ man ihn herbeirufen, um ihn über die Annahme der Wahl zu befragen. Dies konnte jedoch nicht mehr durchgeführt werden, da jetzt die Volksmassen mit dem Ruf *»Wir wollen einen Römer!«* das Konklave stürmten. In ihrer Todesangst wagten es die Kardinäle nicht, den Erzbischof von Bari als Papst zu bezeichnen. Sie gaben vielmehr den altersschwachen Kardinal *Francesco Tebaldeschi*, einen geborenen Römer, als Gewählten aus. Der Greis sträubte sich, so gut er es vermochte; trotzdem wurde er von der Volksmenge inthronisiert. Dadurch gewannen die Kardinäle eine Pause. Alle flohen, sechs in die feste Engelsburg, andere in ihre befestigten Häuser der Stadt und in die Umgebung. Am Nachmittag des folgenden Tages fanden sich, teils freiwillig, teils herbeigerufen, zwölf Kardinäle im Vatikan ein, um den unterbrochenen Wahlvorgang zum Abschluss zu bringen. Von ihnen wurde nun Erzbischof Prignano von Bari als **Urban VI.** (1378–1389) inthronisiert.

Die Erhebung Urbans ist also unter Umständen zustande gekommen, die erhebliche Unsicherheitsfaktoren bedeuteten. Die **Wahl war ohne Zweifel nicht frei erfolgt**, sondern unter Einwirkung schwerer Bedrohung bis zur Gefahr für Leib und Leben der Wähler. Und Urban entfaltete nun plötzlich eine kaum zu überbietende Vorstellung von der Höhe seines Amtes, ohne Sinn für die tatsächlichen Verhältnisse, eingekleidet in rundum beleidigende Überheblichkeit. Dies alles verstärkte den Eindruck einer pathologischen Persönlichkeit. Die Forschung hat diese *»incapacità«*, die kanonische Unfähigkeit zur Ausübung des obersten Amtes, als höchst ernstes Bedenken der Kardinäle erhärten können.

Es ging vor allem um zwei Fragen:

1. **Kann ein offenkundig geistig Gestörter Papst sein**, und
2. **Können die Kardinäle ihr Votum zurücknehmen**, wenn sie zur Einsicht kommen, dass ihnen ein schwerwiegender Irrtum bezüglich der Person und der Eigenschaften des Gewählten unterlaufen ist?

Es kam zu langen Debatten, in denen man auch die Abhaltung eines Konzils erwog, diese Lösung aber wegen der Schwierigkeit der Einberufung und einer Interimsregierung verwarf. Schließlich entschlossen sich die Kardinäle, zur **Neuwahl** zu schreiten, da Urban nach ihrer Auffassung kein Recht auf die päpstliche Würde hatte. Gewählt wurde am 20. September 1378 der Kandidat der französischen Kardinäle, der schon seit langem ins Auge gefasste Kardinal Robert von Genf, den man als **Clemens VII.** (1378–1394) krönte. Jetzt war das **Schisma Wirklichkeit.** Doppelwahlen, Streit um die Papstwahl, Schismen hatte es in der Geschichte des Papsttums schon öfters gegeben. Aber die jetzt eingetretene Spaltung ließ alles Frühere weit hinter sich. **Das verwirrende »Große Abendländische Schisma« war ausgebrochen.**

b) Die zerrissene Christenheit

Die führenden Beamten der Kurie gingen zu Clemens VII. über. Wer noch aus Rom entweichen konnte, tat es, und zwar mit Amtsbüchern, Registern und Siegelstempeln. Beide Päpste versuchten, in unzähligen Erklärungen, Briefen und Gesandtschaften ihr alleiniges Recht auf den Stuhl Petri der Christenheit darzutun, besonders gegenüber den Königen, Fürsten, Bischöfen und Universitäten. Die politische Lage schien zunächst **Clemens VII.** zu begünstigen, doch gelang es ihm nicht, Urban VI. und die Stadt Rom in seine Hand zu bekommen. Daher ging er **1379 nach Avignon.** Trotz aller Versicherungen und feierlichen Schwüre, trotz massiven kirchlichen und politischen Drucks erhielten die Päpste in Rom und in Avignon immer wieder Nachfolger, vier Jahrzehnte lang. Nach der Wahl belegten sie sich wechselseitig mit ihrem jeweiligen Anhang, den »**Obedienzen**« (*Obödienzen*, von lat. *oboedire*: gehorchen), mit Bann und Interdikt, so dass sich nach 1379 **nominell die ganze Christenheit im Bann** befand (siehe Karte S. 126). An Rücktritt dachte keiner ernsthaft, obwohl die Kandidaten gewöhnlich vor der Wahl feierlich geschworen hatten, zurückzutreten, wenn anders die Einheit nicht zu gewinnen sei. Ungeheure Verwirrung breitete sich in der ganzen Christenheit aus, da die Spaltung vielfach auf Bistümer, Domkapitel und Ordensverbände übergriff. In strittigen Rechtsfällen konnte man den Streit der Päpste ausnützen, da jeder Papst nach Anhängern suchte. Die schwierige Frage, ob nach 1378 der Papst in Rom oder derjenige in Avignon die bessere Legitimität besaß, konnten weder die Zeitgenossen befriedigend beantworten, noch kann dies bis heute der Kirchenhistoriker.

Doch musste ein Weg (lat. *via*) zur Wiederherstellung der Einheit gefunden werden. Insgesamt fünf Möglichkeiten wurden hierfür erwogen:
1. Die »**via cessionis**«: beide sollen abdanken, dann Neuwahl,
   aber: keiner war dazu bereit

Das große Abendländische Schisma (1378–1417)

Jahr	Papst in Rom	Papst in Avignon	Konzilspapst
1378	Urban VI. (1378–1389)	Gregor XI. starb 1378 und hinterließ die Grundlage für das Schisma. Clemens VII. (1378–1394)	
1389	Bonifaz IX. (1389–1404)		
1394		Benedikt XIII. (1394–1417) 1409 vom Konzil von Pisa abgesetzt, weigerte sich aber zurückzutreten; 1417 abgesetzt vom Konzil von Konstanz; kehrte nach Spanien zurück, bis zum Tod davon überzeugt, dass er der wahre Papst sei.	
1404	Innocenz VII. (1404–1406)		
1406	Gregor XII. (1406–1415). 1409 vom Konzil von Pisa abgesetzt, verweigerte aber den Rücktritt; 1415 beim Konzil von Konstanz zurückgetreten.		
1409			Alexander V. (1409–1410). Vom Konzil von Pisa eingesetzt.
1410			Johannes XXIII. (1410–1415). 1415 vom Konzil von Konstanz abgesetzt.
1417			Martin V. (1417–1431). Vom Konzil von Konstanz gewählt, um das Schisma zu beenden.

126

2. Die »**via concilii**«: Ein allgemeines Konzil soll entscheiden, wer der rechtmäßige Papst ist (Idee entstand an Universitäten),
   aber: Kirchenrechtliche Schwierigkeit: kein allg. Konzil kann ohne Zustimmung des Papstes zustande kommen (Satz 16 des *Dictatus papae* von 1075; siehe oben B IV 3 a)
3. Die »**via compromissi**«: Benennung eines unabhängigen Schiedsgerichts, das über beide urteilt,
   aber: abgelehnt
4. Die»**via conventionis**«: beide Päpste sollen sich treffen,
   aber: Treffen kommt nicht zustande (Benedikt XIII. und Gregor XII. waren bei Savona nur wenige Meilen voneinander entfernt, Gregor jedoch ging wieder weg).
5. Die»**via subtractionis**«: Die jeweiligen Anhänger sollen den Päpsten die Obedienz entziehen und sie so gleichsam »austrocknen«,
   aber: nur Frankreich entzog Benedikt XIII. die Obedienz, der sich daraufhin jahrelang im zur Festung ausgebauten Papstpalast von Avignon verschanzte und dann über Perpignan nach Spanien floh.

c) Das Konzil von Pisa (1409)

In Pisa ergriffen die Kardinäle beider Päpste endlich die Initiative zur Überwindung der Spaltung, und zwar auf dem **Weg des Allgemeinen Konzils** (*via concilii*). Der ungewöhnliche Modus fand nach dem Urteil der Zeitgenossen im **außerordentlichen Notstand der Kirche** seine Rechtfertigung.

Im Juni erging schließlich das Urteil, wonach **Gregor XII. und Benedikt XIII.** als notorische Schismatiker, als Begünstiger des Schismas und als verstockte Häretiker und Eidbrecher **aus der Kirche ausgeschlossen** wurden. Außerdem entzog man ihnen unter gleichzeitiger Proklamation der Vakanz des päpstlichen Stuhles die Obedienz. Nach 11 Tagen wurde der gebürtige Kreter Petros Philargis, ein Franziskaner von umfassender Bildung und Kardinal von Mailand, einstimmig zum neuen Papst gewählt; er nannte sich **Alexander V.** (1409–1410). Kein Zweifel: Das Kardinalskollegium hatte unter starkem politischen Einfluss Frankreichs eine vortreffliche Persönlichkeit gewählt. Die erwünschte **Einheit** war dadurch freilich **nicht wiederhergestellt**, da sowohl Gregor XII. als auch Benedikt XIII. die Aufforderung zum Verzicht mit einem »*Non possumus*« (Wir können nicht) beantworteten. Obgleich jetzt **aus der »verruchten Zweiheit« eine »verfluchte Dreiheit«** geworden war (Ulrich von Richenthal), hat das Konzil von Pisa die endliche Vereinigung der Kirche unter einem allgemein anerkannten Oberhaupt **entscheidend vorbereitet**.

Übel war allerdings, dass der tüchtige Alexander V. schon 1410 starb und sein Nachfolger **Johannes XXIII.** (1410–1415, † 1419) eine völlig ungeistliche und für die päpstliche Würde ungeeignete Persönlichkeit war. Von diesem Papst konnte für die Ordnung der zerrütteten kirchlichen Verhältnisse nicht viel erwartet werden. Umso mehr setzte man jetzt in weiten Teilen der Christenheit die Hoffnung auf den neuen deutschen *König Sigismund* (1410–1437) aus dem Hause Luxemburg, einen Sohn Kaiser Karls IV. Sigismund war von besten Absichten erfüllt, die kirchliche Notlage zu beheben, und es ist wesentlich das Verdienst dieses verantwortungsbewussten Königs und späteren Kaisers, dass schließlich 1414 ein neues Konzil in Konstanz zustande kam und trotz aller Sprengungsversuche zusammenblieb.

VIII. Das große Reformkonzil von Konstanz (1414–1418)

Das Allgemeine Konzil von Konstanz wurde mit mehreren tausend Teilnehmern, darunter als neuer Stand die Gelehrten, zum größten und glanzvollsten Kongress des ganzen Abendlandes im Mittelalter, eine wirkliche **Repräsentation der ganzen Christenheit**, da sogar der Osten präsent war. Um der Majorisierung durch die an Zahl überlegenen italienischen Prälaten zu entgehen (Italien hat bis heute viele kleine Bistümer), **konstituierte sich das Konzil in die italienische, französische, deutsche und englische Nation**, zu denen später noch die *Spanier als fünfte Konzilsnation* kamen. Diese glückliche Gliederung entsprach den Landsmannschaften der Universitäten und dem politischen Gesicht Europas in der damaligen Zeit.

Auf dem Konstanzer Konzil sind alle wichtigen Zeitfragen behandelt worden. Seine Hauptaufgaben wurden schon von den Zeitgenossen zutreffend auf die prägnante Formel von den drei »*causae*« gebracht. Alle drei Aufgaben haben das Konzil beschäftigt: die Beseitigung des Schismas (*causa unionis*), die Verteidigung der Kirche gegen die Irrlehren von John Wyclif und Jan Hus (*causa fidei*) und die Reform der Kirche (*causa reformationis*). Wirklich gelöst wurde freilich nur das erste Anliegen.

1. Die Wiederherstellung der kirchlichen Einheit (causa unionis)

Als einziger der drei Päpste war *Johannes XXIII.* nach Konstanz gekommen. Er hoffte, die allseitige Anerkennung der Pisaner Wahl erreichen und damit seine Stellung behaupten zu können. Man beschloss jedoch – unter Abrückung vom Pisaner Standpunkt – **alle drei gleich zu behandeln**.

Das **Allgemeine Konzil als höchste Instanz der Kirche** erschien nach wie vor als einziger Ausweg aus den trostlosen Wirren. So wurde die »Konziliare Theorie«, die man durch den offenkundigen Notstand der Kirche für gerechtfertigt hielt, zur kirchlichen Lehre erhoben. In der V. Sitzung am 6. April 1415 verkündete die Versammlung im *Dekret* »**Haec sancta (synodus)**« die später heftig umstrittenen Beschlüsse über die höhere Gewalt des Allgemeinen Konzils in der Kirche. Die berühmte **Proklamation des »Konziliarismus«** ist ausgesprochen in folgenden Sätzen:

*»Diese heilige Synode zu Konstanz ... erklärt erstens, dass sie, im Heiligen Geist rechtmäßig versammelt, ein allgemeines Konzil abhaltend und die katholische Kirche repräsentierend, von Christus unmittelbar Vollmacht hat. Ihr ist ein jeder, welchen Standes und welcher Würde auch immer, **einschließlich der päpstlichen**, in denjenigen Stücken zu gehorchen verpflichtet, die sich auf den Glauben beziehen, auf die Ausrottung des besagten Schismas und auf die Reform der Kirche an Haupt und Gliedern.«*

Die Beschlüsse vom 6. April boten die Rechtsgrundlage zum Vorgehen gegen die drei Päpste. **Johannes XXIII.** wurde im Mai 1415, **Benedikt XIII.** im Juli 1417 **abgesetzt**, und der 90-jährige **Gregor XII.**, der nur ganz wenige Anhänger besaß, ließ im Juli 1415 seinen **Rücktritt** erklären. Nach dem politischen Zusammenschluss aller bisherigen Obedienzen war nun endlich der Weg frei für die Wahl eines allgemein anerkannten Papstes. Nach einem nur 3tägigen Konklave erhielt der römische Kardinaldiakon *Odo Colonna* am 11. November 1417 zwei Drittel der Stimmen und nannte sich nach dem Tagesheiligen **Martin V.** (1417–1431).

2. Die Verurteilung des Jan Hus (causa fidei)

Aus der Reihe der Reformfreunde und Agitatoren an der *Prager Universität* ragt die Gestalt des Magisters und späteren Rektors (1409/10) **Jan Hus** hervor, eines entschiedenen Feindes geistlicher Verderbnis und zugleich eines leidenschaftlichen Vorkämpfers der tschechischen Sache.

> Prag war eine der größten Städte des Heiligen Römischen Reiches deutscher Nation mit etwa 40 000 bis 50 000 Einwohnern. In der Prager Altstadt dominierten die Deutschen, in der Neustadt die Tschechen.

In einer 1413 veröffentlichten Streitschrift mit dem Titel »*De ecclesia*« vertrat er in deutlicher Anlehnung an die Schriften des englischen Vorreformators **John Wyclif** (um 1330–1384) die Auffassung von der Kirche als Gemeinschaft der für den Himmel Vorherbestimmten und Auserwählten (*Prädestinationslehre*, von lat. *praedestinare* = vorherbestimmen). Das Haupt dieser

John Wyclif

unsichtbaren Kirche sei allein Christus, nicht der Papst, von dem man nicht wissen könne, ob er überhaupt zu den Auserwählten gehört. Damit aber **zog Hus die Struktur der hierarchisch verfassten Gegenwartskirche und des ihr geschuldeten Gehorsams in Frage.** Diese Schrift trug ihm starke Opposition ein, und aus ihr sollten auf dem Konzil die meisten Anklagepunkte gegen ihn erhoben werden.

Auf die Zusicherung freien Geleits durch den böhmischen König begab er sich im Herbst 1414 nach Konstanz, wurde aber bald unter unwürdigsten Haftbedingungen hinter Schloss und Riegel gesetzt und drei Verhören unterzogen. **Hus verweigerte den Widerruf** und verlangte stattdessen die Widerlegung seiner Lehren, da er keinerlei Irrtümer vertreten habe. Diese Ansicht teilte das Konzil nicht und so kam es zu **Hus' Verurteilung und Hinrichtung.** Nachdem am 27. Juni 1415 im Hof des Konstanzer Münsters seine Schriften verbrannt worden waren, enthob man ihn am 6. Juli des Priesteramtes und übergab ihn dem weltlichen Arm. Wenig später wurde er vor den Toren der Stadt auf dem Scheiterhaufen verbrannt, und seine Asche dem Rhein übergeben.

Ohne Zweifel ist Jan Hus gestorben als Märtyrer seiner Überzeugung, sich nur der Widerlegung aus der Hl. Schrift, nicht aber derjenigen durch die Konzilsautorität zu beugen. Vor allem aber wurde er zum **Märtyrer für seine Freunde, seine Kollegen, seine Anhänger und Gesinnungsgenossen**, die er nicht durch einen Widerruf dem Vorwurf der Häresie aussetzen, die er also nicht im Stich lassen wollte.

Im Sommer 1415 zu Konstanz hat wohl niemand daran gedacht, dass vier Jahre später in Böhmen ein Sturm losbrechen könnte, der dann unter dem Schlagwort »**Hussitenkriege**« 14 lange Jahre dem ganzen Abendland trotzte und nicht weniger als fünf deutsche Kreuzzugsheere in die Flucht schlug. Den **definitiven Friedensschluss** brachte erst der Sommer

Jan Hus wird mit dem Ketzerhut auf dem Kopf (herisyarcha = Erzketzer, Ketzerführer) verbrannt (Chronik Ulrichs von Richenthal, um 1420)

1436 mit den sogenannten **Iglauer Kompaktaten** (= Vereinbarungen), in denen der böhmischen Kirche als liturgische Sonderform die **Kommunion unter beiden Gestalten** zugestanden wurde (lat. *sub utraque* [*specie*]) Dies war die Hauptforderung der gemäßigten Richtung unter den Hussiten, den »**Utraquisten**« oder »*Calixtinern*« (von lat. *calix*: Kelch).

> Den radikalen Flügel der Hussiten bildeten dagegen die **Taboriten** (bezeichnet nach dem biblisch benannten Berg Tabor in Südböhmen), die u. a. alle kirchlichen Einrichtungen und Sakramente ablehnten und mit der baldigen Wiederkunft Christi rechneten.

Mittlerweile hatte das **deutsche Volkstum in Böhmen schwerste Einbußen erlitten,** war vor allem im Innern des Landes so gut wie völlig vernichtet worden, während das nationale Selbstbewusstsein der Tschechen mächtigen Auftrieb erhielt. Dieses Selbstbewusstsein aber trug eine ausgesprochen religiöse Färbung, so dass sich das Land in dieser Hinsicht auch weiterhin als Unruheherd erwies, und der Ausspruch »**Böhmerland – Ketzerland**« zum geflügelten Wort wurde.

3. Die Problematik der Kirchenreform (causa reformationis)

Die Debatten über die Reform der Kirche »an Haupt und Gliedern« nahmen auf dem Konzil breiten Raum ein, gerieten jedoch in den sog. Prioritätsstreit mit der *causa unionis* (Papstwahl!) und politischen Rücksichten.

Immerhin wurden noch vor der Papstwahl, nämlich im Oktober 1417, fünf der vorbereiteten *Reformdekrete* feierlich publiziert. Das wichtigste davon ist das *Dekret* »**Frequens**« (lat. *häufig*), wonach **häufig allgemeine Konzilien** abgehalten werden sollten, das nächste schon nach fünf, das zweite nach sieben Jahren und von da ab *alle zehn Jahre.* Demgemäß sollte das Allgemeine Konzil also künftig als eine **Art parlamentarische Instanz** alle Anliegen der Christenheit behandeln, auch Papst und Kurie überwachen.

Die über neun Meter hohe Statue der Imperia, die nach der literarischen Vorlage von Honoré de Balzac (1799–1850) als Kurtisane (Anspielung auf die Bedeutung des »ältesten Gewerbes der Welt« während des Konzils) Kaiser und Papst in Händen hält (Betonskulptur von Peter Lenk aus dem Jahr 1993 an der Konstanzer Hafeneinfahrt)

Die übrigen Dekrete betrafen z. B. Maßnahmen zur *Einschränkung des übermäßigen Zentralismus der Kurie.* Außerdem wurde verbindlich festgelegt, dass der künftige Papst die Kirchenreform noch auf dem Konzil durchführen müsse. Dann wurde die **Papstwahl** vorgenommen. Sie stellte den **entscheidenden Wendepunkt in der konziliaren Bewegung** dar. Der Papst allein schrieb fortan die Sitzungen aus und bestimmte die Verhandlungsgegenstände. Das ganze Trachten Martins V. zielte jedoch darauf, das Konzil, das dem Papsttum bisher so gefährlich geworden war, möglichst rasch zu beenden. Die verbreitete **Konzilsmüdigkeit** der Teilnehmer, namentlich der nichtdeutschen Bischöfe, kam ihm dabei zu Hilfe. Mit großem diplomatischem Geschick wusste der Papst die *Sonderinteressen der Nationen gegeneinander auszuspielen:* Eine gemeinsame Vorlage zur Kirchenreform sei nicht möglich; die Nationen sollten sich daher gesondert an den Papst wenden. Diese Taktik führte zum Erfolg. Sofort setzten **Sonderverhandlungen** ein. Damit war die *innere Kraft des Konzils,* die sich nur im Zusammenstehen aller Nationen hätte behaupten können, *gebrochen,* und es wurde am 22. April **1418** nach 3 ½-jähriger Dauer feierlich **geschlossen.**

IX. Das Ringen zwischen Papst und Konzil unter Martin V. und Eugen IV.

1. Der Pontifikat Martins V. (1417–1431)

Martin V., der einzige Papst aus der römischen Adelsfamilie der Colonna, ging mit seiner Kurie erst Ende September **1420 nach Rom.** Aber in welchem Zustand fand er die Stadt vor, nachdem über hundert Jahre, seit dem Weggang der Päpste nach Avignon, die unmittelbare Leitung eines anerkannten Papstes weitgehend gefehlt hatte! An der mächtigen Paulsbasilika vor den Mauern fehlten große Teile des Daches. Wind und Regen konnten das Kircheninnere zerstören, und am Abend benutzten es die Hirten der Campagna als Stall für ihre Schafe. Wölfe drangen aus den Bergen bis in die Stadt vor. Im Vatikanischen Palast fehlten Türen und Fenster. **Überall ein Bild der Verwahrlosung, Schmutz und Schutt!** In dieser schwieri-

Krönung Papst Martins V. (Zeitgenössische Darstellung)

gen, fast trostlosen Situation begann der neue Papst klug und energisch den Wiederaufbau.

Man kann nicht sagen, Martin V. habe keine ernstliche Reform gewünscht oder sie nur lässig betrieben. Aber er betrieb eben **Reform im päpstlichen Interesse,** ohne die Konstanzer Beschlüsse zu verletzen. So berief er zwar 1423 gemäß dem Buchstaben des Dekrets »Frequens« ein *Allgemeines Konzil nach Pavia,* aber gerade durch diese klägliche, schwach besuchte und bald nach *Siena* verlegte Versammlung, die er dann im kritischen Augenblick 1424 rasch entschlossen auflöste, konnte er das unbequeme **Dekret »Frequens« innerlich aushöhlen.** Das nächste Allgemeine Konzil sollte dann nach sieben Jahren, also 1431, in Basel zusammentreten.

2. Eugen IV. (1431–1447) und das Konzil von Basel-Ferrara-Florenz

Der neue Papst Eugen IV. wartete nur auf eine günstige Gelegenheit, das lästige Reformkonzil in *Basel* für immer loszuwerden. Die immer stärker werdende Spannung zwischen Papst und Konzil führte schließlich zum offenen Konflikt in der Frage der Union mit den Griechen. Durch die osmanischen Türken, die mit unwiderstehlicher Stoßkraft vordrangen, war bereits das gesamte byzantinische Reich bis auf Konstantinopel und die nächste Umgebung der Hauptstadt erobert worden. In dieser Not knüpfte der griechische Kaiser (Johannes VIII. Palaiologos, 1425–1448) Unionsverhandlungen an in der Absicht, sich durch die – kurzzeitig erreichte – kirchliche Union die Hilfe des Abendlandes zu sichern. **1453** wurde *Konstantinopel* jedoch von den Türken eingenommen. Knapp tausend Jahre nach dem Fall des weströmischen Reiches (476) war nun auch das **Ende Ostroms** gekommen.

Nach der umstrittenen »*Regensburger Rede*« *Papst Benedikts XVI. vom 12. September 2006* kündigte die islamistische Terrororganisation al-Qaida Rom den gleichen Fall an wie *Konstantinopel 1453.* Nur die Wahl zwischen der Bekehrung und dem Schwert wolle man den »Kreuzes-Anbetern« lassen.

Da Basel für die Griechen unbequem lag, ging es zunächst um die Wahl eines geeigneteren Ortes. Eugen verlegte das Konzil schließlich 1437 nach *Ferrara* und 1439 aus finanziellen und sanitären Gründen nach *Florenz* (bis 1442), wobei die *Mehrheit der Konzilsteilnehmer noch bis 1449 im Zeichen eines verschärften Konziliarismus in Basel* (ab 1448 in Lausanne) *weitertagte* und mit Felix V. (1439–1449) sogar einen *Gegenpapst* wählte.

In Florenz wurden immerhin **zwei wichtige Dekrete in Glaubensfragen** verabschiedet:

- Im Zuge der Debatten mit den Griechen über das Dauerthema des *Filioque* entstand das *Dekret über die Sündenlosigkeit Mariens*, das besagt, dass die Gottesgebärerin sowohl frei von der Erbsünde war als auch keine Tatsünde beging;
- des weiteren legte das Konzil in der Bulle »*Exsultate Deo*« die **Siebenzahl der Sakramente** fest, wie wir sie heute kennen, nämlich *Taufe, Firmung, Eucharistie, Buße, Letzte Ölung (Krankensalbung), Priesterweihe und Ehe*, und beschrieb deren Vollzug (Materie, Form, Person des Spenders) und deren Wirkung.

Die *überfällige Reform jedoch scheiterte*, wofür die *Hauptverantwortung* dem *Papst* zufiel, denn es war offensichtlich, dass es ohne Konzil keine Reform gab. **Rom hat diese Reform verhindert und als Antwort darauf wenig später die *Reformation* erhalten.** Die Reformation aber, mit der sich eine neue Epoche der Kirchengeschichte mächtig ankündigt, nämlich die Neuzeit, soll uns im Folgenden beschäftigen.

Wenn Sie Ihr Wissen überprüfen wollen:

1. Durch welche beiden Missionswellen wurden die Germanen christianisiert und was unterschied diese Wellen voneinander?
2. Warum kam es zum Morgenländischen Schisma?
3. Was versteht man unter dem »ottonischen Reichskirchensystem«?
4. Worum ging es im Investiturstreit?
5. Wie gestaltete sich das Verhältnis zwischen geistlicher und weltlicher Gewalt von Innocenz III. bis Bonifaz VIII.?
6. Was unterschied die Bettelorden von den bis dahin bestehenden »alten« Orden (Prälatenorden)?
7. Wie kam es zum Abendländischen Schisma?
8. Welche drei Aufgaben haben das Konzil von Konstanz beschäftigt?

C. Die katholische Kirche in der Neuzeit

I. Die Kirche am Vorabend der Reformation

Der bedeutende Mainzer Kirchenhistoriker *Joseph Lortz* (1887–1975), der das katholische Lutherbild der Gegenwart entscheidend geprägt hat, schrieb über das Ereignis der Reformation: »*Die Reformation ist die größte Katastrophe, von der die Kirche in ihrer Geschichte bis heute betroffen wurde. Weder die Häresien des Altertums, noch die Sekten des Mittelalters, auch nicht die Trennung der Ostkirche von Rom [1054] kommen in ihrer, die Existenz der Kirche und des Glaubens belastenden Wirkung der Reformation gleich. ... Erst als Folge der Reformation wurde die Einheit der Christenheit im Glauben wirklich zerrissen.*«

Dieses umwälzende Ereignis, diese »**Zeitenwende**« im buchstäblichen Sinn, **lässt sich nicht aus dem Wirken einer Einzelperson erklären**. Längst vor dem Auftreten Martin Luthers wurden Tatsachen geschaffen, Maßnahmen getroffen, Ideen verbreitet und Gefühle geweckt, die das Kommen eines Aufstandes gegen die Kirche erleichterten, ermöglichten, herausforderten, ja schier unausweichlich machten. Darum müssen wir uns zunächst kurz der Frage nach den Ursachen der Reformation zuwenden.

1. Ursachen der Reformation im weiteren Sinne

a) Die Auflösung der Einheit

Die eine Kirche in der einen Christenheit, dargestellt in der Spannungseinheit von *Sacerdotium* und *Imperium* (siehe die Graphik auf S. 96), ist das am meisten ins Auge stechende Kennzeichen des Mittelalters. Nachdem das Papsttum die von den spätmittelalterlichen Konzilien (Konstanz und Basel) erstrebte Erneuerung der Kirche an Haupt und Gliedern vereitelt hatte, musste es sich in der Mitte des 15. Jahrhunderts die *Wiederherstellung seines Einflusses mit großen Zugeständnissen an die europäischen Mächte erkaufen*. **Frankreich, England und Spanien** hatten sich ein hohes Maß an Selbständigkeit gegenüber Rom erkämpft und waren auf dem Weg, die Kirche in ihren Landen dem Staat einzuordnen, also **Landeskirchen** zu schaffen. In **Deutschland** hatten zumindest einzelne Fürsten günstige Vereinbarungen mit Rom erzielt, die dann im Zeitalter der Glaubensspaltung die *Basis* abgaben *für die Ausbildung eines landesherrlichen Kirchenregiments*, ohne das der Sieg der Reformation schwer vorstellbar ist.

b) Kritisch-laikale Bildung im Zeichen des Humanismus

Der Kirche war im Frühmittelalter die Aufgabe zugefallen, den jungen germanischen Völkern nicht nur die Offenbarung Jesu Christi, sondern auch die Bildungsgüter der Antike zu übermitteln. Weil diese Bildungsgüter ursprünglich ein Reservat der Geistlichen waren, kam es zu einer Überlegenheit des Klerus, die über seine eigentlich religiöse Führungsaufgabe hinausging und zu gegebener Zeit aufgelöst werden musste: **Der Christ war in die selbständige Auseinandersetzung mit den dargebotenen Bildungsgütern zu entlassen.** Es kam jedoch nicht zu dieser friedlichen Ablösung, vielmehr mussten das Individuum (der Laie) wie der Staat ihre *Eigenständigkeit erzwingen.* So machte sich unter den Vertretern des **Humanismus** – der jetzt neu entstehenden Wissenschaft, die die vorchristliche Antike wiederentdeckte – entweder eine *antiklerikale, antirömische und unkirchliche Atmosphäre* breit oder zumindest eine *vornehme Distanz* gegenüber der Kirche, ihrer Lehre und ihrem sakramentalen Leben.

2. Ursachen der Reformation im engeren Sinne

a) Das Renaissancepapsttum

Spricht man von den Missständen der Kirche am Vorabend der Reformation, dann denkt man vor allem an das weithin verweltlichte Renaissancepapsttum in der zweiten Hälfte des 15. Jahrhunderts, also an »schlechte Päpste« und unter ihnen insbesondere an *Alexander VI.* (1492–1503), dessen sittenloses Treiben in der Tat eine tiefe Schmach für den Stuhl Petri darstellte. Vielleicht war aber die erschreckende Sorglosigkeit und verschwenderische Vergnügungssucht *Leos X.* (1513–1521) noch gefährlicher, der nach seiner Wahl gesagt haben soll: »*Lasst uns das Papsttum genießen, da Gott es uns verliehen hat.*«

b) Missstände beim höheren und niederen Klerus

Sicher finden sich auch im Spätmittelalter viel redliche und treue Pflichterfüllung und auch Heiligkeit in der Kirche. Groß sind aber auch die *Ausfallserscheinungen.* Ohne zu übertreiben, kann man sagen, dass die **Kirche durchweg als Eigentum des Klerus** erscheint, das wirtschaftlichen Nutzen und Genuß bringen sollte. Bischöfe und Pfarrer sahen sich nicht in erster Linie als Inhaber eines Amtes, für dessen Ausübung der notwendige Lebensunterhalt zur Verfügung gestellt wurde; sie fühlten sich vielmehr umgekehrt als *Besitzer einer Pfründe, mit der gewisse Dienstverpflichtungen verbunden waren, die man aber auch einem schlechtbezahlten Vertreter (Vikar) übertragen konnte.*

136

So ließen sich zum Schaden für die Seelsorge mehrere Bistümer oder andere Seelsorgestellen in einer Hand vereinigen (**Kumulation, Kumulierung**, von lat. *cumulare*: häufen).

In Deutschland wirkte es sich besonders nachteilig aus, dass die *Bischofssitze (und die meisten Abteien) nur Mitgliedern des Adels offenstanden.*

Sie wurden so zu **Versorgungsinstitute**n **für nachgeborene Söhne adeliger Familien**, die – in die geistliche Laufbahn hineingezwungen – oft keine Neigung zum Priesterberuf verspürten. Daher kann man es ihnen schwerlich zum Vorwurf machen, dass sie vielfach nur ein möglichst sorgenfreies, genußreiches Leben führen wollten, anstatt Seelsorge zu treiben.

Überaus bezeichnend für die damalige Situation ist auch der Vorgang, der den **unmittelbaren Anlass zur Reformation** gab:
* Zusammen mit der beim *V. Laterankonzil* (1512–1517), dem letzten vor der Reformation, verlesenen Bulle des Papstes über die *Reform der Kirche*
* wurde dem Erzbischof Albrecht 1514 das *Angebot der Kurie* zugeschickt, ihm gegen

Erzbischof Albrecht (1490–1545), Markgraf von Brandenburg, 1518 Kardinal (Zeichnung von Albrecht Dürer, um 1519)

eine Gebühr von 10 000 Dukaten die Kumulierung seiner (Erz-)Bistümer (Magdeburg, Halberstadt [hier war er Administrator] und Mainz → erstmals zwei Erzbistümer in einer Hand!) zu gestatten und ihm zur Finanzierung dieser Gebühr und weiterer Abgaben die *Hälfte der Einnahmen aus dem Ablass für den Neubau von St. Peter in Rom* zu überlassen. **In solch scharfem Widerspruch standen Theorie und Praxis!**

3. Deutschland vor der Reformation

a) Die »Gravamina der deutschen Nation«
Bereits auf dem Frankfurter Kurfürstentag von 1456 hatte man die dann oft wiederholten »*Gravamina der deutschen Nation*«, d. h. die Deutschland durch den Hl. Stuhl auferlegten *Beschwernisse*, vorgebracht. Sie klagen Rom an, **Deutschland nur** als **Objekt der Ausbeutung** zu betrachten, und beklagen die Eingriffe in die Stellenbesetzung, die fortwährenden Geldforderungen und die Willkür der päpstlichen Gerichtsbarkeit. Nicht die Kirche selbst wurde da angegriffen, es war vielmehr ein einziger Schrei der Empörung gegen die ungerechte Regierung in Rom. Ohne diese Gravamina hätte Deutschland »*jenem ersten Ruf Luthers nicht geantwortet, wäre Luther nicht zum Reformator geworden, wäre die Reformation nicht gekommen*« (Joseph Lortz).

b) Geistiges und religiös-kirchliches Klima
Das geistige Klima Deutschlands am Vorabend der Reformation war zwar **romfeindlich**, aber es war **nicht kirchenfeindlich** und schon gar nicht irreligiös. Im Gegenteil: **Der »Herbst des Mittelalters« war eine Periode ganz außergewöhnlichen religiösen Eifers**, der zu einem *Aufblühen der Volksfrömmigkeit* mit einer Fülle neuer Ausdrucksformen führte. Da in jener Zeit zu den *individuellen Bedrängnissen des Alltags* (Krankheit, Unfälle, Kindersterben, Viehseuchen) *vielfältige schwere Erschütterungen* (Kriege, Hungersnöte, Naturkatastrophen, Seuchen [Pestepidemie in Europa 1347–1353!]) hinzukamen, suchten die Menschen intensiver denn je an Religion und Kirche Halt zu finden, um die Not zu wenden und sich im beständig drohenden und befürchteten Todesfall das Ewige Heil zu sichern. **Das Elend des Lebens und die Sorge um das Seelenheil lenkte den Blick auf Jesus Christus**, dessen Bild durch die *Kreuzzüge* zu den Stätten seines irdischen Wirkens und durch die *Bettelorden* mit ihrem Ideal der getreuen Nachfolge Christi entscheidend umgeprägt worden war: Nicht mehr das Göttliche an Jesus, versinnbildlicht durch den am Kreuzesholz thronenden Triumphator der Romanik, steht jetzt im Vordergrund, sondern **seine menschliche Seite**,

drastisch vor Augen gestellt im erbarmungswürdigen, blutüberströmten Gekreuzigten und im Schmerzensmann der Gotik. Neben und hinter dem barmherzigen, stellvertretend leidenden Jesus stand als schier erdrückend empfundene Gewissheit der **Christus iudex**, der richtende Herr. *»Weh' was werd ich Armer sagen, welchen Anwalt werd' ich fragen, wenn Gerechte selbst verzagen?«* In diesen düsteren Worten der Totensequenz hat sich die religiöse Grundstimmung einer ganzen Epoche niedergeschlagen, **die flackernde Unruhe und die unglaubliche Jenseitsangst der späten Gotik.** So werden die *frommen Stiftungen* für das eigene Seelenheil und das ganzer Sippen, Gilden und Zünfte zahlreich wir nie zuvor, und auch der *Ablass* als kirchliches Hilfsangebot erhält von daher seine große Attraktivität und Bedeutung.

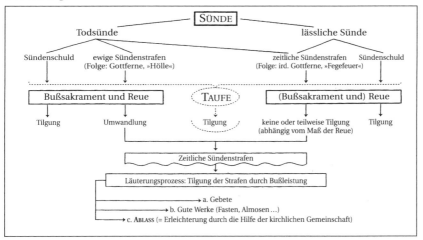

Der Ablass (Indulgenz)
ist ein
Nachlass zeitlicher Sündenstrafen
für Sünden, deren Schuld schon getilgt ist

Der Gläubige erlangt ihn, wenn er
1. im Stande der Gnade, d.h. frei von schwerer Sünde, ist,
2. Reue über seine Sünden zeigt und
3. die Ablassbedingungen erfüllt,

durch die Hilfe der Kirche, die als Dienerin der Erlösung den Schatz der Verdienste Christi und der Heiligen (»Kirchenschatz«) austeilt und zuwendet.

Auch die **Heiligenverehrung** steigt jetzt in steiler Kurve an, denn da eine natürliche Abwendung oder Eindämmung der genannten Erschütterungen und Bedrängnisse angesichts des niedrigen hygienischen, medizinischen und technischen Niveaus kaum möglich war, suchten die sich ohnmächtig fühlenden Menschen ihnen durch Inanspruchnahme übernatürlicher Fürbitter zu trotzen, zumal sie sich aufgrund der erwähnten dominierenden Vorstellung von Gott als unerbittlichem Richter ihm selbst kaum mehr zu nähern wagten. So waren die Heiligen für das gläubige Volk nicht mehr primär Zeugen und Vorbilder für das eigene Leben, sondern Beistand und Helfer, und ihre Nachahmung (*imitatio*) trat hinter der Anrufung (*invocatio*) zurück. Ja, mehr noch: Unter Verwischung der Unterschiede zwischen Verehrung (*veneratio*) und Anbetung (*adoratio*), welch letztere nur Gott zukommt, betrachtete das gläubige Volk die Heiligen – allen voran die Gottesmutter **Maria** – über ihre Mittlerrolle hinaus weithin als die *unmittelbaren Spender der erbetenen Wohltaten*. Des weiteren griffen ein *übersteigerter religiöser **Subjektivismus*** und ein ausgesprochen *quantitatives Denken* Platz: Nicht nur, dass für jede Not und jedes Gebrechen ein bestimmter Heiliger als besonders zuständig erachtet wurde (wobei jene Heiligen, die vor einem jähen, unvorbereiteten Tod bewahren oder im Sterben Beistand leisten konnten, besonders hohe Wertschätzung genossen); vielmehr führte die Vorstellung, dass die *Fürsprache* eines *Heiligen* **viel, mehrerer** *Heiliger* **aber** **mehr** vermag, zu einer Häufung (*Kumulation*) verehrungswürdiger Gestalten. Der nicht nur in Süddeutschland, sondern z. B. auch in Sachsen beliebte Kult der *Vierzehn Nothelfer* ist für diese Gruppenbildung ein besonders markantes Beispiel. »*Die weithin ›antitheologische Entwicklung‹ der spätmittelalterlichen Heiligenverehrung schuf sich zudem Ausdruck in der Anhäufung von **Reliquien**, in einer wahren cupido currendi* [lat.: Lauflust] *zu den **Wallfahrtsorten**, im üppig blühenden **Ablasswesen** und in einer **Wundersucht**, die nicht selten ›dem Bereich des Magischen und des Aberglaubens mehr verhaftet war als dem Religiösen‹*« (Karl Hausberger).

LIT Arnold Angenendt, Grundformen der Frömmigkeit im Mittelalter (= Enzyklopädie deutscher Geschichte 68), München ²2004.

So **eignete dem religiös-kirchlichen Leben des Spätmittelalters** mit seiner bunten Fülle an heilsverheißenden Angeboten **eine tiefe Ambivalenz**: *Edle Frömmigkeit neben dumpfem Volksglauben (**Judenverfolgungen und Hexenwahn** [siehe unten C V 7]!) und überspannter Erregtheit, mystische Versenkung neben bloßer Äußerlichkeit, unübersehbare Missstände neben großen Reformhoffnungen.*

In dieser Atmosphäre zündete 1517 der Blitz der 95 Thesen Luthers.

II. Martin Luther und der Aufbruch der Reformation (bis 1521)

1. Luthers Werdegang und religiöse Entwicklung bis 1517

a) Studium, Mönchtum und Romreise des jungen Luther
1483 im thüringischen Eisleben *geboren* (vgl. hierzu und zum Weiteren Karte 3 im Anhang), entstammte Martin Luther einer kirchentreuen Bergmannsfamilie. Nach der Schulzeit in Mansfeld, Magdeburg und Eisenach begann er 1501 an der Universität Erfurt das übliche Grundstudium, das er Anfang 1505 mit dem Magister artium abschloss. Auf Wunsch seines ehrgeizigen Vaters wandte sich Luther nun dem Studium der Rechtswissenschaften zu; nichts deutet auf eine innere Krise hin. Doch da kam wenige Wochen nach Studienbeginn die **plötzliche Wende**: In der Nähe von Erfurt wird er am 2. Juli 1505 von einem Gewitter überrascht. Als der Blitz neben ihm einschlägt, schreit er auf: *»Hilf, du St. Anna, ich will ein Mönch werden!«*

> Dass Luther gerade die **hl. Anna** anrief, ist keineswegs ein Zufall, war die Großmutter Jesu, deren Name nicht aus der Bibel, sondern nur aus apokryphen Schriften hervorgeht, doch die mit geradezu schwärmerischer Begeisterung verehrte *»Modeheilige«* jener Zeit (aber noch nicht Patronin der Bergleute!) und auch Luthers Idol, wie er später mehrmals bekannte.

Vierzehn Tage später trat Luther trotz des Befremdens seiner Freunde und der schroffen Ablehnung seitens des Vaters **ins Kloster** ein. Er wählte sich die barfüßigen *Augustinereremiten zu Erfurt*, die zum strengen Zweig dieses Bettelordens gehörten und innerhalb der Stadt hohes Ansehen genossen. Nach einem Jahr Noviziat legte Luther 1506 die feierliche Profess ab und empfing im Frühjahr *1507* im Erfurter Mariendom die *Priesterweihe*. Angstzustände, die Luther während der Primizmesse fast vom Altar weglaufen ließen, zeugen davon, wie stark er damals unter dem Eindruck der erdrückenden, furchtbaren Majestät Gottes stand, vor der der Mensch nur zu erzittern vermag.

Luther als Mönch (Kupferstich von Lucas Cranach d. Ä., 1520)

Das **Gottesbild Luthers** ist exakt dasjenige des mittelalterlichen Menschen: »*Ich wurde von Kindheit auf so gewöhnt, dass ich erblassen und erschrecken musste, wenn ich den Namen Christi auch nur nennen hörte: denn ich war nicht anders unterrichtet, als dass ich ihn für einen [strengen] Richter hielt*« (Kommentar zum Galater-Brief, 1531). Heute vertrauen wir dagegen mehr auf die barmherzige Seite Gottes (vgl. das Gleichnis vom barmherzigen Vater bzw. vom verlorenen Sohn: Lk 15,11−32).

Während seines Studiums der Theologie in Erfurt und Wittenberg unternahm er im Winter 1510/11 im Auftrag seines Klosters eine *Romreise.* Diese Reise zeigt ihn als treuen Sohn seiner Kirche, der die reichen Gelegenheiten zum Ablasserwerb nicht vorübergehen und sich durch die scharf beobachteten Verfallserscheinungen in seinem Glauben nicht beirren lässt. Im Jahre 1530 schrieb er über diesen Aufenthalt in der Ewigen Stadt: »*Ich war zu Rom ein toller Heiliger, lief durch alle Kirchen und Klüfte, glaubte alles, was daselbst erlogen ist.*«

b) Reformatorische Wende und theologische Grundanschauungen

1512 an der Universität Wittenberg zum *Doktor der Theologie* promoviert, übernahm Martin Luther anschließend die bislang vom Ordensprovinzial *Johannes von Staupitz* (um 1465–1524; ab 1522 Benediktiner) innegehabte **Professur für Hl. Schrift,** die er bis zu seinem Tod beibehielt. Luther selbst erzählt später, wie er sich im Kloster in den folgenden Jahren mit Bußübungen, Fasten, Beten und Nachtwachen habe gar nicht genug tun können, um einen *gnädigen Gott* zu bekommen.

Luthers Grundfrage war also: **Wie finde ich einen gnädigen Gott?**

In dieser subjektiven Not kam ihm schließlich die grundlegende reformatorische Erkenntnis, die Luther selbst als ein blitzhaftes Ereignis, als sein »**Turmerlebnis**« (nach seiner Studierstube im Turm des Klosters) schildert, das endlich Befreiung brachte. Der genaue Zeitpunkt dieses »Turmerlebnisses« ist bis heute umstritten; es ist wohl um 1514 zu datieren, wobei man eher von einem allmählichen Erkenntnisprozess auszugehen hat als von einem blitzartigen Ereignis. Auf jeden Fall aber bleibt festzuhalten, dass das **neue Verständnis von Röm 1,17** (»*Der Gerechte wird leben aus dem Glauben*«; vgl. Hab 2,4; Gal 3,11; Hebr 10,38) Luther zur **reformatorischen Wende** wurde. Die »*iustitia Dei*« ist ihm nicht mehr (im Sinne der spätmittelalterlichen Theologie) die strafende und belohnende Gerechtigkeit, die Gott besitzt, sondern die Gerechtigkeit, die Gott verleiht, also unverdiente Gnadengerechtigkeit.

● *Allein durch die Gnade Gottes wird der Mensch gerechtfertigt* (**sola gratia**). Damit freilich hat Luther, wie wir heute wissen, etwas Urkatholisches, den großen Theologen des Mittelalters durchaus Geläufiges nur neu für sich entdeckt. Dass diese Erkenntnis trotzdem zu einer reformatorischen wurde, kommt von dem Zusammenhang, in den sie der Wittenberger Professor gestellt hat. Entsprechend seiner persönlichen religiösen Erfahrung steht diese Gerechtigkeit Gottes für Luther in diametralem Gegensatz zu aller Selbstgerechtigkeit des Menschen. Der Mensch ist durch die Erbsünde völlig verdorben, darum ist im Rechtfertigungsprozess alles eigene Tun unnütz. Die sog. guten Werke tragen nichts zum Heil bei, sie sind nur Früchte des Glaubens. Was der Mensch tun kann, das ist allein das vertrauensvolle Sichhingeben an das Wort Gottes, das Vertrauen auf die Verdienste Christi am Kreuz und das Erleben des Gerichtes über die Sünde.

- *Allein durch diese Haltung gläubigen Vertrauens* (**sola fide**) *erlangt der Mensch die Seligkeit* (»Fiduzialglaube«, von lat. *fiducia*: Vertrauen).

Materialprinzip: **GOTT**
        sola gratia   ↓ ↑   **sola fide**
                 MENSCH

Noch hat Luther kein System für seine neuen Erkenntnisse gefunden. Er will eine religiöse Theologie, die ohne philosophischen Apparat das Herz anspricht. So führt er die Theologie auf die wörtlich zu erklärende Heilige Schrift und die Kirchenväter zurück.

- Indem Luther unter Verwerfung der Tradition die *Schrift zur alleinigen theologischen Erkenntnisquelle erhebt*, ist das »*Formalprinzip*« des Protestantismus geboren (**sola scriptura**).

2. Die Auseinandersetzung mit Rom (1517–1521)

a) Der Ablassstreit

Im Spätmittelalter wurde es üblich, unter die Ablassbedingungen statt persönlicher Leistungen häufig Geldspenden aufzunehmen, um dadurch gemeinnützige Zwecke zu fördern, angefangen von der Ausrüstung eines Kreuzfahrerheeres bis hin zur Errichtung von Kirchen, karitativen Anstalten und öffentlichen Bauten. Dies wurde von manchen Predigern – so auch dem Leipziger Dominikaner *Johannes Tetzel* (um 1465–1519) beim erwähnten Ablassgeschäft Albrechts – wenn nicht wörtlich, so zumindest inhaltlich auf den Satz verkürzt: »*Wenn das Geld im Kasten klingt, die Seele aus dem* (Feg-)*Feuer* (in den Himmel) *springt.*« **Welch ein Gegensatz zwischen Luthers eigenem Kampf gegen Sünde und Höllenangst und der leichtsinnigen Sicherheit, die hier durch Verkündigung unerhörter Gnaden angeboten wurde!** Luther war zunächst geneigt, diese Verflachung auf die

Johannes Tetzel OP mit der Hand auf dem Geldkasten. Links oben Papst Leo X., rechts oben eine Vitrine mit Ablassbullen, auf denen jeweils die Zahl der nachgelassenen Jahre angegeben ist (Holzschnitt, 16. Jh.)

marktschreierische Art der Prediger zurückzuführen, bis ihm klar wurde, dass die Predigt auf offizieller Anweisung fußte. Er schrieb nun seine Bedenken zusammen und übersandte sie seinem Ortsbischof (Hieronymus Schulz von Brandenburg) sowie dem Erzbischof Albrecht von Mainz als verantwortlichem päpstlichen Ablasskommissar. Häufig kommt Luther später auf dieses Schreiben an die zuständigen Bischöfe zu sprechen und stellt dabei die Vorgänge immer so dar, dass er seine **95 Ablassthesen** der Öffentlichkeit erst zugänglich gemacht habe, als die Bischöfe nicht geantwortet hätten. Dies widerspräche natürlich einem Anschlag der Thesen an die Wittenberger Schlosskirche am *31. Oktober 1517* (**Reformationstag**). Fand aber der Thesenanschlag – wie *Erwin Iserloh* überzeugend dargelegt hat – *nicht* statt, dann ist dies ein starkes Argument dafür, dass Luther nicht von Anfang an verwegen auf einen Bruch mit der Kirche hingesteuert hat. In diesem Fall träfe die beiden Bischöfe eine noch größere Verantwortung, weil sie die Chance, Luthers Herausforderung im Sinne einer Reform zu wenden, ungenutzt verstreichen ließen.

Wie auch immer, die 95 Thesen gegen den Ablass sind jedenfalls ein *eindrucksvolles Zeugnis von Luthers Ringen um eine ernsthafte christliche Lebenshaltung und eine Warnung vor falscher Heilssicherheit.* Sie wurden innerhalb weniger Wochen in ganz Deutschland bekannt, denn die Kollegen, denen sie Luther nach dem 31. Oktober zugestellt hatte, gaben sie ohne sein Zutun handschriftlich vervielfältigt weiter, und bereits im Januar 1518 gab es Drucke in Basel, Leipzig und Nürnberg. So wurde **Luther** zum **Sprachrohr weitverbreiteter Unzufriedenheit.**

b) Römischer Prozess und Leipziger Disputation (1519)

Als Erzbischof Albrecht durch Luthers Auftreten sein Geldgeschäft gefährdet sah, erstattete er bei der Kurie **Anzeige** gegen ihn wegen Verbreitung neuer Lehren. Im März 1518 lief in Rom auf Betreiben Tetzels auch eine **Anklage** der deutschen Dominikaner ein. Papst *Leo X.* (1513–1521) war über seine eifrig betriebenen Vergnügungen hinaus voll beschäftigt mit Machenschaften zum Auffüllen der immer leeren Finanzkassen und mit der Familienpolitik des Hauses Medici. Das »**Mönchsgezänk**« in Deutschland nahm er dagegen nicht sehr ernst. Dennoch wurde auf Betreiben der Dominikaner und einiger pflichteifriger Kurialbeamter der **Prozess gegen Luther eingeleitet**. Da auch Kaiser Maximilian I. (1493–1519) sich erbot, gegen Luther reichsrechtlich vorzugehen, schien das Verfahren rasch erledigt werden zu können.

Friedrich III. der Weise (1463–1525) (Kupferstich von Albrecht Dürer, 1524)

Plötzlich aber wurde der Prozess zu einer politischen Angelegenheit, da Luther es verstand, seinen Landesherrn, den **Kurfürsten Friedrich den Weisen** von Sachsen, für sich zu gewinnen, der die Sache in Deutschland verhandelt wissen wollte. Unterdessen *ging die Verbreitung der lutherischen Lehren weiter*, wobei der Ingolstädter Theologieprofessor **Johannes Eck** (1486–1543) einer der wenigen war, die deren Tragweite richtig einschätzten.

Bei der **Leipziger Disputation** im Sommer **1519** diskutierte Eck mit Luther über den päpstlichen Primat, wobei er **Luther** so geschickt in die Enge trieb, dass dieser schließlich im Blick auf die Verurteilung von Jan Hus durch das Konstanzer Konzil *behauptete, nicht nur der Papst, sondern auch Konzilien könnten irren, woraufhin ihn Eck sofort zum Ketzer erklärte*. Denn mit der Behauptung der Irrtumsmöglichkeit Allgemeiner Konzilien hatte Luther **jedes kirchliche Lehramt abgelehnt**; sein Bruch mit dem katholischen Kirchenbegriff schien perfekt.

c) Die reformatorischen Hauptschriften des Jahres 1520

Nach der Leipziger Disputation wurde Luther mehr und mehr zum *Helden und Sprecher der Nation*. Humanisten, Ritter, Bürger und Bauern, kaum fähig, den Reformator in seinem eigentlichen religiösen Anliegen zu begreifen, wurden erfasst von der **Zuversicht, Luther werde die langersehnte Reform von Kirche und Reich bringen**. Von überall her strömten nun die Studenten an die Universität Wittenberg und wurden zu wirksamen Boten der lutherischen Lehren bis in die entlegensten Winkel des Reiches. Darüber hinaus bot der **Buchdruck** ganz neue Möglichkeiten der Propaganda. In zahlreichen

Johannes Eck, ab 1510 Professor und Vizekanzler der Universität Ingolstadt (Zeitgenössischer Stich)

Schriften, die sich durch lebendige, volksnahe und nicht selten auch derbe Sprache auszeichnen, wandte sich Luther nun **an die Laien**; darunter ragen die drei reformatorischen Hauptschriften Luthers hervor, *kirchenpolitische Programmschriften* von größter Sprengkraft und Tragweite.

- Die erste dieser Schriften trägt den Titel »**An den christlichen Adel deutscher Nation von des christlichen Standes Besserung**« (August 1520). Sie richtet einen leidenschaftlichen *Appell an den Adel*, angesichts des Versagens der Geistlichkeit *die höchst notwendige Reform der Christenheit in die Hand zu nehmen*, und zwar *auf der Grundlage des durch die Taufe vermittelten allgemeinen Priestertums*. Neben diesem gebe es **kein besonderes Priestertum** (ausgezeichnet mit dem in der Priesterweihe vermittelten *character indelebilis* [= unauslöschliche Prägung]), so dass sich die Kleriker von den Laien nur durch Amt und Funktion unterscheiden (Einsetzung [*Ordination*] ohne sakramentalen Charakter). Ferner gebe es **kein besonderes kirchliches Lehramt** mit verbindlicher Autorität und deshalb auch keinen Vorrang Roms; überhaupt stehe die **geistliche Gewalt nicht über der weltlichen**.

- In der zweiten Programmschrift »**Von der Babylonischen Gefangenschaft der Kirche**« (*De captivitate babylonica ecclesiae praeludium*; Oktober 1520), geht es Luther um die unsichtbare Gemeinschaft der Glaubenden, die in Gefangenschaft gehalten werde durch allerlei Menschensatzungen, nämlich durch die Sakramentenlehre, die Lehre von der Wesensverwandlung (*Transsubstantiation*, vgl. oben B V 4) und vom Opfercharakter der Hl. Messe, durch die Vorenthaltung des Laienkelchs und die Aufstellung von Ehehindernissen. **Von den sieben Sakramenten lässt Luther nur noch *Taufe und Abendmahl* als Sakramente gelten** (anfangs auch noch die Buße). Aber auch sie wirken nicht durch sich selbst (»*ex opere operato*«), sondern nur durch den Glauben (»*ex opere operantis*« des Spenders und Empfängers). Insbesondere anhand dieser Kampfschrift wurde vielen Zeitgenossen deutlich, dass **Luthers Auffassungen *nicht* die überfällige Reform, sondern grundlegende Abweichungen von der traditionellen Lehre bedeuteten**.

- Die dritte Programmschrift »**Von der Freiheit eines Christenmenschen**« (*De libertate christiana*; November 1520) ist anderen Zuschnitts und *weithin positiv ausgerichtet*. In ihr spricht nicht der Kämpfer Luther, sondern der tiefgläubige Christ. Im Kern dieser Schrift geht es um die »Freisetzung« des Menschen durch die Erlösungstat Christi. Der Mensch muss nicht mehr an sich selbst im Sinne der guten Werke als Leistung glauben, weil das *Heil* ihm *schon geschenkt* ist (**Freiheit von** Leistungsverpflichtung). Aber diese Freiheit bedeutet zugleich höchste Bindung an Gott und die Mitmenschen in der Liebe (**Freiheit zu** Gottes- und Nächstenliebe).

d) Bannandrohung und Bann

Mit der *Wahl Karls V. zum Kaiser im Juni 1519* waren die Rücksichten der Kurie gegenüber Luthers Landesherrn fortgefallen (der ja Kurfürst war und somit selbst zum Kaiser hätte gewählt werden können). Darum wurde zu Beginn des Jahres 1520 der römische **Prozess gegen den Reformator wieder aufgenommen**. Wesentlichen Anteil daran hatte der schon genannte Ingolstädter Theologe *Johannes Eck*, wohl der scharfsinnigste unter den deutschen Gegnern Luthers. In der **Bannandrohungsbulle »Exsurge Domine«** (*Erhebe dich, Herr!*) vom 15. Juni **1520** wurden sodann 41 aus Luthers Schriften entnommene Sätze als *»häretisch, ärgerniserregend, irrig, als für fromme Ohren anstößig, für einfache Gemüter verführerisch und der katholischen Lehre widersprechend«* verurteilt (DH 1451–1492), ohne dass bei den einzelnen Sätzen angemerkt wurde, unter welche Kategorie dieser sehr weiten Skala an Zensuren sie fielen. Damit blieb bedauerlicherweise unklar, wo der Bereich gefährlicher, aber noch diskutabler Schulmeinungen aufhörte und die Häresie begann. Dieses *Ungenügen der Bulle* war um so folgenschwerer, als sie die **einzige Äußerung der päpstlichen Lehrautorität in der Sache Luthers** geblieben ist.

Luther hatte innerhalb von 60 Tagen nach Veröffentlichung der Bulle Widerruf zu leisten, andernfalls sollte er dem Bann verfallen; seine Schriften mussten verbrannt werden (was aber nur in den Niederlanden und am Rhein durchgesetzt werden konnte). Wie bereits am Anfang des Prozesses *appellierte er an ein Allgemeines Konzil* und *warf* am 10. Dezember 1520 *ein Druckexemplar der Bannandrohungsbulle, die kirchlichen Rechtsbücher und die Schriften seiner Gegner* vor dem Elstertor zu Wittenberg unter dem Jubel zahlreicher Studenten *ins Feuer*. Am nächsten Tag forderte er in der Vorlesung seine 400 Hörer auf, den Kampf mit dem **Antichrist**, d. h. mit dem **Papst**, bis zum Martyrium aufzunehmen.

Daraufhin sprach der Papst durch die **Bulle »Decet Romanum Pontificem«** vom 3. Januar **1521** den **Bann** über Luther aus, eine kirchliche Maßnahme, die in Deutschland freilich kaum noch öffentliche Beachtung fand.

So berichtete der **päpstliche Nuntius** Hieronymus Aleander am 8. Februar 1521 nach Rom: »*Ganz Deutschland ist in hellem Aufruhr. Für neun Zehntel ist das Feldgeschrei ›Luther‹, für die übrigen, falls ihnen Luther gleichgültig ist, wenigstens ›Tod der Römischen Kurie‹, und jedermann verlangt und schreit nach einem Konzil.*«

e) Der Reichstag zu Worms und das Wormser Edikt (1521)

Luther, von der Kirche gebannt und inzwischen auch vom Ordensgehorsam gelöst, war nun *ganz der Gunst des Volkes und der Willkür der Fürsten preisgegeben*. Auf dem Reichstag zu Worms **hielt er an der Irrtumsmöglichkeit**

»Hier stehe ich. Ich kann nicht anders.« *Auch wenn Luther auf dem Wormser Reichstag diesen berühmten Satz gar nicht gesagt hat (sondern nur den Schluss:* »Gott helfe mir. Amen!«*), wird in Wittenberg die* »Luthersocke« *mit diesem Text zum Kauf angeboten.*

von Papst und Konzilien fest, falls er nicht durch Zeugnisse der Schrift oder klare Vernunftgründe widerlegt würde. Nach einer Reihe von ergebnislosen Umstimmungsversuchen erhielt Luther am Abend des 25. April vom Kaiser den Bescheid: Da alle Ermahnungen nicht gefruchtet hätten, werde er, der *Kaiser*, als *Schirmherr der Kirche* nun gegen ihn vorgehen. Am nächsten Tag verließ der Reformator im Geleit von zwanzig Rittern Worms. Durch einen Wink seines Landesherrn war er darauf vorbereitet, unterwegs irgendwo »*eingetan und verborgen*« zu werden. Tatsächlich wurde er am 4. Mai (in der Nähe der Burg Altenstein bei Möhra) zum Schein überfallen und auf die **Wartburg** bei Eisenach gebracht. Dort war er nicht nur vor den Auswirkungen des Wormser Edikts geschützt, der Aufenthalt auf der Wartburg (inkognito als »*Junker Jörg*«) wurde ihm auch zu einer Zeit der Sammlung und der ruhigen Arbeit.

Das »**Wormser Edikt**«, das die **Reichsacht über Luther** aussprach, wurde erst am 26. Mai 1521, als die meisten Stände schon abgereist waren, unterzeichnet. Es zählt Luthers Irrlehren auf, rügt vor allem, dass er das Konzil von Konstanz antaste, und erklärt den Reformator in des Kaisers und aller Fürsten und Stände Namen als »*ein von Gottes Kirche abgetrenntes Glied, verstockten Zertrenner und offenbaren Ketzer*«. **Auch Luthers Anhänger und Gönner** wurden **geächtet**. Es wurde **verboten, die Schriften des Reformators zu kaufen, zu verkaufen, zu lesen, abzuschreiben und zu drucken.** Sie sollten durch das Feuer oder auf andere Weise vernichtet werden. Um die Verbreitung glaubensfeindlicher Schriften zu verhüten, mussten künftig alle Bücher, die »*den christlichen Glauben … berühren*«, das »*Imprimatur*« (Druckerlaubnis) des Ortsbischofs haben.

III. Die Sturmjahre der Reformation (1521–1525)

1. Der »Wildwuchs« der reformatorischen Bewegung

Das Wormser Edikt hatte das Urteil über Luther gesprochen. Aber es fehlte bei der langjährigen Abwesenheit des Kaisers (siehe unten C IV 1) die Institution, die imstande war, dieses Urteil zu vollstrecken. So **konnte sich die reformatorische Bewegung weiter ausbreiten**. Gerade nach dem Wormser Reichstag wurde klar, *wie unklug Rom gehandelt hatte, als es Luther Zeit ließ, die Saat seiner Schriften auszustreuen.* Denn jetzt begannen die Halme überall zu sprießen, nicht nur in Wittenberg und Kursachsen, auch in den oberdeutschen Städten, in der Schweiz, in den Niederlanden, in Österreich, Tirol und Mähren, bis nach Preußen und Livland. Ja selbst nach Frankreich, England, Schottland, Spanien und Italien trug

Huldrych Zwingli, 1531 in der Schlacht bei Kappel gefallen (Stich eines unbekannten Meisters)

der Buchdruck die Gedanken des Wittenberger Reformators.

Seit 1521 trat jedoch *neben Luther die immer größer werdende Schar von Freunden und Schülern* hervor, *die selbständig die Aufgabe der Reformation anpackte*, so etwa der Schweizer **Huldrych** (Ulrich) **Zwingli** (1484–1531), der *Reformator Zürichs*, der sich später von Luther absetzte (v. a. durch eine *spirituelle Deutung der eucharistischen Einsetzungsworte*).

Außerdem beginnt sich ein **radikaler Flügel der Reformation** zu bilden, der mit Ungestüm Altes vernichten und die vom reformatorischen Evangelium geforderte Freiheit und Gleichheit des Christenmenschen unmittelbar in die Praxis umsetzen will. Für Luther hieß das: Neben den Kampf mit Rom tritt die zweite, zeitweilig dringendere Aufgabe, die Auseinandersetzung mit dem radikalen Flügel im eigenen Lager, von ihm »*Schwärmer*« genannt.

Die wichtigste derartige Gruppe war die 1525 aus der Reformation Zwinglis hervorgehende Bewegung der **Täufer**, benannt nach der Verwerfung der Kindertaufe und der Forderung nach der Erwachsenentaufe. Ab 1529 durch Reichsgesetz als sog. Anabaptisten (= *Wiedertäufer*, weil man die bereits als Kinder Getauften nochmals taufte) mit der Todesstrafe bedroht, wurden sie seit der *Schreckensherrschaft einer gewalttätigen Täufergruppe in Münster (Westfalen) 1534/35* (unter dem »Propheten« und »König« Jan van Leiden) v. a. katholischerseits rigoros verfolgt, obwohl die Mehrheit durchaus friedlich gesinnt war. Die Täuferbewegung wurde u. a. von den heute besonders in Nordamerika verbreiteten *Mennoniten* (benannt nach Menno Simons, †1561) und *Baptisten* weitergeführt.

2. Luther auf der Wartburg und die Wittenberger Unruhen

Die bedeutendste Frucht der Wartburgzeit ist die **Übersetzung des Neuen Testaments ins Deutsche**, die Luther in elf Wochen vollendete. Zwar ist die Lutherbibel nicht die erste deutsche Übersetzung der Hl. Schrift – bis zum Jahre 1522 gab es vierzehn oberdeutsche und vier niederdeutsche Druckausgaben –, aber sie ist ohne Zweifel die *sprachlich beste Übersetzung*. Dies kann freilich nicht darüber hinwegtäuschen, dass *Luther eigenwillig in den Kanon und in den Text eingriff, dass er die Schrift nach wesentlichen und weniger wesentlichen Stücken unterschied, dass er seinen Standpunkt von ihr bestätigt finden wollte und dass er sie an sprachlich mehrdeutigen Stellen vom »sola-gratia-Prinzip« her gedeutet* hat. Die Lutherbibel fand reißenden Absatz; die ersten 3000 Exemplare waren in wenigen Wochen verkauft, und in den folgenden zwei Jahren erlebte sie nicht weniger als 15 Auflagen.

In Wittenberg hatte ein Professorenkollege Luthers, der radikale Andreas Bodenstein (um 1480–1541), nach seinem fränkischen Heimatort »**Karlstadt**« genannt, die Führung übernommen und drängte zur Besorgnis des Kurfürsten ungestüm auf die Entkatholisierung des öffentlichen Lebens hin. So hielt Karlstadt an *Weihnachten 1521* in der Wittenberger Stiftskirche in weltlicher Gewandung eine deutsche Abendmahlsfeier (ohne Kanon), bei der die **Kommunion erstmals unter beiden Gestalten** ausgeteilt wurde. Im Januar 1522 drang er dann in die Kirchen ein und zerstörte Bilder und Statuen. Die Nebenaltäre wurden beseitigt und das Krankenöl verbrannt.

Zum **Bildersturm** kam unter dem Einfluss einiger aus Zwickau vertriebener Schwärmer die *Absage an das theologische Studium.* Handwerker sollen künftig das Evangelium verkünden, lautete die Forderung, und Karlstadt empfahl den Studenten, die Universität zu verlassen und einen praktischen Beruf zu erlernen; er selbst wurde Bauer. Die *mehrfache Anordnung des Kurfürsten Friedrich des Weisen, alles beim alten Brauch zu belassen, fruchtete nicht, denn Stiftskapitel, Universität und Stadtmagistrat von Wittenberg waren nicht mehr Herr der Lage.*

Karlstadt und der Bildersturm in Wittenberg (Anonymer Kupferstich, 1. Hälfte 17. Jh.)

In dieser Situation **verließ Luther am 1. März 1522** ohne Einverständnis des Kurfürsten **die Wartburg** und wandte sich in acht **Predigten gegen alle Schwärmer und Heißsporne**, die aus der evangelischen Freiheit ein neues »Gesetz« machten, und *forderte Rücksicht auf die schwachen Brüder*. Die »Schwarmgeister« mussten abziehen, Luther dagegen lehrte, predigte und war unermüdlich schriftstellerisch tätig. **1524 legte er das Ordensgewand ab und heiratete ein Jahr später** die aus dem Kloster Nimbschen ausgetretene Zisterziensernonne *Katharina von Bora*.

3. Philipp Melanchthon (1497–1560)

Der ohne Zweifel bedeutendste Kirchenmann in Luthers Umgebung war *Melanchthon*, der seinerseits **auf den Weg der Reformation beträchtlichen Einfluss genommen** hat. Geboren im badischen Bretten, verlor Philipp Schwarzerd (nach humanistischer Gepflogenheit zu »Melanchthon« gräzisiert) früh den Vater, so dass sein Großonkel *Johannes Reuchlin* (1455–1522), der berühmte Humanist und Hebraist, für seine Erziehung und Bildung entscheidend wurde. 1518 erhielt Melanchthon einen Ruf als Professor für Griechisch und Hebräisch nach Wittenberg, wo er bald Zugang zu Luthers reformatorischer Gedankenwelt fand. Wie immer man die von

Philipp Melanchthon (Gemälde von Lucas Cranach d. Ä., 1532)

Melanchthon hergestellte **Verbindung von Humanismus und Reformation** bewerten mag: Jedenfalls ist es ihm zu verdanken, dass die Reformation nicht gegen, sondern mit der Bildung der Zeit ging, und vor allem er war es, der in der Folgezeit **Bekenntnis, Kirchentum, Theologie und Pädagogik des Luthertums prägte**.

4. Der Bauernkrieg von 1524/25

Viele begeisterten sich für Luthers religiöse Botschaft, weil sie sich davon auch eine Erfüllung ihrer **wirtschaftlichen, sozialen und politischen Erwartungen** versprachen. In diesem Zeichen standen die Bauernkriege 1524/25, die zwar weite Gebiete Deutschlands erfassten, aber kein geschlossenes, zentral geleitetes Unternehmen waren, sondern aus einer **Reihe von Einzelaktionen** bestanden. Die Bauern hatten sich von Luther Unterstützung

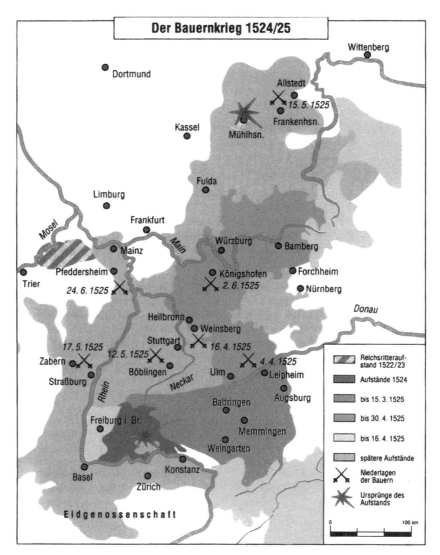

Der Bauernkrieg 1524/25

Wittenberg

Dortmund

Allstedt
15. 5. 1525
Frankenhsn.

Kassel

Mühlhsn.

Fulda

Limburg

Frankfurt

Mosel

Mainz

Main

Würzburg

Bamberg

Pfeddersheim
24. 6. 1525

Trier

Königshofen
2. 6. 1525

Forchheim

Nürnberg

Donau

Heilbronn

Weinsberg

Stuttgart
17. 5. 1525   12. 5. 1525   16. 4. 1525

Zabern

4. 4. 1525

Straßburg

Böblingen

Neckar

Ulm

Leipheim

Rhein

Augsburg

Baltringen

Freiburg i. Br.

Memmingen

Weingarten

Basel

Konstanz

Zürich

Eidgenossenschaft

Reichsritteraufstand 1522/23

Aufstände 1524

bis 15. 3. 1525

bis 30. 4. 1525

bis 16. 4. 1525

spätere Aufstände

Niederlagen der Bauern

Ursprünge des Aufstands

0   100 km

erhofft und ihn um Vermittlung gebeten. Dieser schrieb auch im April 1525 eine »*Ermahnung zum Frieden*...«, in der er die Forderungen der Bauern im allgemeinen als billig und berechtigt anerkannte. Einen Monat später aber, als auch in Franken und Thüringen die Burgen und Klöster in Flammen aufgingen, als Gewalt und Plünderung überhandnahmen, verfasste Luther eine neue Schrift **gegen »die mörderischen und räuberischen Rotten« der Bauern**, in der er die Fürsten aufforderte, *die Bauern totzuschlagen*

wie tolle Hunde; das sei ein gottgefälliges Werk. Nach Luthers Ansicht zerstörten die Bauern mit ihren Aufständen nämlich die Schöpfungsordnung, indem sie sich das »Schwert« anmaßten, das nach Röm 13 nur der Obrigkeit zukomme, und den weltlichen Bereich durch die biblische Begründung ihrer Forderungen mit der Heilsordnung des Evangeliums vermischten.

Mit dem Scheitern der Bauernkriege, *in denen etwa 100 000 Bauern ihr Leben ließen*, begann die **Epoche der Fürstenreformation**, und anstatt eines Gemeindechristentums mit freier Pfarrerwahl kam das Phänomen der **Landeskirche mit landesherrlichem** *Summepiskopat* (d.h. der Landesherr als eine Art oberster Bischof in seinem Territorium; bis 1918).

Martin Luther, »Wider die Mordischen vnd Reubischen Rotten der Bawren«, 1525 (Titelblatt)

IV. Die deutsche Fürstenreformation (1525–1555)

1. Der Reichstag zu Augsburg 1530 und die »Confessio Augustana«

Erst *1529* kam der *Friedensschluss mit dem Papst* zustande, in dem Kaiser Karl V. versprach, die **Protestanten durch Güte oder Gewalt zum alten Glauben zurückzuführen**. Nach neun Jahren Abwesenheit wollte Karl wieder nach Deutschland kommen und in Augsburg einen Reichstag abhalten.

Karl V., in dessen riesigem Reich die Sonne nicht unterging, hatte von 1521–1526 und von 1526–1529 zwei Kriege gegen **Frankreich** geführt, ab 1522 die Verhältnisse in **Spanien** und 1529 diejenigen in **Italien** geordnet (1526 Bruch des Papstes mit dem Kaiser, 1527 Plünderung Roms: *Sacco di Roma*), wo der bereits 1520 zum Kaiser Erwählte *1530* in Bologna *durch Clemens VII. zum Kaiser gekrönt* wurde (**letzte Kaiserkrönung in Italien und durch den Papst**). Überdies begann mit dem Einbruch des Osmanischen Reiches in Ungarn der **erste Türkenkrieg** (1526–1555), in dem die Osmanen 1529 erstmals Wien belagerten und eine stete Bedrohung darstellten.

Von den katholischen Theologen fand sich dort v. a. **Johannes Eck** ein, und für Luther, der als Geächteter nicht kommen konnte, **Melanchthon**.

Kaiser Karl V. (1500-1558), Enkel Kaiser Maximilians I.

Eck hatte die *Irrlehren Luthers in 404 Sätzen* zusammengestellt, die Melanchthon zur Erstellung einer Bekenntnisschrift veranlassten. Die so entstandene »**Confessio Augustana**« (*Augsburger Bekenntnis*; CA), die *erste protestantische Bekenntnisschrift von weltgeschichtlicher Bedeutung*, war deutsch und lateinisch abgefasst und ausdrücklich an den Kaiser gerichtet. Sie zerfällt in zwei Teile:

- Der erste Teil (*Artikel 1–21*) behandelt die »Hauptartikel des Glaubens« und korrigiert den extremen Biblizismus Luthers,
- der zweite Teil (*Artikel 22–28*) beschäftigt sich mit den eingerissenen Missständen. Zur kirchlichen Einheit, so wird betont, genüge es, in den zentralen Punkten der Lehre des Evangeliums übereinzustimmen, wie sie Melanchthon im ersten Teil der Bekenntnisschrift ohne Schärfen dargestellt hatte (wofür er nachher von Luther als »Leisetreter« gescholten wurde).

Nicht nur aus diplomatischer Rücksicht, sondern auch **aus echter Sorge um Frieden und Einheit der Kirche hatte sich Melanchthon große Zurückhaltung auferlegt**. *Er war davon überzeugt, nicht außerhalb der römischen Kirche zu stehen.*

Die Confessio Augustana ist nicht das *Bekenntnis* des Protestantismus schlechthin, sondern nur einer Gruppe, *des Luthertums* (also der *Lutheraner*).

Der Begriff »**Protestantismus**« (von lat. *protestari*: öffentlich bezeugen) meint die Gesamtheit der aus der Reformation hervorgegangenen christlichen Kirchen und Bewegungen, benannt nach der feierlichen Verwahrung (*Protestation*) der evangelischen Reichsstände gegen die kaiserliche Religionspolitik auf dem *Reichstag zu Speyer 1529*.

Eigene Bekenntnisschriften legten 1530 *Zwingli* mit der sehr polemischen »*Fidei ratio*« und die zwinglianisch gesinnten Städte *Straßburg, Konstanz, Lindau und Memmingen* mit der »*Confessio Tetrapolitana*« (Vierstädtebekenntnis) vor.

Unter großem Zeitdruck arbeitete man nun an einer katholischen Stellungnahme, der »**Confutatio**« (Zurückweisung), wie man sie später nannte. Sie stellt keine vollständige Antwort auf die strittigen Fragen dar, weil ja auch die Confessio Augustana kein voller Ausdruck der protestantischen Auffassung war. Der *Kaiser hielt mit der Confutatio die Confessio für widerlegt* und erwartete eine diskussionslose Unterwerfung der Protestanten. Als diese nun erklärten, sie *fühlten sich durch die Confutatio nicht bezwungen*, war

der Versuch, die Glaubensfragen mit Hilfe eines kaiserlichen Schieds-
spruchs zu klären, gescheitert.

2. Vom Schmalkaldischen Bund (1531) zum Augsburger Religionsfrieden

Um eine katholische Durchführung des Wormser Edikts unmöglich zu
machen, schlossen die Protestanten im Februar 1531 auf zehn Jahre den
»Schmalkaldischen Bund« (benannt nach der sächsischen Stadt Schmal-
kalden) zur Verteidigung gegen den Kaiser. Dieser Bund trat auch mit auswärtigen kaiserfeindlichen Mächten in Verbindung, so mit Frankreich,
England, Dänemark und ungarischen Rebellen.

a) Der Schmalkaldische Krieg (1546/47)
Da die vergleichenden *Religionsgespräche von Worms und Regensburg
1540/41* fruchtlos geendigt hatten, ließ sich der Kaiser zunehmend von der
Überzeugung bestimmen, durch Anwendung seiner Macht eine Lösung
erzwingen zu müssen. Nach Abschluss des Friedens mit Frankreich 1544
und nach Vereinbarung eines Waffenstillstands mit den Türken rüstete Karl
gegen die Schmalkaldener zum Krieg. Dafür hatte sich der Kaiser ein Reihe
wichtiger Bundesgenossen verschaffen können, so die bayerischen Wittelsbacher, die bisher die Schmalkaldener gegen Habsburg unterstützt hatten,
und vor allem die Kurie. Die Entscheidung fiel in Kursachsen, dem Stamm-
land der Reformation, wo *Karl V.* unter schonungslosem persönlichen Einsatz bei *Mühlberg an der Elbe* am 24. April *1547 die einzige von ihm selbst
geschlagene Schlacht seines Lebens gewann.*

b) Das Augsburger Interim (1548)
Die Schmalkaldener konnten jetzt auch von auswärts keine Hilfe mehr
erwarten. Die Könige *Heinrich VIII. von England* und *Franz I. von Frankreich* waren beide in den ersten Monaten des Jahres 1547 gestorben.

Martin Luther war schon ein Jahr zuvor, am 18. Februar **1546**, im Alter von 62 Jahren in
seinem Geburtsort Eisleben **aus dem Leben geschieden**.

Karl V. schien als Sieger in der Tat allein auf der historischen Bühne zurück-
geblieben. Was konnte ihn hindern, die Schlussfolgerungen aus dem kaiserlichen Sieg zu ziehen, nämlich jetzt die *Neuordnung Europas im Sinne
seiner universalen Kaiseridee in Angriff zu nehmen und die Glaubenseinheit
wiederherzustellen?*
    Doch dazu versagte sich ihm der, mit dessen Hilfe er am ehesten hätte

rechnen dürfen: der Papst. **Paul III.** (1534–1549) hatte mitten im Krieg das **Bündnis mit dem Kaiser gekündigt** und Ende Januar 1547 seine Truppen abgezogen, **weil er von einem vollen Erfolg des Kaisers dessen zu starkes politisches Übergewicht befürchtete** und hatte dadurch die deutschen **Protestanten in höchster Not gerettet** – wahrlich ein Treppenwitz der Kirchengeschichte!

So musste sich der Kaiser mit einer Zwischenlösung im innerdeutschen Rahmen begnügen, dem sog. **Augsburger »Interim«** vom Mai **1548**, ausgearbeitet von Vermittlungstheologen beider Konfessionen, das nur »vorläufig« (lat. *interim*) bis zu einer endgültigen Regelung durch ein Konzil gelten sollte. Inhaltlich bringt das »Interim« die **Lehre der alten Kirche ohne Abstriche**; es bemüht sich aber, die Anliegen der Protestanten in einer bibelnahen Sprache aufzugreifen und ihnen auf praktischem Gebiet durch die Zugeständnisse von Laienkelch und Priesterehe bis zur Entscheidung des Konzils entgegenzukommen. Um so bedauerlicher ist es, dass das Interim bei den katholischen Ständen keine Zustimmung fand.

1552 hob der »Passauer Vertrag« das Interim auf und gestand **freie Religionsausübung bis zum nächsten Reichstag** zu, auf dem die Religionsfrage und die *Gravamina* geregelt werden sollten. Dieser Reichstag wurde im Februar 1555 erneut in Augsburg eröffnet und brachte den höchst bedeutsamen Augsburger Religionsfrieden.

*c) Der Augsburger Religionsfriede (1555) und das Ende
   des universalen Reiches*

Der Augsburger Religionsfriede *verknüpfte das Prinzip des Territorialismus mit dem Prinzip der Parität (Gleichheit)* der beiden Konfessionen. Man beschloss einen **immerwährenden Frieden zwischen den Katholiken und den Anhängern der Augsburger Konfession, also den Lutheranern.** *Andere reformatorische Bewegungen waren von der reichsrechtlichen Anerkennung ausgeschlossen.*

1. In jedem Territorium sollte jeweils nur eine Konfession herrschen, die der **Landesherr** frei bestimmen konnte. Er besaß das **Ius reformandi** (*Reformationsrecht*), das in dem erst 1599 so formulierten lateinischen Satz gipfelte: **»Cuius regio, eius [et] religio«** (wörtlich: *Wessen das Land, dessen [auch] die Religion*, besser: *wes die Herrschaft, des die Konfession*). Die Untertanen mussten der Konfession ihres Landesherrn folgen, entsprechend dem Grundsatz *»Ubi unus dominus, ibi una sit religio«* (Wo nur ein Herr ist, da soll auch nur eine Religion sein).
2. Die Untertanen hatten aber das **Ius emigrandi** (*Auswanderungsrecht; erstes individuelles Grundrecht der deutschen Rechtsgeschichte*) *ohne*

Schaden an Ehre und Gut. Das Recht zur Auswanderung galt allerdings nicht in den habsburgischen Landen. In den *Reichsstädten* mussten andersgläubige Minderheiten, die schon länger bestanden, auch künftig geduldet werden.

3. Nach dem **Reservatum ecclesiasticum** (*Geistlicher Vorbehalt*) besaßen geistliche Reichsfürsten dagegen kein Reformationsrecht. Ein Bischof oder Reichsabt, der protestantisch wurde, verlor also sein Amt, sein Land und seine Einkünfte.

> Schon bald sollte es einen derartigen Fall geben und zwar in **Köln**, wo der abtrünnige **Erzbischof** *Gebhard Truchsess von Waldburg* († 1601) **1583 vom Papst abgesetzt** und durch das Kölner Domkapitel *Ernst von Bayern*, ein Bruder des damals regierenden bayerischen Herzogs Wilhelm V. (1579–1597), gewählt und mit bayerisch-spanischer Waffengewalt (Kölner Krieg) eingeführt wurde. Dadurch blieb auch die katholische Stimmenmehrheit im Kurfürstenkolleg erhalten.

Die konsequent katholische Kirchenpolitik der bayerischen Herzöge, die **Bayern zu einem Bollwerk der Gegenreformation** *machte, ließ alle Bedenken der römischen Kurie wegen der Verstöße gegen das tridentinische Verbot der Pfründenhäufung (Kumulation) in den Hintergrund treten und ermöglichte so die* **Wittelsbacher Sekundogenitur** *(Versorgung der zweitgeborenen Söhne durch wohldotierte geistliche Ämter) über fast zwei Jahrhunderte (1566–1763). Ernst von Bayern, der weder Neigung noch Eignung zum geistlichen Stand zeigte, war 1583 bereits Bischof von Freising, Hildesheim und Lüttich sowie Abt der Fürstabtei Stablo-Malmedy (Bistum Lüttich), 1585 wurde er noch Oberhirte von Münster.*

Der Augsburger Religionsfriede, die erste weltliche Kompromisslösung eines religiösen Konflikts, *verstand sich selbst als Provisorium bis zur Wiederherstellung der Glaubenseinheit* durch ein Konzil oder eine andere für die Religion kompetente Stelle. Faktisch ist er zu einer definitiven Regelung **von großer geschichtlicher Bedeutung** geworden und hat eine Friedensperiode von sonst in Deutschland nicht gekannter Länge eingeleitet. Die **religiöse Spaltung** war nun freilich **endgültig** und das *Nebeneinander von zwei Konfessionen rechtlich sanktioniert.*

> **Von Toleranz und Gewissensfreiheit** konnte jedoch **keine Rede** sein, wenn der Landesherr die ausschließliche Befugnis hat, die Religion seiner Untertanen zu bestimmen.

Mit der *Aufgabe der exklusiven Geltung des einen katholischen Glaubens* war die **universale Idee des Reiches** freilich **zutiefst getroffen.** Das Heilige römische Reich deutscher Nation war zum großen Schmerz *Karls V.* († 1558), *des letzten Vertreters der mittelalterlichen universalen christlichen Kaiseridee,* nun zu einem bloßen Bund von Territorialstaaten herabgesunken.

V. Katholische Reform und Gegenreformation

Was meinen diese Begriffe?
- **Katholische Reform** = *Selbstbesinnung der Kirche auf das katholische Lebensideal durch innere Erneuerung*
- **Gegenreformation** = *Selbstbehauptung der Kirche im Kampf gegen den Protestantismus (als Folge der inneren Erneuerung)* (nach Hubert Jedin).

Die Katholische Reform zog ihre Kräfte aus den religiösen Erneuerungsbestrebungen des späten Mittelalters, die sich namentlich in Italien und Spanien ohne Unterbrechung durch die Glaubensspaltung halten konnten. Ihre **Entfaltung** jedoch wurde erst möglich, **als unter Papst Paul III.** (1534–1549) **die Reformbewegung auch in Rom Fuß fasste.** Hierbei sind diverse **Ordensgründungen** zu nennen, insbesondere diejenigen der *Kapuziner* (siehe oben B VI 3 b), der *Ursulinen* (heute der größte weibliche Erziehungsorden) und allen voran der *Jesuiten.*

1. Ignatius von Loyola und die Gesellschaft Jesu (Jesuiten)

Der Spanier *Ignatius von Loyola* (1491–1556) und die von ihm gegründete Gesellschaft Jesu (*Societas Jesu,* SJ) gehörten zu den stärksten Kräften, die sich Papst und Kurie zur Überwindung von Spaltung und Abfall anboten.

Seinem eigenen *herb männlichen und militärisch geprägten Wesen* entsprechend ist **Christus für Ignatius der Kriegsherr**, und die Nachfolge Christi gipfelt in der Teilnahme am Kampf für sein Reich. **1540** wurde die Gesellschaft Jesu als streng zentralistisch aufgebauter **Regularklerikerorden** (mit dem auf Lebenszeit gewählten *Ordensgeneral* an der Spitze) **vom Papst bestätigt**, wobei sich zu den drei **Gelübde**n der Armut, der Keuschheit und des Gehorsams bei den Jesuiten ein viertes, nämlich

Papst Paul III. bestätigt 1540 dem vor ihm knieenden Ignatius von Loyola den Jesuitenorden (Gemälde eines unbekannten Malers, 17. Jh.)

der **strikte Gehorsam gegenüber dem Papst**, gesellte, was damals vor allem bedeutete, zu gehen, wohin immer sie der Nachfolger Petri schickte, zu den Türken, in die Neue Welt, zu den Lutheranern oder sonstwohin. *Stabilitas loci der Mitglieder in einem bestimmten Hause* (siehe oben A II 2e und B VI 3 b) *gibt es daher ebensowenig wie ein gemeinsames Chorgebet oder eine eigene Ordenstracht.*

Vor allem *in den romanischen Ländern* fanden die Jesuiten *rasch Eingang*. Aber auch im noch katholischen Teil Deutschlands imponierte die priesterliche Art der Jesuiten. Und hier sollte der junge **Petrus Canisius** (1521–1597) aus Nimwegen der **zweite »Apostel Deutschlands«** werden (*erste Jesuitenniederlassung in Köln 1544*). Dabei war das Wirken der Jesuiten nördlich der Alpen im Interesse des zu leistenden religiösen Wiederaufbaus von Anfang an auf die **Schule** verwiesen. In *Gymnasien, Priesterseminaren und Universitäten* setzte man sich zum Ziel, nach einem einheitlichen Erziehungs- und Lehrplan eine **geistliche und weltliche Elite** heranzubilden, die bereit und fähig war, *Kirche und Staat aus humanistischer Bildung und vertiefter, lebendiger Frömmigkeit neu zu durchdringen.*

2. Erneuerung an der römischen Kurie

Obgleich ein Günstling des üblen Renaissancepapstes Alexander VI., erkannte **Paul III.** doch die **Notwendigkeit einer religiösen Selbstreform**

der Kirche und leitete sie in die Wege. Die erste Aufgabe sah er in der **geistigen Neuformung des Kollegiums der Kardinäle**, in das durch Gelehrsamkeit und Frömmigkeit ausgezeichnete Männer Aufnahme fanden. Diese Männer berief der Papst im Herbst 1536 in eine **Reformkommission**, die im folgenden Frühjahr ein **Gutachten** vorlegte (»*Consilium de emendanda ecclesia*«). Die Hauptquelle aller Übel sei, so betonten die Verfasser unverblümt, die **maßlose Übertreibung der päpstlichen Gewalt**. Ansonsten wurden die seit Jahrhunderten grassierenden Missstände gerügt (*kuriale Ämterpraxis, leichtfertige Dispensen und Privilegien*) sowie die »*verdorbenen Klöster*«, die man einfach aussterben lassen müsse. Demgegenüber stellten die Gutachter den **absoluten Vorrang der Seelsorge** heraus.

Den wichtigsten Beitrag zur kirchlichen Wiedererneuerung leistete Paul III. aber mit der **Einberufung eines Allgemeinen Konzils nach Trient**, wie sie Luther bereits 1518 und v. a. in seinem Buch »*An den christlichen Adel deutscher Nation*« 1520 gefordert hatte.

3. Das Konzil von Trient (1545–1563)

1544 berief Paul III. ein Allgemeines Konzil in die südlichste Bischofsstadt des Reiches ein, und zwar
- zur *Beseitigung der religiösen Zwietracht*,
- zur *Reform des christlichen Volkes* und
- zur *Befreiung der von den Türken unterjochten Christen*.

Das Konzil war anfangs sehr schwach besucht, aber mit Ausnahme von Polen, Ungarn und der Schweiz waren alle katholisch gebliebenen Länder Europas vertreten.

a) Erste Tagungsperiode (1545–1548)
Wichtige Entscheidungen der ersten Tagungsperiode (seit 1547 zur Unterbindung des kaiserlichen Einflusses in Bologna im Kirchenstaat) waren:
- Die Anerkennung der **Tradition als gleichberechtigte Glaubensquelle neben der Hl. Schrift** (*gegen das »sola scriptura«*)
- Bezüglich der **Rechtfertigung** *lehnt man die Exklusivpartikel »sola fide« und »sola gratia« ab* und hält an der Möglichkeit der Mitwirkung des Menschen sowie an der Heilsbedeutung der sieben Sakramente der Kirche fest.
- Die lateinische Bibelübersetzung der **Vulgata** wird für **authentisch**, d. h. theologisch beweiskräftig, erklärt.
- Überdies werden Reformdekrete über die **Residenzpflicht der Bischöfe und Pfarrer** und **gegen die Pfründenhäufung** verabschiedet.

EL SACROSANTO CONCILIO GENERAL DE TRENTO

Blick in die Konzilsaula der Trienter Kirche S. Maria Maggiore: Vorne in der Mitte sitzt vor dem Tisch des Konzilssekretärs, der die Verhandlungen leitet, der Vertreter des spanischen Königs Philipp II. (1556–1598, Sohn Karls V.). Rechts im Halbrund die Konzilsväter (insgesamt 270, davon 218 Italiener und Spanier; anwesend waren in den ersten beiden Tagungsperioden nur zwischen 30 und 70), ihnen gegenüber die Legaten des Papstes und links davon vier Erzbischöfe. Zwischen den Legaten und Konzilsvätern die Vertreter der Fürsten und auf einer Kanzel ein Theologe beim Vortrag (Zeitgenöss. span. Kupferstich)

b) Zweite und dritte Tagungsperiode (1551/52 bzw. 1562/63)

Während die zweite, nur knapp ein Jahr dauernde Tagungsperiode keine herausragenden Entscheidungen brachte, schuf in der letzten Tagungsperiode

- das wichtige »**Seminardekret**« mit seiner *Forderung nach Gründung von Priesterseminaren in allen Bistümern zur Heranbildung eines zahlenmäßig ausreichenden und gebildeten Klerus* endlich jene Institution, die bislang gefehlt hatte.
- Außerdem wurde beschlossen, dass vom **Ablass** künftig *jede Gewinnsucht fernzuhalten* sei (*1567 Widerruf aller Ablässe, zu deren Gewinnung ein Geldbetrag zu entrichten war,* also genau 50 Jahre nach den Ablassthesen Luthers!).
- Erwähnt sei schließlich das oft genannte Dekret »**Tametsi**«, das die

geheime (klandestine) Eheschließung für **null und nichtig** erklärte und den *Austausch des Ehewillens vor dem Priester und zwei Zeugen* festschrieb (*bis heute gültig!*), wodurch eine Quelle vielfältiger Rechtsunsicherheit beseitigt war.

c) Bedeutung

Die unverhältnismäßig lange, mehrfach unterbrochene, von vielen Schwierigkeiten und Krisen gefährdete Arbeit des Konzils von Trient hat das große Ziel der **Wiederherstellung der Glaubenseinheit nicht erreicht**. Das christliche Abendland blieb konfessionell gespalten, ja diese **Spaltung** wurde durch die klare Definition kontroverser Lehren **noch vertieft**. Aber gerade durch diese eindeutigen Lehrsätze, die die dogmatische Substanz und nicht theologische Schulmeinungen definierten, wurde der **katholische Glaube gesichert**. Trient war ein **nachhaltig wirkender Akt der kirchlichen Selbstbesinnung und Selbsterneuerung**, die das Gesicht der katholischen – fortan dezidiert *»römisch-katholischen«* – Kirche bis zum Zweiten Vatikanischen Konzil bestimmten.

Es hätte jedoch schwerlich diese kirchen- und weltgeschichtliche Wirkung über Jahrhunderte ausgeübt, wenn sich nicht das **nachtridentinische Papsttum** *mit seiner ganzen, jetzt wiedergewonnenen Autorität als Haupt der Christenheit* der **Durchführung der Konzilsdekrete** angenommen hätte.

4. Katholische Reform nach dem Konzil

- Bereits 1566 erschien der vom Konzil angeregte **Catechismus Romanus**, der den Seelsorgern einen Grundriß der katholischen Glaubenslehre für Predigt und Katechese bieten sollte.
- Auch die vom Konzil begonnene Brevierreform wurde jetzt rasch zu Ende geführt. 1568 erschien das gereinigte, verbesserte **Breviarium Romanum**. Alle anderen Breviere wurden gleichzeitig verboten, wenn sie nicht mindestens 200 Jahre in Gebrauch waren.
- Gleiches galt für das neue **Missale Romanum** (Messbuch), das *Pius V.* (1566–1572) 1570 herausgeben ließ.

Mit dieser päpstlichen Reform der wichtigsten liturgischen Bücher wurde zweifelsohne mancher Wildwuchs beseitigt. Gleichzeitig trat aber dadurch die **römisch-zentralistische Ausrichtung** in den Vordergrund, was unter Pius' Nachfolger *Gregor XIII.* (1572–1585) durch die **Vermehrung der jetzt mit größeren Vollmachten ausgestatteten Apostolischen Nuntiaturen** (diplomatische Vertretungen des Hl. Stuhls) verstärkt wird (*1584 Eröffnung einer Nuntiatur im Rheinland: Köln*).

Da nach dem seit 46 v. Chr. geltenden *Julianischen Kalender* das Jahr gegenüber dem Sonnenjahr um gut 11 Minuten zu lang geworden war, ordnete *Gregor XIII.* 1582 mit der Bulle »*Inter gravissimas*« eine **Kalenderreform** an, wonach zum Ausgleich vom 4. direkt auf den 15. Oktober 1582 gesprungen wurde. Auch die Schaltjahrregelung wurde verbessert, indem statt in allen Säkularjahren nur noch in den durch 400 teilbaren ein Schalttag eingelegt wird (1600, 2000, 2400). Der **Gregorianische Kalender**, der erst wieder nach 3200 Jahren um einen Tag vom Lauf der Sonne abweichen wird, wurde *von den katholischen Ländern sofort, von den meisten protestantischen Ländern* – wegen antipäpstlicher Ressentiments – *erst 1700 eingeführt*, was in konfessionell gemischten Gebieten bis dahin große Verwirrung stiftete; einige Länder folgten sogar noch später (England 1752, Schweden 1753, Finnland 1867, Albanien und China 1912, Bulgarien 1916, Russland 1918, Rumänien und Griechenland 1924, Türkei 1927). *Die orthodoxe Kirche begeht ihr Osterfest immer noch nach dem alten Kalender.*

Unter *Sixtus V.* (1585–1590) folgte schließlich eine **Neuordnung der römischen Kurie mit Einrichtung von 15 ständigen Kardinalskongregationen**, einer Art von Fachministerien (heute: 9), und die **Erzwingung der** »**Ad limina**«-**Besuche** der Bischöfe in Rom *zur Berichterstattung über ihre Diözesen* (Statusbericht).

Die »**Visitatio liminum**« oder »**Visitatio ad limina (Apostolorum)**« (lat.: Besuch bei den Schwellen [der Apostel], d. h. bei den Gräbern der Apostelfürsten Petrus und Paulus in Rom), die von den selbstbewussten Fürstbischöfen der deutschen Reichskirche kaum persönlich absolviert wurde, wird heute alle fünf Jahre von den fast 3000 Diözesanbischöfen der Weltkirche, nach Nationen oder Regionen getrennt, angetreten.

LIT Klaus Ganzer/Bruno Steimer (Red.), Lexikon der Reformationszeit, Freiburg i. Br. u. a. 2002.
Dieter J. Weiß, Katholische Reform und Gegenreformation. Ein Überblick, Darmstadt 2005 (ND 2010).

5. Der Dreißigjährige Krieg (1618–1648)

Die politische Atmosphäre im Heiligen Römischen Reich, wo sich am Beginn des 17. Jahrhunderts *katholische Kirche und Protestantismus in etwa die Waage hielten*, war seit langem gespannt. Es brauchte nur den Funken, um das lauernde Misstrauen der Parteiungen in die kriegerische Auseinandersetzung zu führen. Die **Erfolge der Gegenreformation**, gestützt auf den Religionsfrieden von 1555 und den Geistlichen Vorbehalt, **hatten die protestantischen Fürsten mit steigender Besorgnis erfüllt** (um 1565 waren 2/3 Deutschlands protestantisch gewesen), und zwar nicht nur die lutherischen, sondern auch die **calvinischen** (**reformierten**) Fürsten, d. h. die

Johannes Calvin. »PROMPTE ET SINCERE« *ist die Kurzfassung seines persönlichen Mottos* »Cor meum tibi offero domine prompte et sincere.« *(lat.: Mein Herz biete ich dir dar, Herr, bereitwillig und aufrichtig.) (Stich von René Boyvin, 1564)*

Konfessionsverteilung in Mittel- und Nordeuropa um 1565

Legende der Karte:
▨ = Anglikanisch ⎫
▨ = Calvinisch ⎬ um 1565
▨ = Lutherisch ⎭

Anhänger des *Reformators von Genf,* **Johannes Calvin** (*Jean Cauvin*; 1509–1564), dessen – in manchen Punkten von Luther abweichende – rigorose Lehre

---

Das Verständnis von Brot und Wein in der Eucharistie (Abendmahl)

• *Kath. Kirche*: **Realpräsenz** als wirkliche und bleibende Gegenwart Christi im konsekrierten Brot und Wein (vgl. oben B V 1)
  (→ eucharistische Anbetung auch außerhalb der Eucharistiefeier möglich)
• *Luthertum*: **Realpräsenz** im Moment des Empfangs oder für die Dauer der Abendmahlsfeier (unter Ablehnung der Transsubstantiationslehre)
• *Calvinismus*: Brot und Wein als Symbole der durch den Heiligen Geist hergestellten geistigen Gegenwart Christi (**Spiritualpräsenz**)

---

sich rasch über die Schweiz nach Frankreich (= *Hugenotten*, wohl von franz. *aignos* = Eidgenossen), die Niederlande, Norddeutschland, England (= *Puritaner*) und Schottland (= *Presbyterianer*) verbreitet hatte.

In England war 1534 unter König Heinrich VIII. eine weitere reformatorische Kirche, die **anglikanische Staatskirche** (*Church of England*) mit dem englischen König als Oberhaupt, entstanden, die der römisch-katholischen Kirche in verschiedener Hinsicht (z. B. Liturgie, Kirchenverfassung, theologischer Denkstil) näher steht als die anderen protestantischen Glaubensgemeinschaften.

a) Bündnisse

- 1608 bildete sich *unter Führung der calvinischen Kurpfalz* die »**protestantische Union**« mit Württemberg, Baden, Ansbach, Kulmbach, und Pfalz-Neuburg, unterstützt von Frankreich, England und den Niederlanden,
- woraufhin im Jahr 1609 die Katholiken die »**katholische Liga**« *unter Führung Herzog Maximilians von Bayern* gründeten. Ihr gehörten die drei geistlichen Kurfürsten (d. h. die Erzbischöfe von Mainz, Köln und Trier), zahlreiche weitere Bischöfe und Reichsäbte Süddeutschlands, nicht aber Österreich an. Rückhalt erhielt die katholische Liga durch Spanien.

Nicht nur das Reich, **ganz Europa begann sich in zwei Machtblöcke zu spalten**, die sich im Dreißigjährigen Krieg gegenüberstanden.

b) Der Westfälische Friede von Münster und Osnabrück (1648)

Nach jahrelangen zähen Verhandlungen ging 1648 der furchtbare europäische Krieg mit *Hauptschauplatz in Deutschland* zu Ende.

Gesandte fast aller europäischen Mächte fanden sich in den bescheidenen westfälischen Bischofsstädten Münster und Osnabrück ein. In *Münster* verhandelten die Gesandten Kaiser Ferdinands III. (1637–1657) mit den Vertretern Frankreichs, Spaniens, der Niederlande sowie der meisten katholischen deutschen Reichsstände, in *Osnabrück* mit den Gesandten Dänemarks, der meisten protestantischen Reichsstände und **Schweden**s, das ab 1630 unter König Gustav II. Adolf (1611–1632) zur **Rettung des deutschen Protestantismus** in den Krieg eingegriffen hatte. Am 24. Oktober 1648 wurde dann der »**Westfälische Friede**« mit folgenden **drei Hauptbestimmungen** unterzeichnet:

1. Der **Augsburger Religionsfriede von 1555** (siehe oben C IV 2 c) wird auch **auf die Calvinisten (Reformierten) ausgedehnt** (nicht jedoch auf die *Täufer*). Dadurch bestehen nun im Reich **drei anerkannte und gleichberechtigte Konfessionen**.
2. Als sog. »**Normaljahr**« **für Religionsübung und Kirchengut** gilt der **1. Januar 1624**, d. h. der konfessionelle Stand an der *Mitte zwischen 1618* (Kriegsbeginn) *und 1630* (Eingreifen Schwedens) sollte **für die künftige Gestaltung der Religionsverhältnisse maßgeblich** sein. Das bedeutete konkret: Norddeutschland bleibt protestantisch, Österreich, Böhmen und Mähren werden rekatholisiert.
3. Das »**Ius reformandi**« (Reformationsrecht) **der Landesherren bleibt bestehen, doch müssen die Untertanen bei einem Konfessionswechsel des Landesherrn nicht mehr folgen**. Dazu kam die *Anerkennung des* bisher von protestantischer Seite angefochtenen *Geistlichen Vorbehalts*.

Nur für das **Bistum Osnabrück** galt von 1648 bis 1802 die aus heutiger Sicht kuriose Bestimmung, dass *abwechselnd ein katholischer Bischof und ein lutherischer Bischof* (aus dem Hause Braunschweig-Lüneburg) gewählt wurde (»**Alternative Sukzession**«). Bei evangelischer Bistumsregierung vertrat ein *Vikar* (meist ein Weihbischof) *des Kölner Erzbischofs* die katholischen Belange.

Für die katholische Kirche Deutschlands brachten diese Friedensbestimmungen den **endgültigen Verlust von zwei Erzbistümern** (Bremen-Hamburg und Magdeburg), **12 Bistümern, zahlreichen Stiften und Klöstern sowie anderen Kirchenguts**, aber auch positive Ergebnisse in Gestalt der obengenannten **Rekatholisierungen**.

6. Wiedergewonnenes Selbstbewusstsein im Zeichen des Barock

Man rechnet das Barockzeitalter in Europa meist von der **Mitte des 16. bis zur Mitte des 18. Jahrhunderts**, wobei die **Jesuiten** frühzeitig zu Vermittlern des neuen südlichen Stilempfindens wurden. Ihre römische Ordenskirche *Il Gesù* (siehe S. 168) war in der Zeit der Katholischen Reform das bewunderte, in allen katholischen Ländern nachgeahmte Vorbild neuer **kirchlicher Baukunst**. Überall, wo im Abendland die alte Kirche nach der Krisis der Glaubensspaltung neu auflebte, kleidete sie sich in das festliche Gewand des Barock, das in landschaftlicher Eigenart abgewandelt wurde. *Das Konzil von Trient und der Jesuitenorden wurden die beiden mächtigsten Elemente der katholischen Erneuerung.* In den katholischen Barockkirchen, in den schlossähnlichen Prunkklöstern und den gewaltigen Residenzen der geistlichen Fürsten spiegelt sich der Aufschwung des verjüngten kirchlichen Lebens, aber auch das **Triumphgefühl wiedergewonnenen Selbstbewusstseins und wiedererlangter Sicherheit nach vielfacher Gefährdung**, nach Jahrzehnten der Mutlosigkeit. Gerade in der Baukunst zeigt sich das Aufatmen nach langem Druck innerer und äußerer Krisen, das freudige Bewusstsein eines neuen, furchtbefreiten, wieder mit allen Gütern der geistigen und materiellen Kultur gesegneten Daseins.

Das Barockzeitalter kündet somit gerade in den katholischen Ländern von **neuer Macht und Pracht der alten Kirche**. Damit ist auch schon ausgedrückt, dass die *volle Entfaltung der Barockkultur nördlich der Alpen erst nach dem Ende der furchtbaren Kriege* einsetzen konnte, die sich an der Religion entzündet, dann aber rasch in politische Großmachtkämpfe europäischen Ausmaßes ausgeweitet hatten. Dem Friedensschluss von Münster und Osnabrück folgte ein Jahrzehnt später der *Pyrenäenfriede (1659) zwi-*

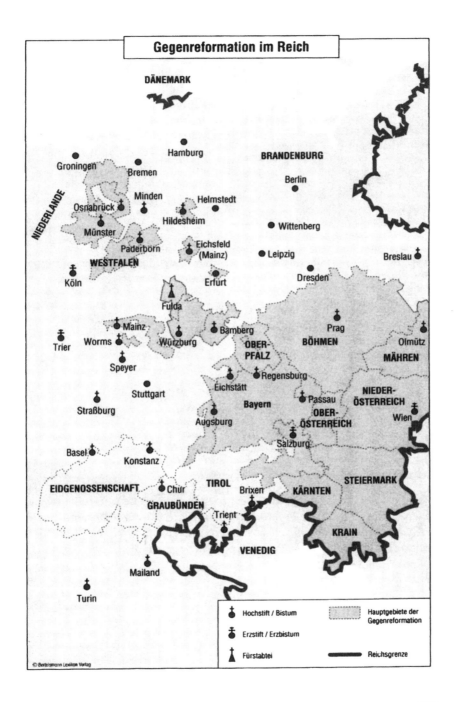

Gegenreformation im Reich

DÄNEMARK

BRANDENBURG

Hamburg

Groningen
Bremen

Berlin

NIEDERLANDE

Minden
Osnabrück
Helmstedt

Münster
Hildesheim

Wittenberg

Paderborn
Eichsfeld
(Mainz)

WESTFALEN

Leipzig

Breslau

Köln
Erfurt

Dresden

Fulda

Mainz
Bamberg

Prag

BÖHMEN

Olmütz

Trier
Worms
Würzburg

OBER-
PFALZ

MÄHREN

Speyer

Regensburg

Eichstätt

NIEDER-
ÖSTERREICH

Stuttgart

Bayern
Passau

Straßburg

OBER-
ÖSTERREICH

Wien

Augsburg

Basel

Salzburg

Konstanz

STEIERMARK

EIDGENOSSENSCHAFT
Chur

TIROL
Brixen

KÄRNTEN

GRAUBÜNDEN

Trient

KRAIN

VENEDIG

Mailand

Turin

♟ Hochstift / Bistum	▒ Hauptgebiete der Gegenreformation
♟ Erzstift / Erzbistum	
⌖ Fürstabtei	▬ Reichsgrenze

© Bertelsmann Lexikon Verlag

Fassade der Jesuitenkirche Il Gesù in Rom, erbaut um 1580 durch Giacomo della Porta (um 1530–1603), der auch die Kuppel von St. Peter errichtete.

schen Frankreich und Spanien. **1683** gelang nach einer zweiten türkischen Belagerung Wiens der entscheidende **Sieg über die Osmanen** am Wiener Kahlenberg, der den unmittelbaren *Aufstieg Österreichs zur Großmacht* eingeleitet hat. Aus der grandiosen Siegesstimmung wuchsen die gewaltigen Klosterresidenzen Österreichs (z. B. Göttweig, Melk, St. Florian). Vom habsburgischen Kaiser nachhaltig gefördert, sollten sie den Dank gegen Gott bekunden, aber auch den Glanz des »Hauses Österreich« dokumentieren.

Die **Frömmigkeit dieser Epoche** kristallisiert sich um
- *Eucharistie* (Fronleichnamsprozession!),
- *Rosenkranz,*
- *Herz-Jesu-Verehrung,*
- *Passion,*
- *Heiligen- und Marienverehrung* (letztere führt zur Gründung der Marianischen Kongregationen) und ein
- *extensives Wallfahrts- und Bruderschaftswesen.*

> **Bruderschaften** (*confraternitates*) sind kirchlich anerkannte Vereinigungen von Gläubigen zur Pflege und Förderung von Frömmigkeit, Buße, Nächstenliebe und Gottesdienst (z. B. Rosenkranz-, Herz-Jesu- oder Marienbruderschaften).

Das meiste davon ist keineswegs neu, so dass sich mit Benno Hubensteiner sagen lässt: »*Es ist … die **Frömmigkeitshaltung des späten Mittelalters, die im Barockkatholizismus wiederkommt,** nur jetzt durch die Glaubenskämpfe geläutert, durch Trient stärker in Zucht genommen, vom neuen Zeitstil machtvoller vertont.*«

7. Hexenverfolgungen

Die Geschichte der Menschheit kennt nicht nur verheerende Seuchen, die den Körper befallen (wie Pest und Cholera), sondern auch *geistige Epidemien.* Eine der schlimmsten Verirrungen der abendländischen Welt bilde-

ten über Jahrhunderte hin Hexenwahn und Hexenverfolgungen.

Die **Wurzeln des Hexenwahns**
reichen in die antike und germanische Mythologie zurück. Bereits
der Pentateuch (fünf Bücher Mose)
bewertete Zauberei, Wahrsagerei
und Zeichendeuterei als Götzendienst und belegte sie mit der
Todesstrafe der Steinigung (Ex
22,17: »*Eine Zauberin sollst du
nicht am Leben lassen*«; vgl. Lev
19,31; 20,6.27; Dtn 18,10–14). Bis
zum 9. Jahrhundert ahndete die
Kirche Giftmischerei und Zauberei
nur mit kirchlichen Strafen. Zu dieser Zeit leugnete man, dass es
überhaupt Hexen gebe. Immer
mehr setzten sich jedoch **Lehren
des Kirchenvaters Augustinus** (v. a.
über den Dämonenpakt mit einer

*Hexensabbat auf dem Blocksberg. Der Ziegen-
bock als Hexentier und Erscheinungsform des
Teufels spielte dabei eine große Rolle.*

Kopulation von Mensch und Dämon) **und insbesondere des Thomas von
Aquin, der eigentlichen Autorität für den mittelalterlichen Dämonenglau-
ben**, durch, der von Tierverwandlungen, dem »*bösen Blick*«, von Zauber-
knoten, mit denen Hexen Männer impotent machen können (Nestelknüp-
fen) und anderem mehr zu berichten wusste. Ein **wichtiger Wendepunkt** ist
um 1400 anzusetzen, als aus bereits bekannten Bestandteilen jene **elabo-
rierte Hexenvorstellung** zusammengefügt wurde, die

- den *Teufelspakt*,
- die *Teufelsbuhlschaft*, d. h. den geschlechtlichen Umgang mit dem Teufel
  (Hauptursache: sexuelle Unersättlichkeit der Frau),
- den *Schadenzauber* sowie
- den *Flug durch die Luft* auf Tieren oder Besenstielen (Unholdenflug)
  zum Besuch der großen *Hexenversammlungen* (Hexentanz oder Hexensabbat), v. a. in der Walpurgisnacht (Nacht zum 1. Mai; Blocksberg = Bro-
  cken im Harz)

umfasste.

Außerdem wurde jetzt **Zauberei und Hexerei als Häresie (Ketzerei)
behandelt** und **wegen des an Mensch, Tier und Hab und Gut angerichteten
Schadens Bestrafung durch die weltliche Gerichtsbarkeit** gefordert. Hexerei war damit ein spezifischer Verbrechenstatbestand, der das geistliche

und das weltliche Gericht beschäftigte (*crimen fori mixti*). Dies stand im Zusammenhang mit dem *Aufkommen ketzerischer Bewegungen im Hochmittelalter* (Katharer, Waldenser), wodurch sich die Kirche veranlasst sah, gegen alle wirklichen oder vermeintlichen Gegner äußerst repressiv vorzugehen. Die *päpstliche Inquisition*, die ja für Häresie zuständig war (vgl. oben B VI 4), entwickelte hierzu Prozessprinzipien, die für die späteren, überwiegend vor weltlichen Gerichten angestrengten Hexenprozesse richtungweisend wurden.

Einen überaus verhängnisvollen Schritt tat *Papst Innocenz VIII.* (1484–1492) mit der sog. **Hexenbulle »Summis desiderantes affectibus«** von 1484, zu der der *Dominikaner Heinrich Kramer (Institoris)* mit seinem 1487 erstmals und 1669 in 29. Auflage letztmals erschienenen **Hexenhammer** (*Malleus maleficarum*) eine detaillierte Gebrauchsanweisung lieferte, die rasch zum *maßgeblichen Standardwerk in ganz Europa* avancierte (wie Peter Segl nachwies, war Jakob Sprenger *nicht* Mitautor).

Um einen Prozess in die Wege zu leiten, bei dem es *weder einen Verteidiger noch eine Berufung gegen das Urteil* gab, genügte bereits eine *Denunziation*, und im Beweisverfahren fanden *Folter und Hexenpro*ben (Hexenbad, Tränen-, Nadel- und Wiegeprobe) Anwendung. **Hexerei galt als vierfaches Verbrechen**, nämlich als *Blasphemie, Sodomie* (Unzucht mit dem Teufel), *Zauberei* und *Ehebruch* (bei verheirateten »Hexen«) *bzw. Kuppelei*. Als schlimmstes Verbrechen wertete man den Teufelspakt, der bei einer als Hexe angezeigten Frau als selbstverständlich vorausgesetzt wurde.

Großangelegte **Hexenverfolgungen** setzten im 15. Jahrhundert (v. a. seit der Hexenbulle von 1484) ein, steigerten sich in steiler Kurve *zwischen 1590 und 1660*, um gegen 1700 wieder merklich abzunehmen. Entgegen der landläufigen Meinung war die Verfolgung angeblicher Hexen also ganz wesentlich ein **Phänomen der Neuzeit, nicht des Mittelalters**, und bildete gleichsam *»eine Art Gegenbild zur intensivierten Frömmigkeit des konfessionellen Zeitalters«* (Heribert Smolinsky). **Auslöser** waren – wie bei den Judenverfolgungen – jeweils **Krisensituationen** (Seuchen, Kriege, Naturkatastrophen, Missernten, Feuersbrünste), **in denen man nach Sündenböcken suchte**. Zwar wurden auch Männer der Hexerei beschuldigt,

> Den Hexer gibt es also nicht nur bei Edgar Wallace! So waren in Island 90%, in Estland 60%, in Finnland und Frankreich 50% der Hingerichteten Männer.

aber im Hl. Römischen Reich Deutscher Nation waren **etwa 75–80% der Angeklagten Frauen**, die nicht nur als *dümmer*, sondern auch als *anfälliger* gegenüber den Anfechtungen des Teufels galten (*Hexenhammer: »... schlecht ist das Weib von Natur, da es schneller am Glauben zweifelt, auch schneller den Glauben ableugnet, was die Grundlage für die Hexerei ist.«*).

170

So wurde im **Hexenhammer** das lateinische Wort für **Frau** (*femina*) in völlig falscher Etymologie von f[id]e-min[us]-a (= weniger an Glauben) hergeleitet. Als Gipfel der Diskriminierung bezeichnete Kramer die Frau in diesem Machwerk als »*unvollkommenes Tier*«.

Insgesamt dürften **in Europa dem Hexenwahn zwischen 1430 und 1782 etwa 50 000 bis 60 000 Menschen aller Stände und Altersgruppen (also auch Kinder!) zum Opfer gefallen** sein, davon **allein im Reich ca. 25 000,** *quer durch katholische und protestantische Territorien* (**1782** wurde im Kanton Glarus / Schweiz **die letzte Frau in Europa legal als Hexe hingerichtet, 1756** in Landshut **die letzte auf deutschem Boden**). Denn auch die Reformatoren, beginnend mit Martin Luther, waren von der Existenz von Hexen überzeugt und forderten für sie harte Strafen.

»Widerspruch gegen die Hexenverfolgung und die dabei angewandten Praktiken erhob sich erst spät und zögernd. Wurde doch jeder, der Hexerei leugnete, als Ketzer betrachtet und lief Gefahr, selbst auf dem Scheiterhaufen zu enden.« (Katharina Elliger) So gab es nur wenige, die ein allmähliches Umdenken einleiteten, *katholischerseits* der Jesuit und Hexenbeichtvater **Friedrich Spee von Langenfeld** (1591–1635) mit seiner anonym veröffentlichten Schrift »*Cautio criminalis*« (1631), in der er die Grausamkeit der Hexenjagden und die gnadenlose Art der Prozessführung anprangerte. *Auf evangelischer Seite* sprach sich v. a. der Jurist und Frühaufklärer **Christian Thomasius** (1655–1728) zu Beginn des 18. Jahrhunderts in zwei Abhandlungen gegen die Hexenprozesse aus.

*Friedrich Spee von Langenfeld SJ, Autor der »*Cautio criminalis seu de processibus contra sagas liber«* (lat.: Mahnwort für den Strafprozess oder Buch gegen die Hexenprozesse) (Porträt eines unbekannten Malers)*

Das preußische Landrecht von 1741 bezeichnete die Hexerei erstmals als reine Phantasie. Dennoch fanden bis zum ausgehenden 18. Jahrhundert weitere Hexenprozesse statt, der letzte 1793 in Posen, der nochmals zwei Todesopfer forderte. Insgesamt haben diese Prozesse neben den Judenverfolgungen »*die größte nicht kriegsbedingte Massentötung **von** Menschen **durch** Menschen in Europa bewirkt*« (Gerhard Schormann), und erst mit dem Sieg der Aufklärung fand der Hexenwahn sein Ende.

LIT Wolfgang Behringer, Hexen. Glaube, Verfolgung, Vermarktung, München ⁵2009.

8. Auf dem Weg zur Weltkirche – Mission in der Frühen Neuzeit

Nach dem **Zusammenbruch des** riesigen, am Fernhandel sehr interessierten **Mongolenreiches** im 14. Jahrhundert war den Europäern der Landweg nach Asien erschwert, was sie dazu zwang, sich vermehrt den Seewegen zuzuwenden. Dies führte zur Gründung von Handelsniederlassungen in Afrika und zur **Entdeckung Amerikas 1492**, als Christoph Kolumbus einen kürzeren Seeweg nach Indien suchte. In der Folge verbanden sich *Eroberung, Kolonisation, christliche Mission und die Errichtung von »Patronaten«*, d. h. der vollen Verfügungsgewalt der Kolonialmächte Spanien und Portugal über die Kirchenorganisation, unlösbar miteinander.

Bei den **Hauptträgern der Mission**, den **katholischen Orden** (v. a. *Jesuiten*: Franz Xaver, Matteo Ricci), intensivierte sich aufgrund der katholischen Verluste in Europa im 16. und 17. Jahrhundert der Missionseifer, dem in Amerika und Asien, nicht aber in Afrika dauerhafte Erfolge beschieden waren. Allerdings *»stellt sich die Frage, ob nicht diese Weitung der katholischen Kirche zur Weltkirche ein Prozess war, der vor allem in Lateinamerika auf Kosten derer ging, die missioniert werden sollten«* (Heribert Smolinsky). **Überaus problematisch** erscheinen insbesondere die **Verbindung von Conquista** (= spanische Eroberung Südamerikas und der Philippinen) **und Mission** (mit Zwangsbekehrungen), die **Versklavung von Indianern und Schwarzen** (auch durch Orden zur Bestreitung des Lebensunterhalts) und

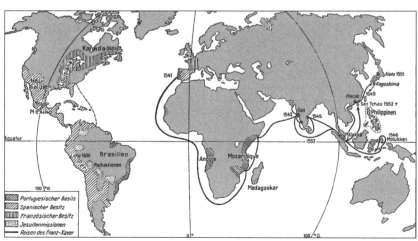

Kolonialismus und Mission (bis 1650) mit den Reisen des hl. Franz Xaver SJ (1506–1552), des Apostels Indiens und Japans

Matteo Ricci SJ (1552–1610, links), der Begründer der neuzeitlichen Chinamission, in der Tracht konfuzianischer Gelehrter (Konfuzius: erster chin. Philosoph, um 551 – um 479 v. Chr.). Über und neben Ricci ist das bis heute als Wappenzeichen der Jesuiten verwendete Jesus-Kürzel »IHS« (entstanden durch Latinisierung des griech. »C« zu »S«) abgebildet. Rechts im Bild ist der aus Shanghai stammende chinesische Beamte Xu Guangqi (1562-1633) zu sehen, der nach seiner Konversion zum Christentum 1603 gemeinsam mit anderen Beamten-Konvertiten die neue Religion in seiner Heimat verbreitete und die Stellung der Jesuiten am Kaiserhof förderte (Kupferstich, 1667).

die **päpstlichen Verbote der Anknüpfung an die vorhandene Kultur und Religion** (*Akkommodation, Inkulturation*) bei der Verbreitung des Christentums 1704 und 1742 (1939 aufgehoben; vgl. unten C XI 1).

So war es gut, dass am Ende des 18. Jahrhunderts eine europäische Entwicklung auf die überseeischen Gebiete übergriff, die die dortige Situation langfristig bessern sollte, nämlich der *geistige Umbruch der Aufklärung*.

VI. Die Kirche in der Auseinandersetzung mit der Aufklärung

1. Zum Werden und Wesen der Aufklärung

Das geistesgeschichtliche Phänomen der »Aufklärung« ist aus der neuzeitlichen Geschichte nicht wegzudenken. *Die Aufklärung ging von England und den Niederlanden aus* und gewann seit dem Ende des 17. Jahrhunderts in Frankreich, Deutschland und dann auch in den übrigen Staaten Europas beständig an Boden. Das **18. Jahrhundert** wurde so zum eigentlichen **Jahrhundert der Aufklärung**. Für weite Kreise, gerade der gebildeten Schichten, wurde sie *bestimmende Weltanschauung und Lebenshaltung*.

Was aber ist Aufklärung? Der Königsberger Philosoph *Immanuel Kant* (1724–1804) hat auf diese Frage 1784 die klassische Antwort gegeben:

»Aufklärung ist der Ausgang des Menschen aus seiner selbst verschuldeten Unmündigkeit. Unmündigkeit ist das Unvermögen, sich seines Verstandes

ohne Leitung eines anderen zu bedienen. Selbst verschuldet ist diese Unmün-
digkeit, wenn die Ursache derselben nicht am Mangel des Verstandes, son-
dern der Entschließung und des Mutes liegt, sich seiner ohne Leitung eines
andern zu bedienen. **Sapere aude!** *Habe Mut, dich deines eigenen Verstandes*
zu bedienen! ist also der Wahlspruch der Aufklärung.«

Bei dieser Definition dachte Kant in erster Linie an Religionsangelegen-
heiten; denn hier galt Unmündigkeit als am schädlichsten und entehrends-
ten für den *Menschen als Vernunftwesen.*

> »Erst mit dem Sieg aufgeklärten Gedankengutes verschwand allmählich die **Folter** aus dem
> Prozessverfahren, verzichtete man bei Hinrichtungen auf die stunden- und tagelangen **Quä-**
> **lereien** der Delinquenten. Erst jetzt verzichtete man auf die **Verbrennung von Hexen** und
> auf **Hinrichtung oder gewaltsame Bedrückung von Menschen um ihres andern Glau-**
> **bens willen.** Die Grundrechte des Menschen, wie sie in der **amerikanischen Unabhängig-**
> **keitserklärung von 1776** und in der **französischen Nationalversammlung 1789** formu-
> liert wurden, wie sie heute die westliche Welt versteht und verteidigt, sind eine Frucht der
> Aufklärung.« (Georg Schwaiger)

Inhaltlich sind die *»Menschenrechte«* ein **Zeugnis christlicher Freiheit,**
deren Verwirklichung die Kirche allerdings nur indirekt für sich in Anspruch
nehmen kann. Denn vorderhand widersetzte sie sich diesen »neuen« Ideen
und erkannte deren christliche Wurzeln nicht.

Wichtig ist außerdem, dass jetzt *erstmals in der abendländischen*
Geschichte das **Christentum als Norm für das öffentliche wie private**
Leben in Frage gestellt war.

2. Unterschiedliche Ausprägungen der Aufklärung in Europa

Die Aufklärung erscheint in den einzelnen Ländern und hier wieder in den
einzelnen Köpfen recht unterschiedlich ausgeprägt. In **Frankreich** wirkte
das aufgeklärte Denken in steigendem Maß zersetzend, destruktiv und
revolutionär. Berühmt ist etwa der auf die Kirche bezogene Ausruf des Philosophen *Voltaire* (1694–1778): »*Écrasez l'infâme!*« (Rottet die Schändliche
aus!). Die Entwicklung in Frankreich fiel um so schwerer ins Gewicht, als
französischer Geist, französische Sprache und Lebensart zu dieser Zeit ganz
Europa faszinierten (vergleichbar der Amerikanisierung im Europa des
20. Jahrhunderts). Dagegen bewahrte die Aufklärung in **England** und in
Deutschland ein im allgemeinen maßvolles Gepräge, zu dessen edelsten
Früchten religiöse Toleranz und Verzicht auf Zwang in Glaubensdingen
gehören.

3. Zentrale Anliegen einer »katholischen Aufklärung«

Mit Fug und Recht kann man im Falle Deutschlands von einer »*katholischen Aufklärung*« sprechen, zu deren wichtigsten Elementen
- die religiöse Erziehung,
- die Ausrichtung von Theologie und Seelsorge auf die Hl. Schrift,
- die liturgische Erneuerung,
- die intellektuelle Begründung des Glaubens,
- der Kampf gegen den Aberglauben und
- ökumenische Bestrebungen zählten.

Die auch heute noch beherzigenswerten **Intentionen der katholischen Aufklärung** spiegeln sich nicht zuletzt in *Hirtenbriefen*, so in demjenigen des *Wiener Fürsterzbischofs Johann Joseph Graf von Trautson* (1751–1757) von *1752*, der den Predigern vorwarf, dass sie *zu wenig von den großen Wahrheiten des Glaubens sprächen*: Sie predigten über die Heiligen – und schwiegen vom Allerheiligsten; sie priesen die Gnadenbilder an – und vergäßen darüber Christus, die Quelle aller Gnaden; sie erhöben die Ablässe und Bruderschaften – und setzten das Notwendige, die Gebote Gottes und der Kirche, die Lehre von Christus und seinem Verdienst, beiseite.

Im 19. Jahrhundert begann dann allerdings eine kirchenpolitische Entwicklung zu erstarken, die die weitere Entfaltung der *katholischen Aufklärung* nicht mehr zuließ, sondern **jede Kritik am bestehenden Kirchenwesen, jeden Vorschlag zeitgemäßer Reformen als verderbliche »Aufklärung« und damit als mangelnde Rechtgläubigkeit und liberale Gesinnung brandmarkte, besonders aber als Verrat am Papsttum.**

LIT Georg Schwaiger, Die Aufklärung in katholischer Sicht, in: Concilium 3 (1967) 559–566.
Angela Borgstedt, Das Zeitalter der Aufklärung, Darmstadt ²2014.

VII. Die große Säkularisation von 1803 und der Neubau der Kirche in Deutschland

Zur Reichskirche gehörten damals *67 geistliche Territorien* (23 Fürstbistümer und 44 Fürstabteien) sowie *etwa 10 000 Quadratkilometer weltlichen Territoriums mit über 3 Millionen Einwohnern* (= 1/7 der Bevölkerung des Reiches).

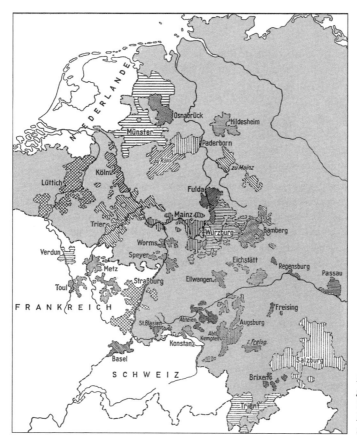

*Die
geistlichen
Territorien in
Deutschland
um 1800*

1. Der Verlauf der Säkularisation

Beim Gesamtkomplex der Säkularisation gilt es **zwei Aspekte strikt aus-
einanderzuhalten**, nämlich die *staatsrechtlich-politische* und die *vermögensrechtliche* Säkularisation. Außerdem ist begrifflich sauber zwischen
»*Säkularisation*« und »*Säkularisierung*« zu unterscheiden.

- Mit »**Säkularisierung**« bezeichnet man ein *geistesgeschichtliches Phänomen*, welches allgemein in der *Loslösung (Emanzipation) der verschiedensten Lebensbereiche von unmittelbar christlich-kirchlicher Führung
  oder Sinngebung* besteht (*Verweltlichung*),
- während mit »**Säkularisation**« das konkrete geschichtliche Phänomen
  der Entmachtung und Enteignung der katholischen Kirche Deutschlands
  – vor allem in den Jahren um 1803 – gemeint ist.

176

a) Staatsrechtlich-politische Säkularisation (Herrschaftssäkularisation)

Die staatsrechtlich-politische Säkularisation oder **Herrschaftssäkularisation** meint die **Aneignung** (Annexion) **der Territorien der geistlichen Reichsstände durch weltliche Staaten.** Dies bedeutete den Untergang der reichsunmittelbaren geistlichen Fürstentümer und damit das **Ende der Vereinigung von geistlicher und weltlicher Gewalt in einer Hand.**

Wie kam es dazu? Im Gefolge der Französischen Revolution und des Ersten Koalitionskrieges gegen Frankreich 1794 war das **linksrheinische Deutschland** von den siegreichen Revolutionstruppen **besetzt** worden. Schon im darauffolgenden Jahr arrangierten sich verschiedene deutsche Staaten, u. a. Preußen, Bayern und Württemberg, in Geheimverträgen mit Frankreich: Sie traten darin ihre linksrheinischen Gebiete ab, ließen sich jedoch **rechtsrheinische Entschädigungen aus den Territorien der geistlichen Fürsten**, also aus dem »*Schoß des Reiches*«, zusichern. **R**heingrenze, **E**ntschädigung, **S**äkularisation (Eselsbrücke: RES) – diese drei Schlagworte gaben die Losung für die **Auflösung des Heiligen Römischen Reiches deutscher Nation**

> Hatte bereits die Entstehung von Nationalstaaten in der Frühen Neuzeit den universellen Anspruch, das »*Römisch*«, obsolet werden lassen, nahm ihm die Säkularisation die sakrale Überhöhung, das »*Heilig*«. Daher war es nur konsequent, dass schon drei Jahre später (**1806**) das *Ende des ersten Deutschen Reiches* erfolgte.

und seiner fast tausendjährigen, in Europa einzigartigen Kirchenverfassung (*ottonisches Reichskirchensystem*; siehe oben B III 3 a).

Das vereinbarte Säkularisationsprinzip kam *1801* (nach dem Scheitern des Zweiten Koalitionskrieges) in dem zwischen Napoleon und dem Reich

Der Entschädigungs-Baum, vulgo – Säcularisationen.

Zeitgenössische Karikatur auf die Herrschaftssäkularisation: Äste mit geistlichen Herren und Bischofsmützen werden durch Vertreter der weltlichen Herren vom (mit dem fallenden Papstkreuz bekrönten) dürren »Entschädigungs-Baum« gebrochen und unter Protesten freudig davongetragen.

geschlossenen *Frieden von Lunéville* voll zum Tragen. Die endgültige Regelung nahm dann am **25. Februar 1803 in Regensburg** der vielberufene **Reichsdeputationshauptschluss** (RDHS), das letzte Grundgesetz des Heiligen Römischen Reiches deutscher Nation, vor. Die eigentlichen Gewinner waren die größeren und mittleren Staaten, die teilweise ein Vielfaches (bis zum zehnfachen) ihres Verlustes erhielten.

b) *Vermögensrechtliche Säkularisation (Gütersäkularisation)*

Zur staatsrechtlich-politischen trat die nicht minder gravierende vermögensrechtliche Säkularisation oder **Gütersäkularisation.** Darunter versteht man die **entschädigungslose Enteignung von kirchlichem** (oder kirchlich genutztem) **Eigentum durch weltliche Staaten.** Konkret bedeutete dies: Gemäß § 34 des Reichsdeputationshauptschlusses wurde das **Vermögen der Bistümer, der Domkapitel, der kirchlichen Kollegien und der Universitäten eingezogen**; nur das Ortskirchenvermögen der Pfarreien blieb im allgemeinen erhalten. Die **Klöster und Stifte** sollten nach dem RDHS zur *»freien und ausschließlichen Verfügung«* des Landesherrn stehen, was faktisch **fast immer** die **Aufhebung** bedeutete. Dieser Vorgang zog sich in einigen Territorien – wie im Herzogtum Westfalen – bis in die 30er Jahre hin.

Überblick über den Umfang der wichtigsten linksrheinischen Gebiete, die an Frankreich abgetreten werden mussten, und der Gebietsentschädigungen, die den deutschen Fürsten durch den Reichsdeputationshauptschluss wieder zugewachsen sind:		
Land	Linksrheinische Verluste	Entschädigung durch säkularisierte Gebiete
Baden	8 Quadratmeilen Land 25.000 Einwohner 240.000 Gulden Jahreseinkünfte	60 Quadratmeilen Land 237.000 Einwohner 1.540.000 Gulden Jahreseinkünfte
Bayern	225 Quadratmeilen Land 730.000 Einwohner 5 Millionen Gulden Jahreseinkünfte	290 Quadratmeilen Land 880.000 Einwohner 6 Millionen Gulden Jahreseinkünfte
Hessen-Darmstadt	13 Quadratmeilen Land 45.000 Einwohner 390.000 Gulden Jahreseinkünfte	95 Quadratmeilen Land 124.500 Einwohner 753.000 Gulden Jahreseinkünfte
Preußen	48 Quadratmeilen Land 127.000 Einwohner 1.400.000 Gulden Jahreseinkünfte	235 Quadratmeilen Land 5.558.000 Einwohner 3.800.000 Gulden Jahreseinkünfte
Württemberg	7 Quadratmeilen Land 14.000 Einwohner 336.000 Gulden Jahreseinkünfte	29 Quadratmeilen Land 110.000 Einwohner 700.000 Gulden Jahreseinkünfte

So wurden im »klosterreichen« Bayern 362, in Preußen 117 und in Württemberg 89 Klöster aufgehoben, insgesamt fast 600, und etwa 2/5 der Kirchen und Klostergebäude in Deutschland ganz oder teilweise abgerissen.

Über die Klosteraufhebung hinaus hatte die Gütersäkularisation *zwei weitere Konsequenzen*, nämlich den **Untergang fast aller kirchlichen Bildungsanstalten** und die barbarische **Verschleuderung kirchlichen Kulturguts.**

»Ein knapp anliegend steifleinern Habit statt des alten reichgestickten Purpurmantels, ein Rohrstengel statt des Zepters verlorener Landesherrlichkeit, dazu die Dornenkrone der Dienstbarkeit: Ecce Ecclesia Germanica.« (Übers.: Siehe, das ist [nach der Säkularisation] die deutsche Kirche; Joseph Görres)

2. Die Folgen der Säkularisation

a) Unmittelbare Folgen
Im Wesentlichen lassen sich vier unmittelbare, **negative Folgen** der Säkularisation ausmachen:
1. **Verfall der kirchlichen Organisation**
2. **Einführung des Staatskirchentums**, z. B.
   - staatliche Einsetzung der Pfarrer;
   - Staatsgenehmigung für Klöster, Wallfahrten und Prozessionen;
   - **Plazet** (lat.: *es gefällt*; hier: staatliche Veröffentlichungsgenehmigung) für alle kirchlichen Verlautbarungen, insbesondere für päpstliche Enzykliken und bischöfliche Hirtenbriefe.
   In extremster Form wurde das Staatskirchentum in Baden und Württemberg eingeführt, abgemildert in Bayern und Preußen.
3. **Sozialer Niederbruch**: Die traditionellen Wohlfahrtseinrichtungen der Kirche (u. a. Spitäler, Armenspeisungen) und die Klöster als Arbeit- und Geldgeber (günstige bzw. zinslose Kredite) fielen weg → Verarmung des katholischen Bevölkerungsanteils
4. **Bildungskatastrophe**: wichtige Ursache für das bis ins 20. Jahrhundert anhaltende katholische Bildungsdefizit.

b) Mittelbare Folgen
Obgleich die deutsche Kirche durch die Säkularisation weithin ihrer bisher tragenden Stützen beraubt wurde, hatten die Vorgänge um 1803 für die Kirche auf Dauer auch positive Auswirkungen, und zwar im Sinne einer
1. **Befreiung von der Welt und für die Welt**. Die ihrer weltlichen Verflechtungen entbundene Kirche erhielt nicht nur einen *»geistlicheren« Klerus* (kaum mehr Adelige!), sondern wurde insgesamt auch *»volkstümlicher«*.

2. Darüber hinaus **suchten die Bischöfe und Domkapitel** in dem Bestreben, sich aus den Fesseln des Staatskirchentums zu lösen, **stärkeren Rückhalt im katholischen Volk** und auch eine bislang nicht gekannte **Anlehnung an Rom.** Letzteres hatte längerfristig die Folge, dass die **deutsche Kirche** nun eine weniger national als **übernational und römisch orientierte Institution** wurde.

3. Die äußere Reorganisation der deutschen Kirche

Erst nach der Entmachtung Napoleons 1814 war der Zeitpunkt zur grundlegenden Neuordnung der politischen Verhältnisse in Deutschland und Europa gekommen, die der **Wiener Kongress von 1814/15** vornahm. Anschließend erfolgte die **kirchliche Neuorganisation**, wobei es Rom gelang, die wichtigeren deutschen Länder in ein Konkordatssystem einzubeziehen, wenngleich ein förmliches **Konkordat** nur mit *Bayern* 1817 zustandekam.

> Ein **Konkordat** (von lat. *concordare*: sich in Einklang befinden) ist ein zwischen dem Hl. Stuhl und einem Staat geschlossener, völkerrechtlich verbindlicher Vertrag zur Regelung kirchlich-staatlicher (d. h. »gemischter«) Angelegenheiten (erstmals 1122; siehe B IV 4b).

Für die protestantisch regierten Staaten ergingen päpstliche **Zirkumskriptionsbullen** (von lat. *circumscriptio*: Umschreibung [des Territoriums von Teilkirchen]), nämlich für die Königreiche *Preußen* und *Hannover* sowie für die *südwestdeutschen Staaten* (u. a. Großherzogtum Baden, Königreich Württemberg); inhaltlich waren sie aber echte Verträge.

a) Königreich Bayern
Da die Möglichkeit bestand, dass ein Metropolit für ganz Bayern in die nicht zu Roms zentralistischer Konzeption passende Stellung eines landeskirchlichen Primas (= oberster Bischof Bayerns) hineinwuchs, wurden durch das **Konkordat vom 5. Juni 1817** *zwei Kirchenprovinzen* geschaffen, nämlich
- **München und Freising** mit den Suffraganbistümern *Augsburg, Regensburg und Passau* sowie
- **Bamberg** mit den Suffraganbistümern *Würzburg, Eichstätt und Speyer.*
Der Staat sagte die *Unterdrückung kirchenfeindlicher Schriften* zu, gestattete die *Wiedererrichtung von Klöstern* und versprach eine *ausreichende Dotation der Bischofsstühle und Domkapitel.* Als Gegenleistung erhielten der *König* und seine katholischen Nachfolger das Recht zur *Nomination* (Benennung) *der Bischöfe,* die ihm zudem einen Treueid zu leisten hatten.

Trotz dieser weitgehenden staatlichen Mitsprache stieß das Konkordat in der aufgeklärten Beamtenschaft, bei Protestanten und liberalen Katholiken auf heftigen Widerstand, da die der katholischen Kirche zugesagte Monopolstellung der modernen Staatsauffassung widersprach. Die Regierung veröffentlichte deshalb das Konkordat erst mit der neuen Verfassung und als **Anhang zum Religionsedikt** vom 26. Mai **1818**, das die *Gleichberechtigung der drei christlichen Hauptkonfessionen* garantierte und die *staatliche Kirchenaufsicht* wieder in Kraft setzte. Da zahlreiche Geistliche daraufhin den Eid auf die Verfassung verweigerten und die Kurie auf Einhaltung des – an die dritte Stelle hinter Verfassung und Religionsedikt gerückten – Konkordats drängte, kam der Staat schließlich entgegen. In der »**Tegernseer Erklärung**« vom 15. September **1821** versicherte der König Max I. Joseph (1799–1825; bis 1806 Kurfürst), dass der Eid sich nur auf die bürgerlichen Verhältnisse beziehe, was die Widersprüche zwischen Religionsedikt und Konkordat freilich nur äußerlich überdeckte.

b) Königreich Preußen

Die Kirchenverhältnisse in Preußen, das seit Beginn des 19. Jahrhunderts eine *zu zwei Fünfteln katholische Bevölkerung* hatte, regelte nach längeren Verhandlungen die päpstliche **Bulle** »**De salute animarum**« von **1821**.

- Für die *östlichen* (teils deutsch-, teils polnischsprachigen) *katholischen Landesteile* **Schlesien, Posen, Westpreußen** und **Ermland** wurde das *Erzbistum Posen-Gnesen mit dem Suffraganbistum Kulm* sowie die *exemten Bistümer Breslau und Ermland* geschaffen,

> **Exemte Diözesen** (von lat. *eximere*: herausnehmen, ausgliedern) sind keiner Kirchenprovinz zugehörig, sondern direkt dem Hl. Stuhl unterstellt, deren Bischöfe somit keinem Metropoliten, sondern unmittelbar dem Papst untergeordnet.

- für die erst seit 1815 preußischen *Westprovinzen* **Rheinland** und **Westfalen** das *Erzbistum Köln mit den Suffraganen Trier, Münster und Paderborn.*

Wie in den anderen protestantisch regierten Ländern erhielten in Preußen die *Domkapitel* das *Bischofswahlrecht*, d. h. das Domkapitel stellte eine Kandidatenliste auf, aus der die Regierung »*personae minus gratae*« (lat.: minder genehme Personen) streichen konnte, und anschließend wählte das Kapitel aus den verbliebenen Kandidaten.

c) Königreich Hannover

Für das Königreich Hannover erging **1824** die **Bulle »Impensa Romanorum Pontificum**«, welche die **Bistümer Hildesheim und Osnabrück** den Landesgrenzen anpasste und, da der Staat die Einwirkung eines auswärtigen

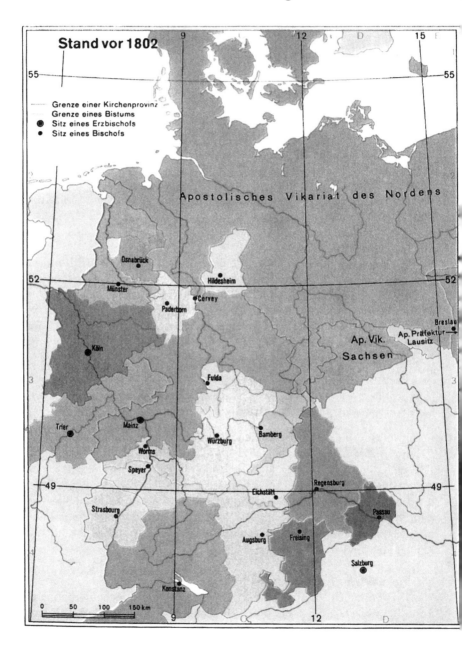

Stand vor 1802

Grenze einer Kirchenprovinz
Grenze eines Bistums
Sitz eines Erzbischofs
Sitz eines Bischofs

Apostolisches Vikariat des Nordens

Osnabrück
Münster
Paderborn
Cervey
Hildesheim

Köln

Ap. Vik.
Sachsen

Breslau
Ap. Präfektur
Lausitz

Fulda

Trier
Mainz
Worms
Speyer

Würzburg
Bamberg

Strasbourg

Eichstätt
Regensburg
Passau

Augsburg
Freising

Salzburg

Konstanz

0 50 100 150 km

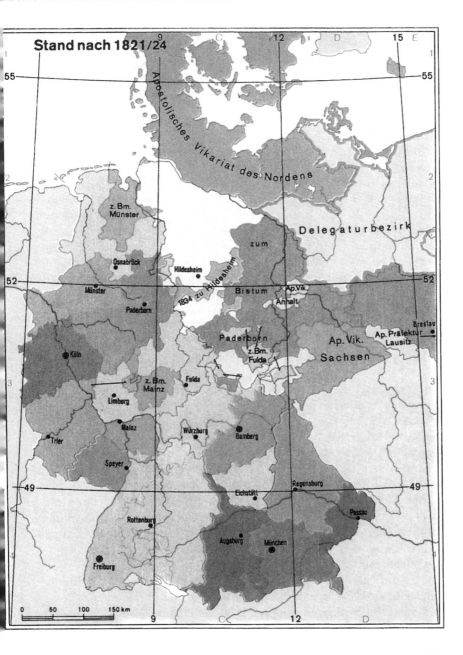

Erzbischofs verweigerte, **eximierte** (bis 1929 bzw. 1930; vgl. oben: *Exemte Diözesen* und unten C X 1).

d) Die Südweststaaten

Der vierte und schwierigste Partner bei der kirchlichen Neuorganisation war der Block der gemeinsam mit Rom verhandelnden südwestdeutschen Staaten. Hier kam es zunächst durch die **Bulle »Provida sollersque«** vom 16. August *1821* nur zur Umschreibung der **Oberrheinischen Kirchenprovinz** mit dem *Erzbistum Freiburg* und den Suffraganbistümern *Rottenburg, Mainz, Limburg und Fulda.*

Die Ausführung der Bulle machten die Regierungen von einem Kompromiss bei den Bistumsbesetzungen abhängig. Nach langwierigen Verhandlungen erreichten sie **1827** durch die **Bulle »Ad dominici gregis custodiam«** und das *Ergänzungsbreve »Re sacra«* eine für sie sehr günstige Kombination des preußischen und hannoveranischen Vetos, wonach die Domkapitel schon in ihre Listen nur Kandidaten aufnehmen durften, die dem Landesherrn genehm waren. Doch selbst damit begnügten sich die Regierungen nicht und erließen 1830 gleichlautende Verordnungen, welche ein geschlossenes System staatlicher Kirchenaufsicht einführten und trotz päpstlichen Protestes von den zuständigen Staatsbehörden konsequent angewendet wurden, was in der Folge zu immer neuen Konflikten führte.

4. Die Anfänge der katholischen Bewegung

Geschichtsmächtiger als die äußere Reorganisation auf der Basis **relativ schwacher Landeskirchen,** *die den Wünschen der deutschen Staaten entsprachen, aber auch das Papsttum stärkten,* war die **geistige Erneuerung der katholischen Kirche Deutschlands** im frühen 19. Jahrhundert, die von eigenständigen, von der »Amtskirche« weithin unabhängigen Kräften ausgegangen ist. Gemeinsam war diesen Kräften der *Wille zur Überwindung der radikalen Aufklärung* und der *Einfluss der Romantik*, die dem aufgeklärten Bemühen um Individuum, Vernunft und Fortschritt die *Aufwertung von Gemeinschaft, Gefühl und Tradition* entgegensetzte. Gegen die rationalistische Entleerung der Theologie und die weitgehende Unterwerfung der Kirche unter den Staat sollte durch Rückbesinnung auf Wesen und Geschichte der Kirche eine Alternative begründet werden.

Ging die katholische Bewegung in der ersten Hälfte des 19. Jahrhunderts von kleinen Zirkeln, den **Katholischen Kreisen,** aus (siehe unten C IX 4), so dominierte nach der Jahrhundertmitte das Phänomen des organisierten **Massenkatholizismus,** *getragen von Vereinen und Verbänden.*

VIII. Der Sieg des Ultramontanismus im Pontifikat Pius' IX. (1846–1878)

Bereits mit *Gregor XVI.* (1831–1846) hatte die scharfe, vom Geist autoritärer Defensive geprägte **Abgrenzung zwischen dem Katholizismus und den geistigen wie politischen Anliegen der modernen Welt** begonnen. Von diesem Papst an »*gab es eine kontinuierliche kirchenamtliche Ablehnung dessen, was Aufklärung und Revolution auf ihre Fahnen geschrieben hatten: Liberalität und Individualität, Gewissensfreiheit und freie Presse, Demokratisierung und Wandel überhaupt* standen unter dem Geruch des einem echten Glauben Abträglichen und von daher zu Verurteilenden und zu Bekämpfenden.*« (Joachim Schmiedl)

In theologischen und philosophischen Neuansätzen wurde **nicht oder nicht genügend zwischen Richtigem und Falschem unterschieden**; Lehren, die als gefährlich erschienen, hat man weitestgehend unterdrückt und ihre Autoren – sofern sie Professoren waren – mitsamt ihrer Anhängerschaft aus dem Lehramt verdrängt.

1. Revolution im Kirchenstaat des vermeintlich liberalen Papstes

Der neue, *als liberal geltende Papst* Pius IX. gab durch seine ersten Regierungsmaßnahmen und durch den wohlwollenden Umgang mit Angehörigen aller Parteien den in ihn gesetzten **Reformhoffnungen** Nahrung. Doch als unter dem Eindruck der von Frankreich nach Italien übergreifenden Märzrevolution 1848 der Regierungschef des Kirchenstaates, Graf Pellegrino Rossi, ermordet und Papst wie Kardinäle von Aufständischen bedroht wurden, *stand Pius vor den Trümmern seiner Politik.* Verkleidet floh er im Wagen des bayerischen Gesandten nach Gaeta, wo er 17 Monate unter dem Schutz des Königs von Neapel verblieb, während man in Rom die Republik ausrief.

Im Exil erfolgte eine **radikale Wandlung Pius' IX.**, die für die weiteren drei Jahrzehnte seines Pontifikats bestimmend wurde. **In allem kehrte er nun zum Kurs seines Vorgängers zurück; unerbittliche Abwehr des weltanschaulichen und politischen Liberalismus war fortan die Devise des Papstes.**

Pius IX., der erste Papst, von dem Fotos erhalten sind.

2. Konsequente Zentralisierung

Aus der extensiven Ausübung des Lehramtes durch den langregierenden Pius-Papst ist zunächst die **Definition der Unbefleckten Empfängnis Mariens** im Jahre **1854** hervorzuheben, wobei diese Lehre durchaus eine *lange Tradition* in der westlichen wie der östlichen Christenheit hatte.

> *»Kraft der Autorität unseres Herrn Jesus Christus, der seligen Apostel Petrus und Paulus und Unserer (eigenen) erklären, verkünden und definieren Wir, dass die Lehre, welche fest-hält, dass die **seligste Jungfrau Maria im ersten Augenblick ihrer Empfängnis ... von jeg-lichem Makel der Urschuld [= Erbsünde] unversehrt bewahrt** wurde, von Gott geoffen-bart und deshalb von allen Gläubigen fest und beständig zu glauben ist.«* (Bulle *»Ineffabilis Deus«*, DH 2800–2804, hier: 2803) **Es geht hier also um die Empfängnis Mariens durch ihre Mutter** [Anna, siehe oben C II 1 a], **nicht um die Empfängnis Jesu im Schoß der Jungfrau Maria!**

Das Dogma führte, besonders in den romanischen Ländern, zu einer **weiteren Steigerung der marianischen Frömmigkeit**, namentlich nach den aus *Lourdes* berichteten *Marienerscheinungen 1858.*

Für die kirchliche Entwicklung im 19. Jahrhundert war aber mindestens ebenso wichtig wie der Inhalt die **Form der Verkündigung dieses Dogmas: Der Papst allein definierte die neue Glaubenslehre.** Obwohl die Bischöfe 1849 befragt worden waren (und die meisten positiv geantwortet hatten), wies Pius IX. die Bitte einiger Oberhirten um Erwähnung ihrer Zustimmung ab; sie traten bei der feierlichen Definition als bloße Zuschauer auf. Damit wurde die **päpstliche Unfehlbarkeit demonstrativ praktiziert**, was denn auch von den *Ultramontanen* auf den Kanzeln und in der Presse nicht oft genug betont werden konnte.

> Unter dem Begriff »**Ultramontane**« verstand man jene katholischen Gläubigen, die von Norden her beständig auf das »*ultra montes*« (lat.: jenseits der Berge [= Alpen]) gelegene Rom blickten, um sich in Lehre und Praxis strikt am Papst auszurichten.

3. Der Kampf gegen den Liberalismus

Genau zehn Jahre nach dem Mariendogma von 1854, nämlich am 8. Dezember **1864**, dem Fest der Unbefleckten Empfängnis Mariens, erließ Pius IX. die **Enzyklika »Quanta cura«**, die in feierlichem Ernst **die modernen Irrtümer verurteilte**, so etwa den *Rationalismus*, den *Sozialismus*, **vor allem aber den modernen Fortschrittsglauben**, weil er die Laisierung aller Institutionen und die unbeschränkte Freiheit des Glaubens und der Presse propagiere (DH 2890–2896). Der Enzyklika beigefügt war der »**Syllabus**

Dem unter vollem Dampf von »Wissenschaft, Fortschritt und Zukunft« (ital. Aufschrift der Fahne) stehenden Zug stellt sich ein antiquierter, von einem Esel gezogener Karren in den Weg. Auf dem Karren, um den sich einige Schafe (Gläubige) scharen, sind eine Papstpuppe, die einen Stab mit dem Papstkreuz und eine Prozessionsfahne »Ökumenisches Konzil« in Händen hält, sowie Jesuiten zu sehen, daneben Telegraphenmasten und -leitungen – wie die Eisenbahn Symbol des (technischen) Fortschritts (Satirische Zeichnung von Giulio Gonin, 1868).

errorum«, ein »*Verzeichnis von achtzig der hauptsächlichsten Irrtümer unserer Zeit*«. U. a. wurde die **Forderung der Religions- und Meinungsfreiheit verworfen** und als letzte These diejenige, *dass der Papst sich mit dem Fortschritt, dem Liberalismus und der modernen Kultur versöhnen und anfreunden könne und solle* (DH 2901–2980).

In den Jahren nach dem heftig umstrittenen Syllabus und gestützt auf diesen **gewann die ultramontane Bewegung weiteres Terrain**. In Spanien, Italien, England und Irland hatte sie inzwischen die Mehrheit der Katholiken hinter sich gebracht. Vordringen konnte sie aber auch in Frankreich und in Deutschland, wo die **seit 1848 jährlich abgehaltenen Katholikentage** (seit 1950 alle zwei Jahre) von ihren Kräften beherrscht wurden.

Innerhalb der ultramontanen Bewegung kam es jetzt zu **regelrechten Exzessen**, gegen die Rom nicht eingeschritten ist. So z. B. dehnten führende ultramontane Publizisten die Unfehlbarkeit auf jede päpstliche Lehrverkündigung aus und bestritten den Theologen das Recht, ihren Inhalt zu diskutieren. Sehr weit ging man auch in der **Übertreibung des Papstkultes**:

Die offiziöse Halbmonatsschrift der Jesuiten »*Civiltà Cattolica*« meinte in einem Artikel, dass, *wenn der Papst meditiere, Gott selbst in ihm denke.* Und der Genfer Weihbischof Gaspard Mermillod wies in einer Predigt unmittelbar vor Eröffnung des I. Vatikanums eine **dreifache Inkarnation** (Menschwerdung) ***Christi auf: im Schoß der Jungfrau Maria, in der Eucharistie und im »Greis im Vatikan«.*** – Doch mit dem Stichwort »I. Vatikanum« schlagen wir ein neues Kapitel auf.

IX. Vom Ersten Vatikanum (1869/70) zur Modernismuskrise am Beginn des 20. Jahrhunderts

1. Der Verlauf des Ersten Vatikanischen Konzils

Von den rund 1050 katholischen Bischöfen nahmen 774, also etwa 3/4, an diesem Konzil teil. Sie kamen aus allen fünf Erdteilen, davon 40 aus Deutschland und Österreich-Ungarn.

a) Debatten über Primat und Unfehlbarkeit des Papstes
Anders als auf früheren Konzilien wurden die Parteiungen auf dem Ersten Vatikanum nicht durch nationale Gruppierungen, sondern durch den **Gegensatz zwischen Anhängern und Gegnern der päpstlichen Unfehlbarkeit, zwischen Infallibilisten und Anti-Infallibilisten** (lat. *infallibilis*: unfehlbar), bestimmt.

Die *Führer der Infallibilisten*, insbesondere der Erzbischof von Westminster, Henry Edward *Manning* (1865–1892; 1875 Kardinal), und der Bischof von Regensburg, Ignatius von *Senestrey* (1858–1906), verstanden es gleich zu Beginn des Konzils geschickt, die **Gegner des Unfehlbarkeitsdogmas zu benachteiligen**. Die sachliche Auseinandersetzung wurde dadurch erschwert, das Vertrauen auf die Freiheit des Konzils beeinträchtigt.

Durch ihren Erfolg ermutigt, setzten die Führer der Infallibilisten noch Ende Dezember 1869 eine **Petition** (Bittschrift) in Umlauf, welche die **Aufnahme der Unfehlbarkeitsdefinition ins Konzilsprogramm** forderte und im Laufe des Januar mehr als 450 Unterschriften erzielte. In einer **Gegenpetition** an den Papst konnte die Minorität immerhin 140 Stimmen zusammenbringen, **über die Pius sich aber hinwegsetzte**, indem er am 1. März 1870 die *Unfehlbarkeitsdefinition als Anhang zum 11. Kapitel (Primat) in die Konstitution »Über die Kirche«* einfügen ließ.

Die unnachgiebigen Führer der Majorität forderten nun die **möglichst baldige, den anderen Kapiteln der Kirchenkonstitution vorzuziehende Definition der Unfehlbarkeit**. Obwohl drei der fünf Konzilspräsidenten zögerten, stimmte Pius IX., der die Definition zweifellos selbst wünschte, diesem ungewöhnlichen Begehren alsbald zu.

> Als der Kardinal und Erzbischof von Bologna *Filippo Maria Guidi* OP (1863–1879) bei einer Unterredung mit **Pius IX.** am 18. Juni 1870 die Auffassung äußerte, der Papst müsse sich vor einer unfehlbaren Lehrentscheidung über die Tradition der Kirchen informieren und sich dafür u. a. auf Thomas von Aquin (siehe oben B VI 4) berief, verstieg sich Pius zu dem (gut verbürgten) Satz: »**La tradizione sono io!**« (ital.: Die Tradition bin ich).

So wurden die Kapitel 11 und 12 der Kirchenkonstitution bis zum 9. Mai 1870 zu einer **eigenen, vierteiligen Konstitution über den Papst** (*Pastor aeternus*) umgeschrieben, die in *Kapitel 1–3 die Einsetzung, die Fortdauer und den Umfang des päpstlichen Primats* sowie in *Kapitel 4 die Unfehlbarkeit* zum Gegenstand hatte.

b) Die dogmatische Konstitution »Dei Filius«

Bereits am 24. April 1870 war eine erste dogmatische Konstitution über den katholischen Glauben mit dem Titel »**Dei Filius**« angenommen worden (DH 3000–3045), die in klarer Form die *durch Materialismus, Pantheismus und Rationalismus in Frage gestellten Glaubenslehren* darlegte. Die Konstitution bekräftigte die katholischen Lehren

- von der *Existenz eines persönlichen Gottes*, der die Welt geschaffen hat und von ihr unabhängig ist
- von der *Erkennbarkeit mancher religiöser Wahrheiten, so der Existenz Gottes*, durch das Licht der natürlichen Vernunft
- von der *Notwendigkeit der in Schrift und Überlieferung enthaltenen Offenbarung für die Erkenntnis anderer religiöser Wahrheiten*
- von der *Scheidung der Bereiche von Glauben und Wissen*.

c) Die dogmatische Konstitution »Pastor aeternus«

Nach längerer Debatte (9.–14. Juni 1870) erhielt die Primatsdefinition (Kap. 3 von »*Pastor aeternus*«), **historisch gesehen die bei weitem wichtigste des Konzils**, ihre endgültige Form. Sie besagt in ihren zentralen Stellen,

- dass »*von allen Christgläubigen zu glauben ist, dass der heilige Apostolische Stuhl und der Römische Bischof den* **Primat** *[Vorrang]* **über den gesamten Erdkreis** *innehat …; ihm ist* **von unserem Herrn Jesus Christus im seligen Petrus die volle Gewalt übertragen worden, die gesamte Kirche zu weiden, zu leiten und zu lenken**« (DH 3059). »*Wir lehren demnach und erklären, … dass diese* **Jurisdiktionsgewalt** *[Rechtsprechungsprimat]* *des Römischen Bischofs ... unmittelbar ist*« (DH 3060). »*Daher **irren vom rechten Pfad der Wahrheit ab, die behaupten, man dürfe** von den Urteilen der Römischen Bischöfe **an ein ökumenisches Konzil als an eine gegenüber dem Römischen Bischof höhere Autorität Berufung einlegen.**« (DH 3063)

Die entscheidende Stelle der Unfehlbarkeitsdefinition (Kap. 4) lautet:

*   »*Wenn der römische Papst ›**ex cathedra**‹ spricht, das heißt, wenn er in Ausübung seines Amtes als Hirte und Lehrer aller Christen kraft seiner höchsten Apostolischen Autorität entscheidet, dass eine **Glaubens- oder Sittenlehre** von der gesamten Kirche festzuhalten ist, dann besitzt er mittels des ihm im seligen Petrus verheißenen göttlichen Beistands jene Unfehlbarkeit, mit der der göttliche Erlöser seine Kirche bei der Definition der Glaubens- und Sittenlehre ausgestattet sehen wollte; und daher sind solche Definitionen des Römischen Bischofs aus sich [**ex sese**], nicht aber aufgrund der Zustimmung der Kirche [**non autem ex consensu Ecclesiae**] unabänderlich [**irreformabiles**].*« (DH 3074)

Da der Schlusssatz die von den Minderheitsbischöfen geforderte obligatorische Mitwirkung der Gesamtkirche bei päpstlichen Lehrentscheidungen ausschloss, reisten die meisten Bischöfe der Minderheit vor der feierlichen Schlusssitzung am 18. Juli 1870 ab, um nicht dagegen stimmen zu müssen. Während dieser Sitzung ging ein 1½stündiges heftiges Gewitter nieder, so dass die Konzilsväter ihr »*Placet*« (hier: Ja) förmlich hinausschreien mussten. Als das Ergebnis der Abstimmung dem Papst überbracht wurde (533 Ja- und 2 Nein-Stimmen), war die Finsternis sogar so groß, dass Pius IX. nur mit Hilfe eines mächtigen Leuchters den Text der Bestätigungsworte verlesen konnte.

Dieses Unwetter gab schon in der Konzilsaula zu allerlei Kommentaren Anlass. Deuteten es einige *Gegner* als **Zeichen göttlichen Zorns gegen die Vergötzung eines Menschen**, so gab es *unter den Anhängern der Unfehlbarkeitserklärung gleich drei Deutungen*:

*   So sprachen die einen von einer **feierlichen Beerdigung des Gallikanismus** (französische, betont nationalkirchliche Form des katholischen Staatskirchentums; nach dem vierten der *Gallikanischen Artikel von 1682* werden päpstliche Glaubensentscheidungen erst durch die Zustimmung der Kirche unwiderruflich),
*   während die anderen darin das **letzte verzweifelte Aufbäumen der Mächte der Unterwelt** sahen, die vergeblich gegen den Felsen Petri wüten.
*   Am meisten jedoch machte folgender Spruch die Runde: »*Wir sind auf dem Sinai*«, denn – so schrieb wenig später die Jesuitenzeitschrift »*Stimmen aus Maria Laach*« (heute: *Stimmen der Zeit*) –, die päpstliche Unfehlbarkeit sei »*wie das Gesetz auf dem Sinai* **buchstäblich unter Blitz und Donner verkündet**« worden.

2. Das Ergebnis des Konzils – Annahme und Widerspruch

Bereits einen Tag nach der Bestätigung der Konstitution »Pastor aeternus«, also **am 19. Juli 1870, brach der** schon länger absehbare **Deutsch-Französische Krieg aus.** Zwei Monate später, **am 20. September, besetzten piemontesische Truppen die Stadt Rom und beseitigten damit den Rest des Kirchenstaates.** Von nun an betrachtete sich **Pius IX.** als der »**Gefangene im Vatikan**«. An eine Wiederaufnahme des Konzils war vorläufig nicht zu denken; der Papst hat es »*sine die*« (lat.: ohne Tag, d. h. auf unbestimmte Zeit) vertagt; formell geschlossen ist es bis heute nicht.

In der katholischen Welt wurden die Entscheidungen des Konzils **bejahend** und teilweise mit großer Begeisterung aufgenommen, so vor allem in **England, Irland und Belgien**; selbst in **Frankreich**, wo die Auseinandersetzung vor und während des Konzils die höchsten Wellen geschlagen hatte, erhob sich keine Opposition. **Nicht so reibungslos verlief indes die Annahme der Konzilsentscheidungen im deutschen Sprachgebiet.** In einem Hirtenbrief vom 30. August 1870 erklärte die Fuldaer Bischofskonferenz (allerdings nur mit 9 von 21 Diözesanbischöfen): »*Das Unfehlbare Lehramt der Kirche hat entschieden, der Heilige Geist hat durch den Stellvertreter Christi und den mit ihm vereinigten Episkopat gesprochen, und daher müssen alle, die Bischöfe, Priester und Gläubigen, diese Entscheidungen als göttlich geoffenbarte Wahrheiten mit festem Glauben annehmen.*« **Die erdrückende Mehrheit folgte dieser Aufforderung, auch die Bischöfe der Minorität,** wenngleich oft erst nach langem innerem Ringen (so Heinrich *Förster* [Breslau] oder Carl Joseph von *Hefele* [Rottenburg]).

Ein Teil der Intellektuellen beugte sich nicht; ihr Führer war der bedeutende Münchner Kirchenhistoriker **Ignaz von Döllinger** (1799–1890), der das Konzil unter den Pseudonymen »*Janus*« und »*Quirinus*« publizistisch bekämpft hatte und *seinen Beschlüssen aus Gewissensgründen die Zustimmung versagte* (*Vorwurf der Nicht-Ökumenizität des Konzils* aufgrund mangelnder Freiheit, parteiischer Geschäftsordnung und fehlender Einmütigkeit der Konzilsväter in Glaubensaussagen).

Ignaz von Döllinger, 1826–1890 Professor für Kirchengeschichte und Kirchenrecht an der Universität München, deren Rektor er 1844/45, 1866/67 und 1871/72 (ungeachtet seiner Exkommunikation!) war.

Als der Münchner Erzbischof *Gregor von Scherr* in die bayerische Hauptstadt zurückkehrte, sagte er beim Empfang auf dem Bahnhof zu Döllinger: *»Gehen wir an die Arbeit!«* Döllinger entgegnete: *»... für die alte Kirche!«* Der Erzbischof: *»Es gibt nur eine Kirche.«* Döllinger: *»Man hat eine neue geschaffen!«*

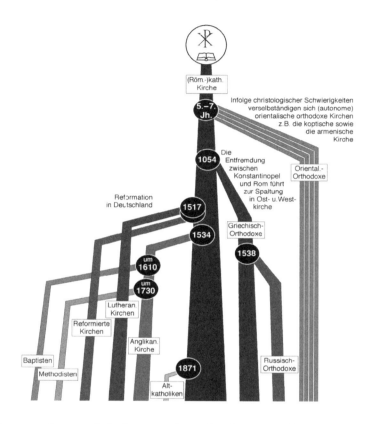

»Kirchenstammbaum« mit der letzten größeren Abspaltung, den Altkatholiken *(derzeit etwa 250.000 Mitglieder, davon ca. 75.000 in Europa und 15.000 in Deutschland)*

Döllinger wurde, da er trotz wiederholter Aufforderung durch den Erzbischof die Unterwerfung ablehnte, im April 1871 exkommuniziert. Seine Anhänger schlossen sich zur (bis heute bestehenden) **altkatholischen Kirche** zusammen und wählten 1873 in Köln den ehemaligen Breslauer Theologieprofessor Joseph Hubert *Reinkens* zu ihrem Bischof. Döllinger trat den Altkatholiken jedoch nicht bei.

3. Der Kulturkampf

Die eigentliche Wurzel der sich seit dem Erlass des Syllabus (1864) zunehmend deutlicher abzeichnenden und sich durch das Unfehlbarkeitsdogma zuspitzenden Kulturkampfsituation war der **ideologische Gegensatz zwischen der ultramontan verfestigten katholischen Kirche und dem das geistige und politische Leben bestimmenden Liberalismus** (vgl. oben C VIII 3). Mehr und mehr zeigte sich, dass die politische Konzeption der Liberalen weltanschaulich bestimmt war, weswegen sie eine Bindung an überzeitliche Normen und religiöse Autoritäten weitgehend ablehnten und in der Infallibilitätsdefinition einen papalistischen Herrschaftsanspruch über die staatliche Autorität erblickten.

> Insbesondere befürchtete man eine *häufige* Inanspruchnahme der päpstlichen Unfehlbarkeit. Tatsächlich war dies bis heute nur ein einziges Mal der Fall, als Papst Pius XII. **1950** das **Dogma von der leiblichen Aufnahme Mariens in den Himmel** verkündete.

Auslösende Momente des Kulturkampfes waren

- die **Situation altkatholisch gewordener Priester und Staatsbeamter** (v. a. Professoren und Lehrer), denen die katholische Kirche die Amtsausübung untersagte, die Lehrbefugnis entzog und sie z.T. exkommunizierte und

- die **Gründung der katholischen Zentrumspartei** im Jahre 1870, in der Reichskanzler Otto von Bismarck (1871–1890) eine Ansammlung von Reichsfeinden und einen »Vorposten« des eigentlichen »Heeres hinter den Alpen« (Papst und Kurie) sah.

Der schwere Konflikt hat in den einzelnen deutschen Ländern einen unterschiedlichen Verlauf genommen. Dabei ist der Kulturkampf keineswegs eine spezifisch preußische oder deutsche, sondern eine **gesamteuropäische Erscheinung**. *Nirgends* in Europa wurde jedoch der Kampf zwischen Staat und Kirche *mit solcher Härte* ausgetragen *wie im* 1871 gegründeten *deutschen Nationalstaat* (2. Deutsches Reich) *und* hier wiederum *in Preußen*.

Kampfmaßnahmen waren *im Reich* die Gesetze über den **Kanzelmissbrauch** (1871, verschärft 1876),

> Der sog. **Kanzelparagraph** verbot Geistlichen, in Ausübung ihres Amtes Angelegenheiten des Staates »in einer den öffentlichen Frieden gefährdenden Weise« zu erörtern. Der im Dritten Reich massiv missbrauchte Paragraph wurde 1953 aufgehoben.

die **Ausweisung der** als Vorkämpfer des Ultramontanismus verdächtigten **Jesuiten** und »verwandter« Orden (1872, bis 1917; beide Gesetze auf Antrag Bayerns, das sich mit einem »*schleichenden Kulturkampf*« begnügte) und

Imaginäres Schachspiel zwischen Bismarck und Pius IX. Während sich der deutsche Reichskanzler v. a. durch Gesetze (»Klostergesetz« von 1875, paragraphenförmige Schachfiguren) und die Presse (Tintenfass) Vorteile zu verschaffen sucht und bereits einige Bischöfe »internirt« hat, setzt der Papst auf Syllabus, Enzyklika und Interdikt (strafweise Vorenthaltung geistlicher Güter) (Karikatur aus der satirischen Zeitschrift »Kladderadatsch« von 1875).

die **Einführung der Zivilehe** (1875, bis heute obligatorisch), *in Preußen* die **Einführung der staatlichen Schulaufsicht** (1872, bis heute), der **Abbruch der diplomatischen Beziehungen zum Vatikan** (bis 1882) und *Bismarcks Reichstagsrede vom 14. Mai 1872* (»*Nach Canossa gehen wir nicht – weder körperlich noch geistig*«; vgl. oben B IV 3 b).

Nachdem man bereits 1872 Bischof *Philipp Krementz* von Ermland (1867–1885, anschließend Erzbischof von Köln), der sehr scharf gegen altkatholisch gewordene Priester eingeschritten war, die Bezüge gesperrt hatte, **ging der preußische Staat** in den folgenden Jahren mit der Einstellung aller Geldleistungen (**Brotkorbgesetz**, 1875), der **Ausweisung aller nicht der Krankenpflege dienenden Orden** (**Klostergesetz,** 1875), mit **Geld- und Gefängnisstrafen** (*1874/75 waren von elf preußischen Bischöfen fünf inhaftiert*) und mit **Amtsenthebungen gegen den katholischen Klerus vor**. 1878 waren acht Bistümer und etwa 1200 Pfarreien vakant, die meisten kirchlichen Behörden und alle Seminare und Konvikte geschlossen. Den Höhepunkt im preußischen Kulturkampf bildeten **1873** die vier (von Pius IX. 1875 für ungültig erklärten) »**Maigesetze**«, die *der Kirche ein geschlossenes System staatlicher Kontrolle auferlegten* (Einschränkung der kirchlichen Disziplinargewalt, Ermöglichung der Ausweisung von Geistlichen, Erleichterung des Kirchenaustritts) und durch die sich der Konflikt zum offenen Kirchenkampf ausweitete.

Die Auseinandersetzung *weckte aber unerwartete geistige und publizistische Gegenkräfte* (zwischen 1870 und 1885 verdoppelte sich die Zahl der katholischen Presseorgane). **Die Katholiken und die von ihnen getragene Zentrumspartei widerstanden geschlossen dem Anspruch staatlicher Omnipotenz.**

Die **eigentlichen Ziele der Kulturkämpfer**, nämlich
- die **Schaffung einer romfreien Nationalkirche** und
- die **Zerschlagung des Zentrums**,

blieben unerreichbar. So erwies sich der seit 1876 stagnierende und **1887 beendete Kulturkampf neben der Sozialistenverfolgung als schwerster innenpolitischer Fehler Bismarcks.** Die Kampf- und Ausnahmegesetze verzögerten die Integration der Katholiken in den Nationalstaat und vollendeten ihre Abdrängung in ein geistiges und organisatorisches Ghetto. Als Fazit bleibt: **Die katholische Kirche litt und der Staat gewann wenig.**

4. Kirche und Soziale Frage

Zu Beginn des 19. Jahrhunderts waren aufgrund der Säkularisation die **traditionellen Fürsorgeeinrichtungen der katholischen Kirche weithin niedergebrochen,** durch umwälzende Entwicklungen in Wirtschaft und Gesellschaft aber andererseits **neue,** sich in den folgenden Jahrzehnten immer weiter verbreitende **Nöte entstanden:**

Die Umwälzung in Wirtschaft und Gesellschaft nach 1800 und ihre Folgen

- **Industrielle Revolution** (Beginn des Zeitalters der Maschine; 1835 erste Eisenbahn zwischen Nürnberg und Fürth)
- **Auswüchse des kapitalistischen Wirtschaftssystems** (miserable, ungesunde Arbeitsbedingungen, harte Kinderarbeit, niedere Löhne, Konkurrenzdruck)
- **Auflösung traditioneller patriarchalischer Ordnungen** (Zerbrechen der Großfamilie als Solidargemeinschaft bei Krankheit, Unfall und hohem Alter, Ende der Grundherrschaft, Verstädterung)
- **Bevölkerungsexplosion** durch steigende Bodenerträge und Fortschritte der Medizin und Hygiene (1780: 21 Mio., um 1816: 24 Mio., aber um 1850: 35 Mio. Bewohner des späteren Deutschen Reiches)

- → **Massenarbeitslosigkeit**; Ruinierung breiter Volksschichten, die bis dahin von Handarbeit lebten
- → **Massenverarmung** (*Pauperismus*), Unterernährung
- → **Auswanderungsbewegung** (1815–1835: über 400 000, 50er Jahre: 1,1 Mio. Personen)

Eine erste Reaktion auf die veränderte Situation waren meist kleine und in Privatinitiative gegründete, aber weithin ausstrahlende **Katholische Kreise** von Gelehrten, Künstlern, Dichtern und Politikern mit z. T. ausgeprägter karitativer Tätigkeit (z. B. der *Münsteraner Kreis* um die Fürstin Amalia von Gallitzin), darunter auch dezidierte *Caritaskreise* (Koblenz, Aachen, Paderborn), die sich durch Lebensmittelsammlungen, Spendenaufrufe, Einrichtung von Suppenküchen sowie in der Kranken- und Armenpflege Ver-

Schweißtreibender Arbeitseinsatz von Kindern in niedrigen Bergwerksstollen (Stich aus dem 19. Jh.)

dienste erwarben. Überdies waren die kommunalen Armenpflegschaftsräte meist auf die Mitwirkung der Pfarrgeistlichkeit angewiesen, weil nur der örtliche Klerus über eine genaue Kenntnis der lokalen Verhältnisse verfügte.

Der vor allem seit den dreißiger Jahren aufbrechende »**Caritasfrühling**« brachte sodann zahlreiche neue und wiedergegründete **Frauenkongregationen** *mit sozialem oder karitativem Arbeitsfeld* hervor (z. B. *Barmherzige Schwestern vom hl. Vinzenz von Paul, Arme Schulschwestern*), **Anstalten** in katholischer Trägerschaft (Behinderteneinrichtungen, Hospitäler [1850: 43, 1870: etwa 300 im Deutschen Reich]) sowie namentlich seit der Märzrevolution 1848 (Vereinigungsfreiheit!) viele, oft von Laien getragene **Vereine** (z. B. *Vinzenz- und Elisabeth[en]vereine, Abstinenzvereine, Mädchenschutzvereine*). Zur besseren Koordination rief der erzbischöfliche Sekretär *Dr. Lorenz Werthmann* (1858–1921) **1897** in Freiburg i. Br. den »Caritasverband für das Katholische Deutschland« (ab 1918 **Deutscher Caritasverband**; Hauptaufgaben: *Organisation, Schulung und Publikation*) ins Leben, dem die Gründung vieler Orts- und Diözesancaritasverbände folgte.

»Es ist heute weithin üblich, über die ›bloß karitative Antwort‹ kirchlicher Kreise auf die soziale Frage die Nase zu rümpfen. Damit tut man nicht nur all jenen Unrecht, die damals Übermenschliches unter Einsatz ihrer bescheidenen Kräfte leisteten, auch wenn es nur ein Tropfen auf einen heißen Stein war; man übersieht vor allem, welch ungeheure Leistung allein schon der Aufbau kirchlicher caritativer Werke im 19. Jahrhundert darstellt. Denn man musste vom Nullpunkt ausgehen.« (Klaus Schatz) Nur ganz wenige Katholiken wie der Ingenieur und Philosoph **Franz von Baader** (1765–1841; 1834 Einführung des Begriffs »*Proletair*« [Proletarier] in die deutsche Sprache) oder der Jurist und Politiker **Franz-Joseph Ritter von Buß** (1837 erste sozialpolitische Rede [*Fabrikrede*] in einem deutschen Parlament) erkannten dagegen, dass die **Soziale Frage ein grundlegendes Problem der gesellschaftlichen Strukturen und der gerechten Ordnung** war.

Ein wichtiger Grund dafür, dass derartige Vorstöße wirkungslos verhallten, war das **weitverbreitete Misstrauen katholischer Kreise gegen Staat und Staatsintervention.** *»Nicht vom Staat, sondern von Kirche und christlicher Nächstenliebe erwartete man die Lösung der sozialen Frage. Die Wurzel dieses Misstrauens gegenüber dem Staat ist ... die geschichtliche Erfahrung, dass der Staat in der Säkularisation die Sozialeinrichtungen der Kirche zerstört und zur Entwurzelung der Unterschichten und zum sozialen Elend beigetragen hatte. Die Kirche, nicht der Staat hatte vorher sozialer Not abgeholfen. Wenn der Staat etwas in sozialer Hinsicht tun konnte, dann dies: der Kirche wieder volle Freiheit geben, damit sie durch ihre Klöster und durch freie Wohltätigkeit ungehindert soziale Not lindern konnte! Dies blieb lange Jahrzehnte hindurch die vorherrschende Haltung«* (Klaus Schatz).

Des Weiteren spielte eine Rolle, dass der *katholische Bevölkerungsteil eher abseits der industriellen Zentren* lebte und dass er den in Aufklärung und Französischer Revolution aufbrechenden *Mündigkeits- und Emanzipationsanspruch der Moderne*, wie er in den *»Menschenrechten«* zum Ausdruck kam, *nur in geringem Maße rezipiert* hatte. Damit war ein **Denken** vorgegeben, das sich vorzugsweise **in den Kategorien von Liebe, freier Mildtätigkeit und Mitleid** bewegte und nicht in den Kategorien von Recht, Anspruch und Forderung. Noch zur Zeit Pius' X. (1903–1914), also zu Beginn des 20. Jahrhunderts, vermieden es manche konservativen Kreise in der katholischen Kirche, von »sozialer Gerechtigkeit« zu sprechen, weil dadurch die »freie Barmherzigkeit« keinen Raum mehr habe.

»Arbeiterbischof« Wilhelm Emmanuel Freiherr von Ketteler. Bereits als Kaplan in Beckum und als »Bauernpastor« in Hopsten (Westfalen) wurde er mit den sozialen Nöten der Bevölkerung konfrontiert.

Selbst der Mainzer Bischof **Wilhelm Emmanuel Freiherr von Ketteler** (1850–1877), *der einzige deutsche Oberhirte, der von sich aus auf sozial-karitativem Gebiet initiativ wurde*, stieß erst Ende der sechziger Jahre des 19. Jahrhunderts, also am Vorabend des Kulturkampfes, zu einem neuen Umgang mit der Sozialen Frage vor, indem er *»die Zähmung des Kapitalismus durch Zusammenschlüsse und Interessendurchsetzung der Arbeiter und durch gesetzliche Intervention des Staates in die Arbeitsverhältnisse«* forderte (Karl Gabriel).

Die erstgenannte Forderung nahm nach einer heftigen Auseinandersetzung im **Gewerkschaftsstreit** (*1900–1914*) in der christlichen Gewerkschaftsbewegung Gestalt an. Bereits **1890** war der **»Volksverein für das katholische Deutschland«** (1914: über 800 000 Mitglieder, darunter immerhin fast 42 000 Frauen) entstanden, der *soziale Bildungsarbeit für weiteste Kreise* leistete und *wesentlich dazu beitrug, die deutschen Katholiken aus der sozialen, wirtschaftlichen und politischen Ghetto-Mentalität herauszuführen und sie zu positiver Mitarbeit im Staat zu erziehen*. Dies bahnte zugleich den Weg, die neuzeitliche Entwicklung nicht länger als bloße Bedrohung zu empfinden, sondern zu akzeptieren und ihr auch positive Seiten abzugewinnen.

1891 erließ *Leo XIII.* (1878–1903) mit **»Rerum novarum«** die *erste päpstliche Sozialenzyklika*, in der er die Lage der Arbeiterschaft zu Recht als *»sklavenähnliches Joch«* bezeichnete und die sozialistische Lösung der Arbeiterfrage kategorisch ablehnte. Stattdessen empfahl Leo als Heilmittel eine *staatliche Sozialpolitik,* die *Selbsthilfe der Arbeiter* und die *unverzichtbare Mitarbeit der Kirche* innerhalb des kapitalistischen Systems. Obgleich diese Sozialenzyklika das **Fundament der modernen katholischen Soziallehre** bildet, bleibt dennoch die bittere Feststellung, dass sie *Jahrzehnte zu spät* kam, da die Masse der Arbeiter der Kirche zwischenzeitlich längst den Rücken gekehrt und sich den wirksameren marxistischen Verbänden zugewandt hatte.

LIT Erwin Gatz (Hg.), Caritas und soziale Dienste (= Geschichte des kirchlichen Lebens in den deutschsprachigen Ländern seit dem Ende des 18. Jahrhunderts – Die katholische Kirche – V). Freiburg i. Br. u. a. 1997.
Herbert Gottwald, Rerum Novarum. Das soziale Gewissen des Heiligen Stuhls, Berlin 1994.

5. Die innerkirchlichen Auseinandersetzungen um Reformkatholizismus und »Modernismus«

a) Reformanliegen, Hauptvertreter und kirchliche Reaktion

Der »*Reformkatholizismus*« der Jahrhundertwende ist ein *Sammelbegriff* für eine Reihe durchaus nicht einheitlicher Tendenzen vornehmlich im deutschen Katholizismus. **Gemeinsam ist seinen Vertretern** neben dem allgemeinen Drang »*Heraus aus dem Ghetto*« (bzw. »*Heraus aus dem Turm*«)

- eine sehr starke **Überzeugung von der Reformbedürftigkeit der Kirche,**
- die **Verbindung mit innerkirchlichen Freiheitstendenzen**, wie sie schon zur Zeit des Ersten Vatikanums zu finden sind, und
- ein **dynamischeres, offeneres Verständnis des Katholischen.** Sie lebten aus der Überzeugung, dass das Wesen der katholischen Kirche nicht identisch ist mit der zeitbedingten, nachtridentinischen und nachrevolutionären Ausprägung, sondern größer und weiter.

Die satirische Zeitschrift »Der wahre Jakob« kolportierte 1911, dass papsttreue deutsche Katholiken Pius X. obiges Denkmal für den Petersplatz in Rom stiften wollen.

Dabei blieb diese Bewegung auf verhältnismäßig schmale akademische Kreise beschränkt. Ihre angesehensten Vorkämpfer waren die Kirchenhistoriker *Franz Xaver Kraus* (Freiburg, 1840–1901) und *Albert Ehrhard* (Wien, Straßburg, Bonn, 1860–1940) sowie der Apologet *Herman Schell* (Würzburg, 1850–1906).

Diese und andere **Verfechter einer verantwortungsbewussten zeitgemäßen Erneuerung der Kirche wurden von ihren Gegnern als »Modernisten« gescholten und schlimmer Häresie verdächtigt,** hatte doch *Pius X.* (1903–1914) in seiner **Enzyklika »Pascendi (dominici gregis)« (1907)** versucht, den *Modernismus als einheitliches und in sich geschlossenes System* zu umschreiben. Tatsächlich handelte es sich hier aber um eine **idealtypische und daher unzutreffende Beschreibung von Gefahren in dogmatischen Systembegriffen,** wie sie sich aus der Sicht des damaligen päpstlichen Lehramtes darstellten.

b) Höhepunkt und Ende

Die antimodernistische Kampagne führte seit 1907 zu einem zunehmend vergifteteren **Klima der Angst unten** und **des Misstrauens oben,** sie führte zu *Absetzungen, Indizierungen* und noch zahlreicheren *Verdächtigungen,* selbst gegenüber Männern, deren Kirchlichkeit über jeden Zweifel erhaben war.

> *»Rom hat die allerfeinste Nase: / Wer winselnd nicht am Boden kriecht,*
> *Entwickelt ketzerische Gase, / Bis er zuletzt nach Freiheit riecht.«*
> (Auszug aus einem Gedicht von Edgar Steiger in der satirischen Zeitschrift »Simplicissimus« von 1908)

Pius X. hegte die Überzeugung, er habe es mit einer *gefährlichen Verschwörung* zu tun; der Modernismus sei zwar in offener Feldschlacht geschlagen, setze jedoch seine Zerstörungsarbeit im Untergrund fort. Eine besonders spektakuläre Maßnahme war in diesem Zusammenhang der **1910** vorgeschriebene und erst 1967 abgeschaffte **Antimodernisteneid** (DH 3537–3550). Er musste von allen Theologiestudenten vor Empfang der höheren Weihen und von allen in der Seelsorge stehenden Geistlichen abgelegt werden. Über ein halbes Jahrhundert hin wurden somit viele Hunderttausende von Priesterstudenten und Priestern von ihrer Kirchenleitung gezwungen, Irrtümer zu verwerfen, die sie nie vertreten haben.

Pius' Nachfolger *Benedikt XV.* (1914–1922) *machte der Ketzerriecherei rasch ein Ende*; **die Anliegen des Reformkatholizismus blieben aber virulent** und wurden vom II. Vatikanum wieder und jetzt positiv aufgegriffen.

LIT Claus Arnold, Kleine Geschichte des Modernismus, Freiburg i. Br. 2007.

X. Die katholische Kirche nach dem Ersten Weltkrieg (1914–1918) und unter dem Nationalsozialismus

1. Zur Konkordatspolitik der Zwischenkriegszeit

Der Pontifikat *Pius' XI.* (1922–1939), d. h. die Zeit zwischen den Weltkriegen, war eine klassische **Zeit der Konkordate**, so *1924 mit Bayern, 1929 mit Preußen, 1932 mit Baden und 1933* – bereits unter Hitler – *mit dem Reich* (zum Reichskonkordat siehe unten C X 2 a). Mit Ausnahme Bayerns, wo die bisherige Diözeseneinteilung (bis heute) bestehen blieb (siehe oben C V 3 a), erfuhr die **kirchliche Organisation** durch die genannten Länderkonkordate **bedeutsame Veränderungen**. In Preußen wurden *Paderborn und Breslau* zu *Erzbistümern* erhoben. Fortan gab es die Kirchenprovinzen bzw. Erzbistümer:

- **Köln** mit den Suffraganbistümern *Aachen* (1930 neu errichtet), *Limburg, Münster, Osnabrück* (1995 zum 1994 gegründeten *Erzbistum Hamburg)* und *Trier* sowie seit 1958 das Ruhrbistum *Essen;*
- **Paderborn** mit *Fulda* und *Hildesheim* (1995 zum Erzbistum Hamburg) sowie seit 1994 *Erfurt* und *Magdeburg;*
- **Breslau** (bis 1945) mit *Berlin* (1930 neu errichtet; seit 1994 *Erzbistum* mit den Suffraganen *Dresden-Meißen* und *Görlitz), Ermland* und der *Freien Prälatur Schneidemühl* (nur von 1930–1945);
- **Freiburg** (Oberrheinische Kirchenprovinz) nur mehr mit den Suffraganbistümern Mainz und Rottenburg (seit 1978: Rottenburg-Stuttgart).

Der größte Erfolg unter Pius XI. war die *definitive Bereinigung der »Römischen Frage«*, d. h. des Konfliktes mit dem italienischen Staat, vor allem um die **Wiederherstellung des Kirchenstaates**. Sie erfolgte **1929** durch die **»Lateranverträge«** zwischen dem *Vatikan* und dem Italien des faschistischen Diktators *Benito Mussolini* (1924–1943), durch der der Vatikan die *völkerrechtliche Souveränität aufgrund eines minimalen Territoriums* (0,44 Quadratkilometer) erhielt und dazu eine *finanzielle Entschädigung* (1,75 Milliarden Lire) für die 1870 erlittenen Verluste.

2. Die katholische Kirche Deutschlands im NS-Staat

Weite Teile der katholischen Bevölkerung standen der Weimarer Republik (1918–1933) **sehr distanziert gegenüber** und legten wirtschaftliche und

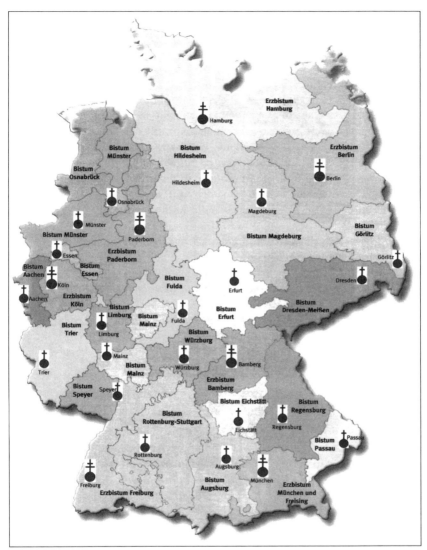

Die deutschen Erzbistümer und Bistümer in der Gegenwart. Die Grundstruktur der kirchlichen Organisation wurde durch die im Pontifikat Pius' XI. geschlossenen Länderkonkordate geschaffen (in Bayern blieb die durch das Konkordat von 1817 vorgenommene Einteilung bestehen).

politische Schwierigkeiten der parlamentarischen Demokratie zur Last. Trotz der schlimmen Erfahrungen zur Zeit des Kulturkampfes (siehe oben C IX 3) sehnten sich viele Katholiken nach dem Kaiserreich zurück und erhofften sich von einem starken Monarchen Besserung. *Die zunächst nur mäßig erfolgreiche nationalsozialistische Bewegung ignorierte die Kirche bis 1930 weithin.* Als jedoch bei der Reichstagswahl dieses Jahres der Anteil der Nationalsozialisten an den Wählerstimmen auf 18,3 % anstieg und ihnen 107 Reichstagssitze bescherte, sahen sich sowohl der *Vorsitzende der Ful-daer Bischofskonferenz* (ab 1920), der *Breslauer Erzbischof* **Adolf Kardinal Bertram** (1914–1945), *als auch die einzelnen bischöflichen Gremien zu öffentlichen Stellungnahmen gezwungen*, in denen es die deutschen Oberhirten zwar ausdrücklich ablehnten, sich »*mit den staatspolitischen Zielen des Nationalsozialismus zu befassen*«, die Katholiken aber vor dem Nationalsozialismus warnten, »*solange und soweit er kulturpolitische Auffassungen kundgibt, die mit der katholischen Lehre nicht vereinbar sind*«.
Im Einzelnen wiesen die Bischöfe u. a.
- das »*recht inhaltsarme*« Bekenntnis zum »positiven« Christentum,
- die Leitung durch das »*Sittlichkeits- und Moralgefühl der germanischen Rasse*« und
- die nationalsozialistischen Auffassungen über Kirche und Staat, Schule und Staat sowie Religion und Rasse

als »*schief und falsch*«, ja »*zum Teil als dem Christentum entgegengesetzt*« zurück. **Bei dieser ablehnenden Haltung blieb es bis 1933.**

a) Das Schicksalsjahr 1933

Um die Zustimmung der katholischen Zentrumspartei zum *Ermächtigungsgesetz* zu erhalten, das grundlegende Prinzipien der Demokratie und des Rechtsstaates außer Kraft setzte, **machte** der Reichskanzler und »Führer« **Adolf Hitler in seiner Regierungserklärung vom 23. März 1933 den Kirchen weitreichende Konzessionen:** »*Die nationale Regierung sieht in den beiden christlichen Konfessionen wichtigste Faktoren der Erhaltung unseres Volkstums. Sie wird die zwischen ihnen und den Ländern abgeschlossenen Verträge respektieren; **ihre Rechte sollen nicht angetastet werden.** Sie erwartet aber und hofft, dass die Arbeit an der nationalen und sittlichen Erhebung unseres Volkes, die sich die Regierung zur Aufgabe gestellt hat, umgekehrt die gleiche Würdigung erfährt … Die nationale Regierung wird in Schule und Erziehung den christlichen Konfessionen den ihnen zukommenden Einfluss einräumen und sicherstellen* [Dieser Satz fehlt bezeichnenderweise in fast allen Presseberichten und Veröffentlichungen des Jahres 1933]. *Ihre Sorge gilt dem aufrichtigen Zusammenleben zwischen Kirche und Staat … Ebenso legt die Reichsregierung, **die im Christentum die*** *unerschütterlichen Fundamente des sittlichen und moralischen Lebens unseres Volkes sieht*, den größten Wert darauf, die freundschaftlichen Beziehungen zum Heiligen Stuhle weiter zu pflegen und auszugestalten.«

Das Zentrum stimmte schließlich am selben Tag – im Gegensatz zur SPD – dem Ermächtigungsgesetz zu; die meisten Abgeordneten glaubten, sich dadurch einen begrenzten politischen Einfluss erhalten zu können. Da Hitler eine Beteiligung an der Regierungsarbeit nicht zuließ und seine Zusicherungen die Partei überflüssig zu machen schienen, **löste sich das Zentrum Anfang Juli 1933 selbst auf**, um der bevorstehenden Zerschlagung zuvorzukommen. Fünf Tage nach Hitlers Regierungserklärung **nahmen die deutschen Bischöfe** in einer hastig vorbereiteten und zuletzt von Bertram allein verantworteten Erklärung **ihre Warnungen vor dem Nationalsozialismus zurück** (*28. März 1933*): »*Es ist nunmehr anzuerkennen, dass von dem höchsten Vertreter der Reichsregierung, der zugleich autoritärer Führer jener Bewegung ist, öffentlich und feierlich Erklärungen gegeben sind, durch die der Unverletzlichkeit der katholischen Glaubenslehre und den unveränderlichen Aufgaben und Rechten der Kirche Rechnung getragen, sowie die vollinhaltliche Geltung der von den einzelnen deutschen Ländern mit der Kirche abgeschlossenen Staatsverträge durch die Reichsregierung ausdrücklich zugesichert wird. Ohne die in unseren früheren Maßnahmen liegende Verurteilung bestimmter religiös-sittlicher Irrtümer aufzuheben, glaubt daher der Episkopat das Vertrauen hegen zu können, dass die … allgemeinen Verbote und Warnungen nicht mehr als notwendig betrachtet zu werden brauchen*.«

Die nationale Euphorie hatte auch einen Großteil der deutschen Bischöfe erfasst, zumal sie im Nationalsozialismus einen Bundesgenossen im Kampf gegen den gottlosen Bolschewismus, gegen »*die weit um sich greifende Unsittlichkeit*« und andere Gefahren sahen. **Ungeachtet der schwerwiegenden Bedenken des Bischofs von Eichstätt** (ab 1935 von Berlin), **Konrad Graf von Preysing**, legten sie **im Hirtenbrief vom 8. Juni 1933 ein weitgehendes Bekenntnis zum neuen Staat ab**. Erzbischof *Conrad Gröber* von Freiburg verkündete im Oktober des Jahres gar in öffentlicher Rede, er stelle sich »*restlos hinter die neue Regierung und das neue Reich*«. Hitlers Bereitschaft, in einem Vertrag mit der Kir-

Konrad Graf von Preysing (1880–1950), fast für die ganze Dauer des Dritten Reiches Bischof der Reichshauptstadt Berlin, 1946 Kardinal

che deren Rechte und Wünsche zu verbriefen, ließ die Bischöfe über viele Unannehmlichkeiten hinwegsehen.

Das **Reichskonkordat vom 20. Juli 1933**, der erste völkerrechtlich gültige Vertrag zwischen einer ausländischen Macht und dem nationalsozialistischen Deutschland,

Unterzeichnung des Reichskonkordats von 1933: Vizekanzler Franz von Papen (links) und Kardinalstaatssekretär Eugenio Pacelli (Mitte; 1917–1929 Apostolischer Nuntius in München bzw. Berlin), der spätere Papst Pius XII.

- *garantierte* nämlich *den Bestand katholischer Schulen und religiös-karitativ tätiger Vereine, den Religionsunterricht und die konfessionelle Lehrerbildung,*
- *verbot* aber *die politische Tätigkeit von Geistlichen in Parteien*: Damit war der »**politische Katholizismus**« tot.

b) Unter dem Hakenkreuz

Ab 1935 verstärkte sich der Totalitätsanspruch des NS-Staates. Unter dem Schlagwort der »*Entkonfessionalisierung des öffentlichen Lebens*« **sollten Christentum und Kirchen aus der Öffentlichkeit verdrängt werden**. Daher unterwarf man die kirchliche Presse einer immer stärkeren *Zensur* und bekämpfte die durch das Reichskonkordat geschützte *Bekenntnisschule*. 1935 setzten in Bayern, 1936/37 auch in anderen Teilen des Reiches unter der Parole »*Ein Volk, ein Reich, ein Führer, eine Schule!*« energische Bestrebungen ein, die Erziehungsberechtigten zur Stimmabgabe für die nationalsozialistische Deutsche Schule zu bewegen. In den westdeutschen Diözesen wurden daraufhin kirchliche Schulabstimmungen organisiert, die eindrucksvolle Mehrheiten für die konfessionell gebundene Schule erbrachten. Dennoch wurde zu Beginn des Schuljahres 1939/40 auch in Preußen der **Bekenntnischarakter der Volksschulen aufgehoben**. Zumindest in einer Hinsicht gab es auch erfolgreiche Gegenwehr: Als man im Herbst *1936 im Oldenburger Münsterland* **versuchte, die Kreuze aus den Schulen zu entfernen**, erhob sich ein Sturm der Entrüstung. Mit Unterschriften, öffentlichen Andachten und Abordnungen aus der Bevölkerung an die Regierung konnte diese zum Einlenken gezwungen werden (ähnlich *1937 in West- und 1941 in Süddeutschland*).

Ferner entbrannten **Auseinandersetzungen zwischen der katholischen Caritas und der nationalsozialistischen Volkswohlfahrt (NSV) um die Kinder- und Jugendfürsorge,** wollten die Machthaber doch schon vom Kindergarten an ideologischen Einfluss nehmen. **Besonders infam verhielt sich das NS-Regime gegenüber den katholischen Orden.** Durch *Sittlichkeits- und Devisenprozesse* versuchte man 1935 bis 1937 – freilich mit geringem Erfolg –, das Vertrauen der Gläubigen zu den Ordensleuten und einzelnen Weltpriestern zu erschüttern und das Ansehen der Kirche insgesamt zu untergraben.

1937 entschloss sich Papst **Pius XI.**, das nationalsozialistische Regime öffentlich anzuklagen. In seiner deutschsprachigen **Enzyklika »Mit brennender Sorge«**, in der er aus dem von Pacelli verschärften Entwurf des Münchner Erzbischofs *Michael Kardinal von Faulhaber* (1917–1952) eine *»Verurteilung der nationalsozialistischen Kirchenpolitik vor der Weltöffentlichkeit«* (Heinz Hürten) formte, *griff Pius die NS-Weltan-*

Nationalsozialistische Nachäffung der Fronleichnamsprozession (Hamburg 1938). Anstelle der konsekrierten Hostie zieht bei diesem Umzug das Hakenkreuz in einer Strahlenmonstranz mit, umgeben von Fackelträgern in Rauchmänteln.

schauung sowie den »Götzenkult« um Blut, Rasse und deutsches Volk scharf an und betonte, die Offenbarung Gottes gelte allen Völkern und Nationen. *Auch die massiven Verletzungen des Konkordates nannte der Papst beim Namen, **nicht jedoch** die Verfolgung politisch Andersdenkender, die Praxis der Rassenpolitik* (v. a. gegen die Juden), *die Unfreiheit der Presse oder das System des Terrors.* Als Antwort auf das in allen Pfarreien verlesene oder verteilte Rundschreiben erfolgten eine Protestnote und diverse Rachemaßnahmen; die ins Auge gefasste Kündigung des Konkordats blieb hingegen aus.

Der *»Anschluss« Österreichs an das Reich* brachte Hitler einen großen Prestigegewinn in Deutschland. In einer Volksabstimmung am 10. April *1938* ließ er die Deutschen nicht nur über den Anschluss abstimmen, sondern zugleich über seine bisherige Politik. Einzelne Pfarrer kamen in Konflikt, weil sie zwar ersteres begrüßten, jedoch mit Hitlers (Kirchen-)Politik nicht einverstanden waren. Es kam zu einigen Wahlverweigerungen, die von den Nationalsozialisten mit Repressalien beantwortet wurden. Bekannt geworden ist vor allem der Rottenburger Bischof **Joannes Baptista Sproll**

(1927–1949), der als einziger deutscher Bischof nicht an der Abstimmung teilnahm und nach schweren, von der Partei inszenierten Demonstrationen seine Diözese verlassen und *bis zum Ende des Weltkrieges im Exil leben musste.*

Zahlreiche, insbesondere katholische Geistliche büßten ihre Opposition gegen das Regime mit teils mehrjähriger Haft und Misshandlungen in Konzentrationslagern. Ab Ende 1940 wurden sie **in Dachau** (bei München) **konzentriert** und hierfür eigene Priesterbaracken (sog. *Priesterblock*) eingerichtet. Insgesamt waren **über 3000 Priester und Ordensleute aus 20 Nationen in Dachau inhaftiert, wovon mehr als 1000** (v.a. Polen) **ums Leben kamen** (*insgesamt waren es im Dritten Reich 4000 kath. Priester*).

Auch *das Erzählen eines Witzes konnte tödlich sein*, wie der Fall des Pfarrers von Groß-Düngen bei Hildesheim, *Joseph Müller* (* 1884), belegt, der die Geschichte vom sterbenden Soldaten zum Besten gegeben hatte. Dieser Soldat bat darum, ihm die Bilder derer zu bringen, derentwegen er sterben müsse. Rechts und links neben seinen Kopf stellte man Photographien von Hitler und Reichsmarschall Hermann Göring, woraufhin der Soldat sagte: *»Jetzt sterbe ich wie Jesus Christus zwischen zwei Verbrechern.«* Pfarrer Müller wurde am 11. September 1944 wegen »Wehrkraftzersetzung« auf dem Schafott hingerichtet.

Der Krieg brachte zunächst eine gewisse Atempause, denn alle Kräfte sollten für den »*Endsieg*« mobilisiert und erst anschließend mit der Kirche abgerechnet werden. Stillschweigend aber wurde im Oktober 1939 damit begonnen, **geistig und körperlich Behinderte planmäßig als »lebensunwert« zu ermorden.** Grundlage hierfür war ein »*Führerbefehl*«, denn Hitler wagte es nicht, mit einem entsprechenden Gesetz an die Öffentlichkeit zu treten. **Etwa 120 000 Behinderte sind dieser euphemistisch als »Euthanasie«** (griech.: schöner Tod) **bezeichneten Aktion zum Opfer gefallen, nachdem bis Kriegsbeginn bereits mindestens 200 000 als »erbkrank« eingestufte Menschen sterilisiert worden waren.** Die katholische Kirche war unmittelbar betroffen, weil sie zahlreiche Behinderte in ihren Heil- und Pflegeanstalten beherbergte, und leistete gegen die NS-Euthanasie auch ungleich stärkeren Widerstand als gegen die Judenverfolgung. Aufsehen erregten vor allem die drei Predigten des »*Löwen von Münster*« Bischof **Clemens August Graf von Galen** (1933–1946, 1945 Kardinal), eines Vetters von Preysing, im

Clemens August Graf von Galen (1878–1946)

Straf- und Disziplinierungsmaßnahmen gegen deutsche katholische Geistliche

	Gesamt	Berufl. Diskriminierung	Schul-Verbot	Aufheb. kirchl. Inst.	Aus-weisung	Ermittlungsmaßnahmen	Verhör	Verwarnung	Ver-fahren	Terror	Geld-strafen	Frei-heits-strafen	KZ	sonstige Todesfälle	Sonstige	Rest
Insgesamt	38.291	2.774	1.944	351	882	5.387	7.617	4.811	7.473	1.795	2.036	2.586	417	74	144	0
1933	2.175	214	38	0	43	500	311	279	204	316	49	206	0	1	14	0
1934	2.101	175	57	0	36	257	368	341	542	138	83	95	3	0	6	0
1935	3.310	173	148	17	50	353	627	398	905	166	215	242	8	1	7	0
1936	2.176	130	136	1	18	265	411	237	619	117	120	114	1	1	6	0
1937	4.540	230	358	7	27	695	885	512	1.283	134	206	186	4	2	11	0
1938	3.912	344	180	3	45	699	853	346	1.028	151	129	121	4	1	8	0
1939	3.548	429	146	33	66	454	784	374	765	104	146	208	24	2	13	0
1940	2.493	273	119	30	95	276	416	294	476	44	102	294	62	3	9	0
1941	4.188	264	217	231	329	426	707	414	603	121	291	439	119	7	20	0
1942	2.492	141	134	9	44	296	518	335	398	77	197	262	70	4	7	0
1943	1.433	80	65	0	22	166	302	235	180	50	133	134	43	12	11	0
1944	1.222	59	44	17	39	131	214	158	132	73	110	149	64	20	12	0
1945	416	34	12	0	17	66	47	48	29	71	16	36	14	20	6	0
??	4.285	228	290	3	51	803	1.174	840	309	233	239	100	1	0	14	0
Rest	0	0	0	0	0	0	0	0	0	0	0	0	0	0	0	0

Unter den oben verwendeten Begriffen »Berufliche Diskriminierung« und »Verfahren« sind Predigtverbote, erzwungene Versetzungen und Entzüge der Lehrerlaubnis in öffentlichen Schulen bzw. Ermittlungs- und Strafverfahren der Gerichte subsumiert.

Juli und August 1941, die sich auch gegen den damaligen »**Klostersturm**« (mit Beschlagnahmung von mehr als 300 Klöstern und katholischen Einrichtungen) richteten und in vielen Abschriften und geheimen Drucken verbreitet wurden. *Am 24. August 1941 ließ Hitler die Euthanasie-Aktion offiziell stoppen.* Damals waren freilich schon über 70 000 Behinderte umgebracht worden – und insgeheim wurde mittels Spritzen, Tabletten und Nahrungsentzug weitergemordet.

c) Kirche und Judentum

Das **Missverständnis, dass die »jüdische Frage« nicht zum Proprium des Christentums gehöre, hinderte letztlich die Kirche an einem entschiedenen öffentlichen Eintreten für die Schwestern und Brüder im Glauben Abrahams**, deren im 19. Jahrhundert mühsam erkämpfte bürgerliche Gleichstellung (*Judenemanzipation*) binnen weniger Jahre völlig zunichte gemacht wurde. So wie *1933* beim *Boykott jüdischer Geschäfte* klare Stellungnahmen ausblieben, so schwiegen die katholischen Bischöfe auch 1935, als die »*Nürnberger Rassegesetze*« Ehen zwischen Juden und »Ariern« verboten und für nichtig erklärt wurden. Dabei wären die Oberhirten hier gefordert gewesen, und zwar aufgrund der Tatsache, dass es ja auch zum Katholizismus übergetretene Juden gab. Dies bedeutete, dass fortan zwei katholischen Christen, von denen ein Teil Konvertit aus dem Judentum war, ein wesentliches Gnadenmittel der Kirche durch den Staat verweigert wurde. Dies hätte von den Bischöfen als eklatanter Eingriff in die Sakramentenverwaltung daher als völlig inakzeptabel abgelehnt werden müssen. Doch sogar die vor aller Augen inszenierte »*Reichskristallnacht*« vom 9. November *1938*, in der Synagogen angezündet, jüdische Geschäfte geplün-

Brennende Synagoge in Hannover

dert sowie jüdische Bürger geschlagen, verschleppt und ermordet wurden, blieb **ohne öffentlichen und ausdrücklichen Protest seitens der katholischen Kirche**, *wie die deutschen Bischöfe 1988 und 1995 selbst eingestanden.*

Dieses Verhalten wird allerdings verständlicher, wenn man die Geschichte des christlichen Antijudaismus betrachtet, die keineswegs nur von einzelnen irregeleiteten Christen zu berichten weiß, sondern vielmehr von einer *Judenfeindschaft der Kirche als solcher*, die seit vielen Jahrhunderten zur Konvention geworden war und in katholischen Elternhäusern, im Religionsunterricht, durch Predigten und »fromme« Bücher weitertradiert wurde. **An diesen kirchlichen Antijudaismus konnte der rassistisch argumentierende Antisemitismus anknüpfen,** der in den Holocaust (hebräisch: *Shoah*) führen sollte.

Einer der wenigen, die damals ihre Stimme für die Verfolgten erhoben, war der Berliner Dompropst und Leiter des dortigen »*Bischöflichen Hilfswerks für nichtarische Christen*« **Bernhard Lichtenberg** (1875–1943). In seinem berühmten Nachtgebet vom 9. November 1938, das er in variierter Form fortan täglich in der St. Hedwigs-Kathedrale sprach, heißt es: »*Lasst uns beten für die verfolgten nichtarischen Christen und für die Juden. Was gestern war, wissen wir, was morgen ist, wissen wir nicht, aber was heute geschehen ist, haben wir erlebt: Draußen brennt der Tempel* [gemeint war die jüdische Synagoge] – *das ist auch ein Gotteshaus.*« 1941 denunziert, wegen »*staatsfeindlicher Betätigung*« verhaftet und zu zwei Jahren Zuchthaus verurteilt, starb Lichtenberg, der auch gegen anderweitige Menschenrechtsverletzungen protestiert hatte, im November 1943 auf dem Transport in das KZ Dachau.

Im selben Jahr und bereits 1941 bat der Berliner Bischof Preysing Papst **Pius XII. (1939–1958)**, den er aus dessen Zeit als päpstlicher Nuntius in München kannte, inständig, aber vergeblich, offen zur Judenvernichtung Stellung zu nehmen, von der man in Rom seit 1942 sichere Kenntnis hatte. *Trotz des beispiellosen Völkermordes* **konnte sich Pius nicht dazu entschließen**, *die engen Bahnen der Diplomatie und der karitativen Hilfe zu verlassen und* **vor aller Welt seine moralische Autorität als Stellvertreter Christi, der dem Fleische nach Jude war, für die aller Menschenrechte beraubten europäischen Juden in die Waagschale zu werfen.**

d) Zur Bewertung kirchlichen Verhaltens im Dritten Reich

Die Haltung der Kirche unter der Hitlerherrschaft kann primär nicht daran gemessen werden, wieviel sie in direkter Aktion zu deren Überwindung beigetragen hat. Denn ihre **Aufgabe** war nicht, den NS-Staat politisch aus den Angeln zu heben, sondern sie bestand **zuvorderst** darin,

- in der Verfolgung **ihre Identität zu wahren,**

- als Stimme für die Gläubigen vernehmbar zu bleiben und
- eine Botschaft zu verkünden, die der nationalsozialistischen Weltanschauung unvereinbar entgegenstand.

Für die Gültigkeit dieser Leitlinie, wonach die Kirchen keine Organisationen des politischen Widerstands sein konnten, spricht, dass auch in den Jahrzehnten nach 1945 für die in der Unfreiheit *kommunistischer* Parteidiktaturen wirkenden Kirchen im Osten kein anderes und überzeugenderes Konzept entwickelt wurde.

Da sich das **NS-Regime** jedoch **dauernder eklatanter Verstöße gegen die allgemeinen Menschenrechte schuldig** machte, **war mit der Wahrung kirchlicher Rechtspositionen und dem Schutz der eigenen Gläubigen der Amtspflicht der Bischöfe nicht Genüge getan** – auch wenn niemand wusste, ob das Dritte Reich nicht wirklich ein Tausendjähriges sein würde, wie es die nationalsozialistische Propaganda so vollmundig angekündigt hatte. Diese Verstöße (einschließlich Gestapo-Willkür und KZ-Terror) sollte ein Hirtenbrief anprangern, den eine **Gruppe von Bischöfen um Preysing** im November **1941** mit folgender Begründung in Vorschlag brachten: *»Es wird eines Tages von gewaltiger historischer Bedeutung sein, wenn die deutschen Bischöfe in der Stunde der Entscheidung für die Kirche Deutschlands öffentliche Verletzung von göttlichem und natürlichem Recht öffentlich missbilligt und damit für Millionen von Seelen eine Vorentscheidung getroffen haben. Andererseits, wenn die Bischöfe schweigen, würde für Nichtkatholiken der Weg zur Kirche nicht nur vorübergehend, sondern für Jahrzehnte und länger versperrt sein … Im übrigen darf die Frage nach Erfolg oder Misserfolg nicht von Bedeutung sein. Entscheidend ist nur die Frage: Was ist im gegenwärtigen Augenblick unsere Pflicht? Was verlangt das Gewissen? Was erwartet Gott, das gläubige Volk von seinen Bischöfen?«* Die **Veröffentlichung dieses Hirtenbriefes scheiterte** an Kardinal Bertram, der bis zum Zusammenbruch des Dritten Reiches an seiner völlig ineffizienten Eingabenpolitik festhielt, und an einigen Bischöfen, die sich für diesen Fall bereits im KZ sahen.

Aktiver, nicht selten mit dem Tode bezahlter **Widerstand** blieb auf diese Weise **die mutige Tat einzelner Laien und Priester**. Neben Bernhard Lichtenberg seien *Max Joseph Metzger* (1887–1944) sowie die Jesuiten P. *Rupert Mayer* (1876–1945) und P. *Alfred Delp* (1907–1945) namentlich genannt. Letzterer etwa beteiligte sich im »*Kreisauer Kreis*« des schlesischen Adeligen Helmuth James Graf von Moltke an Plänen für eine neue staatliche Ordnung Deutschlands nach dem Sturz Hitlers. Delp wurde im Zusammenhang mit dem Attentat Stauffenbergs auf Hitler (20. Juli 1944) verhaftet und nach einem Prozess vor dem »Volksgerichtshof« als Hoch- und Landesverräter hingerichtet.

Schon bald nach Kriegsende, nämlich in ihren Hirtenworten vom 28. Juni und vom 23. August 1945, **blickten die katholischen Bischöfe auf die Hitler-Herrschaft zurück** und bescheinigten sich, »*von Anfang an vor den Irrlehren und Irrwegen des Nationalsozialismus ernsthaft gewarnt*« zu haben. Gleichzeitig beteuerten sie, dass das deutsche Volk von den Unmenschlichkeiten in den KZs »*mit wenigen Ausnahmen keine Kenntnis gehabt*« habe, und gaben ihrer Freude Ausdruck, dass sich die Katholiken »*in so weitem Ausmaße von dem Götzendienst der brutalen Macht freigehalten*« hätten. »*Und dennoch: … Viele Deutsche, auch aus unseren Reihen, haben sich von den falschen Lehren des Nationalsozialismus betören lassen, sind bei den Verbrechen gegen menschliche Freiheit und menschliche Würde gleichgültig geblieben; viele leisteten durch ihre Haltung den Verbrechen Vorschub, viele sind selber Verbrecher geworden.*« Den Mitläufern billigte der Episkopat mildernde Umstände zu, habe doch »*gar mancher*« von ihnen aus Unkenntnis, gezwungenermaßen oder in guter Absicht gehandelt. Diese Erklärungen bleiben hinter den evangelischen Schuldbekenntnissen (Stuttgart, Bethel, Darmstadt) zurück, bekennen aber immerhin die weit verbreitete **Gleichgültigkeit in der katholischen Kirche gegenüber den Verletzungen der Menschenrechte durch die Nationalsozialisten**.

Wesentlich direkter und nicht ohne Berührungspunkte mit dem Hirtenbriefentwurf von 1941 hat **Konrad Adenauer**, der spätere erste Kanzler der Bundesrepublik Deutschland (1949–1963), **1946 die kirchliche Verantwortung, insbesondere diejenige der Bischöfe, benannt**: »*Nach meiner Meinung trägt das deutsche Volk und tragen auch die Bischöfe und der Klerus eine große Schuld an den Vorgängen in den Konzentrationslagern. … Es hat sich fast widerstandslos, ja zum Teil mit Begeisterung … gleichschalten lassen. Darin liegt seine Schuld. Im Übrigen hat man aber auch gewusst – wenn man auch die Vorgänge in den Lagern nicht in ihrem ganzen Ausmaße gekannt hat –, dass die persönliche Freiheit, alle Rechtsgrundsätze, mit Füßen getreten wurden, dass in den Konzentrationslagern große Grausamkeiten verübt wurden, dass die Gestapo, unsere SS und zum Teil auch unsere Truppen in Polen und Russland mit beispiellosen Grausamkeiten gegen die Zivilbevölkerung vorgingen. Die Judenpogrome 1933 und 1938 geschahen in aller Öffentlichkeit. … Man kann also wirklich nicht behaupten, dass die Öffentlichkeit nicht gewusst habe, dass die nationalsozialistische Regierung und die Heeresleitung ständig aus Grundsatz gegen das Naturrecht, gegen die Haager Konvention und gegen die einfachsten Gebote der Menschlichkeit verstießen. **Ich glaube, dass, wenn die Bischöfe alle miteinander an einem bestimmten Tage öffentlich von den Kanzeln aus dagegen Stellung genommen hätten, sie vieles hätten verhüten können. Das ist nicht geschehen und dafür gibt es keine Entschuldigung.**«

XI. Das Zweite Vatikanische Konzil (1962–1965)

1. Geschichtliche Wurzeln

Indem das *Erste Vatikanum* den päpstlichen Primat und die amtliche Lehr-unfehlbarkeit des Papstes definierte, hat es *nur ein Segment der ursprünglich geplanten Konstitution über die Kirche verabschiedet.* Im Wesentlichen kann man **fünf Strömungen** unterscheiden, **die seit 1900 eine Vertiefung des Kirchenverständnisses vorbereiteten:**

1. Die **Liturgische Bewegung.** Zentrales Anliegen war die Erneuerung des Gottesdienstes, um die Messe wieder zu einer wirklichen Gemein-schaftsfeier unter aktiver Teilnahme der Gläubigen zu machen.

> Die **Wiederentdeckung der** (bisher weithin hierarchisch-institutionell verstandenen) **Kirche als Gemeinschaft aller Gläubigen** (»*Wir sind die Kirche*«) hatte der berühmte Theologe und Religionsphilosoph **Romano Guardini** (1885–1968) schon 1922 mit fol-gendem geflügelten Wort angekündigt: »*Ein religiöser Vorgang von unabsehbarer Trag-weite hat eingesetzt:* **Die Kirche erwacht in den Seelen**«.

Verbreitet wurde die aus ultramontanen Wurzeln hervorgegangene Litur-gische Bewegung, die ihr deutsches Zentrum in der Benediktinerabtei **Maria Laach** (bei Koblenz) unter Abt *Ildefons Herwegen* hatte, v. a. durch
- die katholische *Jugendbewegung* (z. B. Quickborn, Neudeutschland [ND], Heliand) in Verbindung mit
- der *Bibelbewegung*, die viele neue *deutsche Übersetzungen des Neuen Testaments* und eine Reihe wissenschaftlich fundierter *Leben-Jesu-Bücher* hervorbrachte (z. B. »*Der Herr*« von Romano Guardini).

2. Die **Aktivierung der Laien**, vorbereitet durch das *Vereinswesen des 19. Jahrhunderts* und durch die sog. *Katholische Aktion*, wie sie Pius XI. zur *Förderung des Laienapostolats* nachdrücklich empfahl (*Aufgaben*: Selbst-heiligung und Heiligung anderer sowie soziale Tätigkeit zur Ausbreitung des Gottesreiches).

3. Die **Enteuropäisierung der Kirche**, die sich nach dem Ersten Weltkrieg ankündigte
- in der *Förderung einheimischer Priester und Bischöfe* in den Missions-ländern (v. a. Asiens und Afrikas) und in der *Anknüpfung an nicht-europäische Kultur- und Denkformen* (vgl. oben C V 8) mit dem Ziel eines **Selbständigwerdens der jungen Kirchen** (*Akkommodation, Indigenisation*) durch Benedikt XV. und Pius XI.,
- verbunden mit der durch deren Nachfolger Pius XII. vollzogenen

Umstrukturierung des Kardinalskollegiums, die zur Aufgabe der italienischen Zweidrittelmehrheit führte, wie sie seit über vier Jahrhunderten bestanden hatte.

4. Die **Ökumenische Bewegung**. Nachdem ihr Pius XI. noch reserviert und abwartend gegenübergestanden hatte, kam es durch die nach dem Zweiten Weltkrieg intensivierten interkonfessionellen Gespräche (»*Una-Sancta-Bewegung*«) zur *Gründung eines katholischen ökumenischen Rates 1951 in Fribourg* (Schweiz) und letztlich auch zur *Öffnung des Papsttums* (unter Pius XII.) für ökumenisches Denken.

5. **Theologische Neuansätze**, v. a. in Deutschland und Frankreich. Hierbei wurden besonders zwei Motive wirkmächtig, nämlich
   - die *Rückkehr zu den Quellen der Hl. Schrift und der **ganzen** Tradition* sowie
   - das Bemühen, *Anschluss an die Problemstellungen und Strömungen der Zeit zu finden*.

2. Vorbereitung in den Jahren 1958 bis 1962

Nach dem Tode Pius' XII. 1958 sah es zunächst nicht nach einem tiefgreifenden kirchengeschichtlichen Wandel aus. Der zu seinem Nachfolger gewählte *Patriarch von Venedig, Angelo Giuseppe Roncalli*, der den Namen **Johannes XXIII.** (1958–1963) annahm, stand schon im 77. Lebensjahr. Man schätzte ihn als »*Übergangspapst*« ein und erwartete von ihm – zumal angesichts seines Alters – keine grundlegende Neuorientierung.

Um so größer war die Überraschung, als der neue Papst im Januar **1959** in einer Ansprache vor den Kardinälen in St. Paul vor den Mauern ein **Ökumenisches Konzil** ankündigte. Als **Hauptziele des Konzils** benannte er in seiner ersten Enzyklika »Ad Petri cathedram« vom Juni 1959

Johannes XXIII., vom italienischen Volk mit Recht »il papa buono« (der gute Papst) genannt

   - die *innere Erneuerung der Christenheit* u.
   - das *»Verheutigen«* (ital. aggiornare → **aggiornamento**: Heutigmachen/Heutigwerden) *der äußeren Ordnung der Kirche*, wodurch sie auch für die getrennten Christen einladender werde.

Es ist hier also *nicht* von einer billigen Anpassung an den Zeitgeist die Rede!

Gegenüber einem Botschafter formulierte **Johannes XXIII.** seine **Erwartungen** so: *»Vom Konzil?«* sagte er und näherte sich dabei dem Fenster, als wollte er es öffnen, *»erwarte ich einen frischen Luftzug… Es gilt, den kaiserlichen Staub, der sich seit Konstantin auf den Thron des heiligen Petrus gesetzt hat, abzuschütteln.«* (Zit. nach Henri Fesquet)

1960 wurde das **Sekretariat zur Förderung der Einheit der Christen** unter dem deutschen Bibelwissenschaftler *Augustin Kardinal Bea* SJ (1881–1968) eingerichtet, wodurch die ökumenischen Bestrebungen einen institutionellen Platz innerhalb der römischen Kurie erhielten. Das Einheits-Sekretariat lud die nicht mit Rom verbundenen Kirchen und kirchlichen Gemeinschaften ein, amtliche **Beobachter** (lat. *Observatores*) zum Konzil zu entsenden.

3. Der Verlauf des Konzils

Das Zweite Vatikanum, das **2540 stimmberechtigte Mitglieder** zählte (durchschnittliche Präsenz während des Konzils zwischen 2050 und 2200),

Dass die **Zahl der Konzilsväter dreimal so groß** war **wie 1869/70**, lag vor allem daran, dass die *Titular- und Weihbischöfe erstmals gleichberechtigt* waren. Außer ihnen nahmen an den Vollversammlungen (Generalkongregationen) die vom Papst berufenen über 200 **Sachverständigen** (lat. *Periti*) und mehr als 100 **Beobachter** teil, nicht dagegen die von den Konzilsvätern zur Beratung hinzugezogenen privaten Theologen und Kanonisten.

zeichnete sich gegenüber dem Ersten Vatikanum insbesondere durch das **Prinzip der moralischen Einstimmigkeit** aus, das in einer Weise beachtet wurde wie bei wenigen Ökumenischen Konzilien zuvor. Zwar war offiziell

Der Petersdom während der Eröffnungssitzung des Zweiten Vatikanischen Konzils

eine Zweidrittelmehrheit ausreichend für die Annahme eines Dekrets, aber am Ende betrug die Mehrheit nie weniger als 96 %, meist sogar über 99 %.

a) Erste Sitzungsperiode (Herbst 1962)

Bei der feierlichen **Eröffnung des Konzils am 11. Oktober 1962** setzte Papst **Johannes XXIII.** durch seine **Ansprache** bereits eindeutige Akzente. Zunächst widersprach er den Unglückspropheten, die immer nur Missstände und Fehlentwicklungen zur Kenntnis nähmen, als ob der Untergang der Welt unmittelbar bevorstehen würde. Sodann fuhr er fort: *»Die **Hauptaufgabe des Konzils** besteht darin, **das unveräußerliche Überlieferungsgut der christlichen Lehre** [depositum fidei] **wirksamer zu bewahren und zu lehren**. ... Unsere Aufgabe ist es nicht nur, diesen kostbaren Schatz zu bewahren, als ob wir uns nur um Altertümer kümmern würden. Sondern wir wollen uns mit Eifer und ohne Furcht der Aufgabe widmen, die unsere Zeit fordert* [aggiornamento!]. *So setzen wir den Weg fort, den die Kirche im Verlaufe von zwanzig Jahrhunderten gegangen ist. ... Heutzutage zieht es die Braut Christi vor, eher das Heilmittel der Barmherzigkeit zu gebrauchen als das der Strenge. Sie ist davon überzeugt, **dass es dem jetzt Geforderten besser entspricht, wenn sie die Triftigkeit ihrer Lehre nachweist, als wenn sie eine Verurteilung ausspricht.**«*

Die veröffentlichte lateinische Version weist gegenüber der – hier zitierten – italienischen Ansprache, die vollständig vom Papst selbst verfasst wurde, etliche Abschwächungen auf.

Konkrete Ergebnisse hat die erste Sitzungsperiode nicht gebracht. Aber die Debatten über verschiedene *Schemata* (Entwürfe) machten deutlich, dass die **Mehrheit der Konzilsväter nicht bereit war, Vorlagen passieren zu lassen, die allzu einfache Lösungen boten und theologische Entwicklungen und Fragestellungen der letzten Jahre ignorierten.**

b) Zweite Sitzungsperiode (Herbst 1963)

Zwischen der ersten und zweiten Sitzungsperiode liegt ein einschneidendes Ereignis: der *Pontifikatswechsel* von Johannes XXIII. auf **Paul VI.** (1963–1978). Die Wahl des Kardinal-Erzbischofs von Mailand, *Giovanni Battista Montini*, zum Papst am 21. Juni 1963 nach einem nur zwei Tage dauernden Konklave kam nicht überraschend, sondern entsprach den Erwartungen. Paul VI. war *ein Mann des Abwägens und der differenzierten Reaktionen, intellektueller und problembewusster als sein aus einer einfachen bäuerlichen Frömmigkeit lebender Vorgänger, der ihn jedoch an Herzlichkeit und Spontaneität bei weitem übertraf.*

Durch mehrere Akzente am Beginn seines Pontifikats setzte der neue Papst die Bemühungen um eine »Öffnung« der Kirche fort, so durch

- die **Vergebungsbitte gegenüber den getrennten christlichen Brüdern** in der Eröffnungsrede zur zweiten Sitzungsperiode: *»Wenn irgendeine Schuld an der Trennung auf uns fällt, so bitten wir Gott demütig um Vergebung und suchen auch bei den Brüdern Verzeihung, die sich von uns gekränkt fühlen sollten; wir sind unsererseits bereit, die Kränkungen zu verzeihen, die der katholischen Kirche zugefügt worden sind.«*
- die **Schaffung einer handlungsfähigen Konzilsleitung aus vier Moderatoren** (anstatt der bisherigen zehn Präsidenten). Dies waren die Kardinäle *Julius Döpfner*, Erzbischof von München und Freising (1961–1976; ab 1965 Vorsitzender der Deutschen Bischofskonferenz), *Léon-Joseph Suenens*, Erzbischof von Mecheln (Belgien), *Giacomo Lercaro*, Erzbischof von Bologna, und *Gregor Petrus Agagianian*, Präfekt der Kongregation für die Evangelisierung der Völker (Propaganda-Kongregation), und
- die **Lockerung des Konzilsgeheimnisses**, so dass ab jetzt als vierte Gruppe neben den Konzilsvätern, Sachverständigen und Beobachtern auch Laien als **Hörer** (lat. *Auditores*) am Konzil teilnehmen konnten.

Die beiden entscheidenden Ergebnisse der zweiten Konzilsperiode waren jedoch der Durchbruch der neuen theologischen Ansätze (*Kirche als »Volk Gottes«; »allgemeines Priestertum«* der Gläubigen) im *Entwurf zur Kirchenkonstitution* (siehe unten C XI 4) und die *Verabschiedung des ersten Konzilsdokuments*, der **Liturgiekonstitution** (Sacrosanctum Concilium [*SC*], DH 4001–4048), die *die Liturgische Bewegung rezipierte* und die *erste umfassende Äußerung eines Konzils zur Liturgie* darstellt. *Die wichtigsten Aussagen* der Liturgiekonstitution:

- *Alle Gläubigen sind Glieder der Kirche*, nicht nur der Klerus, *und damit auch Träger der Liturgie,*
- *Inkulturation der Liturgie* (gegen die Uniformität seit dem Konzil von Trient),
- *Größeres Gewicht des Wortes Gottes,*
- *Zulassung der Volkssprachen als Liturgiesprachen,*
- *Betonung des gemeinschaftlichen Mahls* gegenüber dem Opfercharakter der Messe,
- *Zulassung der Kelchkommunion in bestimmten Fällen.*

c) Dritte Sitzungsperiode (Herbst 1964)

Die dritte Sitzungsperiode war *»die stürmischste und dramatischste«* (Klaus Schatz). In ihr gab es härtere Konfrontationen als bisher und am Schluss den kritischsten Moment des Konzils, die **»Novemberkrise«** (ital. *»Settimana nera«* = schwarze Woche) von *1964*, hervorgerufen durch Einflussnahmen von seiten des Papstes, der selbst wiederum von konservativen Konzilsvätern bedrängt worden war. Die autoritäre Vorgehensweise ohne

Mitwirkung des Konzils rief Bestürzung und Niedergeschlagenheit hervor, ja manche befürchteten sogar das Scheitern des Konzils.

Verabschiedet wurde in dieser Sitzungsperiode u. a. das **Dekret über den Ökumenismus** (*Unitatis redintegratio, UR*, DH 4185–4192), in das ein der Sache nach uraltes, in dieser Form aber in einem Konzilsdokument erstmals zu findendes Auslegungsprinzip Eingang fand: *»Beim Vergleich der Lehren miteinander soll man nicht vergessen, dass es eine Rangordnung oder ›Hierarchie der Wahrheiten‹* [lat.: *hierarchia veritatum*] *innerhalb der katholischen Lehre gibt, je nach der verschiedenen Art ihres Zusammenhangs mit dem Fundament des christlichen Glaubens«* (*UR 11*; DH 4192). Ferner wird eingeräumt, dass **auch in den anderen christlichen Bekenntnissen Elemente sakramentaler Kirchlichkeit** lebendig sein können, die es berechtigt erscheinen lassen, sie als *»Kirchen und kirchliche Gemeinschaften«* (lat.: *Ecclesiae et communitates ecclesiales, UR 19*) anzusprechen (vgl. *UR 3, 22*).

d) Vierte Sitzungsperiode (Herbst 1965)

In der vierten und letzten Sitzungsperiode wurden eine Reihe bedeutender Konzilsdokumente zu Ende beraten und verabschiedet, von denen hier nur drei besonders wichtige angesprochen seien:

1. Dies ist zum einen die **Erklärung »*Dignitatis humanae*«** (*DH*; DH 4240–4245) **über die Religionsfreiheit.** *»Die Bedeutung dieser Erklärung besteht nicht zuletzt darin, dass hier in einem zentralen und neuralgischen Punkt die* **neuzeitliche Freiheitsgeschichte als evangeliumsgemäß bejaht** *wird. Damit wird ein* **Schlussstrich unter den** *ein Jahrhundert vorher in Syllabus und Quanta cura gipfelnden* **anti-liberalen Defensivkampf** *für den katholischen Staat und die Societas christiana gezogen.«* (Klaus Schatz)

2. Zum anderen wurde die umstrittene »Juden-Erklärung« jetzt in den größeren Kontext einer **Erklärung über die nichtchristlichen Religionen** mit dem Titel »*Nostra Aetate*« (*NA*; DH 4195–4199) eingefügt. Damit war der politischen Ausdeutung durch die Araber die Spitze abgebrochen, zumal auch vom Islam und seinen religiösen Werten »*mit Hochachtung*« gesprochen wurde. Besonders bedeutsam ist dennoch das auf das Judentum bezogene **4. Kapitel**, wo sich die Kirche zum ersten Mal öffentlich die paulinische Auffassung von der **Rettung Israels** zu eigen macht, wie sie in *Röm 9–11* niedergelegt ist. **Ausdrücklich zurückgewiesen wird** außerdem **die Vorstellung einer jüdischen Kollektivschuld am Tode Jesu oder einer »*Verwerfung*« der Juden als Volk und ebenso jeder Antisemitismus**, überdies im Schlusskapitel (Kap. 5) **überhaupt jegliche Diskriminierung von Menschen um ihrer Rasse oder Religion willen**: »*Wir können … Gott, den Vater aller nicht anrufen*«, heißt es hier, »*wenn*

wir irgendwelchen Menschen, die ja nach dem Ebenbild Gottes geschaffen
sind, die brüderliche Haltung verweigern.«

Bereits **1959** ließ **Johannes XXIII.** aus der **Fürbitte für die Juden** (»*Pro perfidis Judaeis*«)
im Rahmen der Großen Karfreitags-Fürbitten das mit »*treulos*« übersetzte Adjektiv streichen (die Knie werden schon seit 1956 auch bei dieser Fürbitte gebeugt), ehe der antiju-
daistisch gefärbte Text 1970 im Sinne von »Nostra Aetate« grundlegend verändert wurde.
– **Johannes Paul II.** (1978–2005) hat während seines zweitlängsten Pontifikats der Papstgeschichte (nach Pius IX.) wiederholt *Zeichen der Verbundenheit mit dem Judentum*
gesetzt, so z. B. **1986**, als er **als erster Papst ein jüdisches Gotteshaus**, die Synagoge von
Rom, **besuchte.**

LIT Hans Hermann Henrix (Hg.), Nostra Aetate. Ein zukunftsweisender Konzilstext.
Die Haltung der Kirche zum Judentum 40 Jahre danach, Aachen 2006.

3. In der **Offenbarungskonstitution** »*Dei Verbum*« (*DV*; DH 4201–4235)
schließlich wurde das **Verhältnis** *der drei Bezeugungsinstanzen des Glau-*

bens **Schrift, Tradition und Lehr-**
amt bedacht und festgehalten:
»*Das **Lehramt** steht ... **nicht über***
dem Wort Gottes, sondern dient
***ihm**, indem es nur lehrt, was über-*
liefert ist. ... Es zeigt sich also, dass
die Heilige Überlieferung, die Hei-
lige Schrift und das Lehramt der
Kirche gemäß dem überaus weisen
Ratschluss Gottes so miteinander
verknüpft und einander zugesellt
*sind, dass **das eine nicht ohne die***
***anderen besteht** und alle zusam-*
men, jedes auf seine Weise, durch
das Tätigsein des einen Heiligen
Geistes wirksam zum Heil der See-
len beitragen.« (*DV 10*; DH 4214)

Bei der letzten öffentlichen Sitzung
am **7. Dezember 1965** wurde zeit-
gleich in Rom und Konstantinopel
(Istanbul) eine *gemeinsame Erklä-*
rung des Papstes und des Patriar-
chen Athenagoras bekanntgegeben,
dass die **wechselseitigen Bannflü-**
che von 1054 »*aus dem Gedächtnis*

Begegnung Papst Pauls VI. mit dem Ökumeni-
schen Patriarchen von Konstantinopel Athena-
goras I. während seiner Pilgerreise ins Hl. Land
am 5. Januar 1964. Dies war das erste Treffen
der beiden höchsten Repräsentanten der »latei-
nischen« und der »griechischen« Kirche seit
1439.

und aus der Mitte der Kirche getilgt« seien (vgl. oben B II 5 d). Dieser historische Augenblick bildete den Auftakt für eine neue Phase in den Beziehungen zwischen katholischer und orthodoxer Kirche.

4. Zum Selbstverständnis der römisch-katholischen Kirche nach den Aussagen des II. Vatikanums

Die *kritische Selbstbesinnung* war das zentrale Thema auf dem Vatikanum II, das sich von Anfang an als **Konzil der Kirche über die Kirche** verstand und in seinen 16 Dokumenten die **bislang umfassendste Selbstreflexion der römisch-katholischen Glaubensgemeinschaft** vorlegte,

- *ad intra* (lat.: nach innen) hauptsächlich in der **Kirchenkonstitution** »**Lumen gentium**« (= *Licht der Völker*, *LG*; DH 4101–4179), dem »*Herzstück aller Konzilsdekrete des II. Vatikanums*« (Maximilian Liebmann), das die für das Bischofsamt konstitutive »*kollegiale Natur und Beschaffenheit des bischöflichen Standes*« (LG 22) neu zur Geltung brachte.

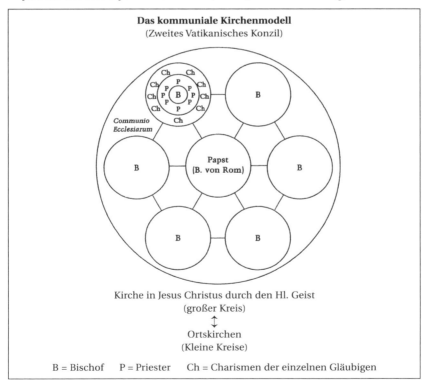

Das kommuniale Kirchenmodell
(Zweites Vatikanisches Konzil)

Communio Ecclesiarum

Papst (B. von Rom)

Kirche in Jesus Christus durch den Hl. Geist
(großer Kreis)
⇕
Ortskirchen
(Kleine Kreise)

B = Bischof   P = Priester   Ch = Charismen der einzelnen Gläubigen

- *ad extra* (lat.: nach außen) vornehmlich in der weitläufigen **Pastoralen Konstitution** »*Gaudium et spes*« (= *Freude und Hoffnung*; *GS*; DH 4301– 4345) **über die Kirche in der Welt von heute**, die versuchte, »*die Öffnung der Kirche für die wichtigen Fragen des modernen Lebens zu bekunden*«, aber »*kaum geahnt hat, wie tief jene ›Welt‹, die man für Christus gewinnen wollte, in die Kirche eindringt*« (Hubert Jedin).

Dass es im Zuge der Umsetzung dieser und anderer Maßgaben in den gelebten Alltag auf den verschiedensten kirchlichen Ebenen zu **starken Polarisierungen** kam, war zu einem Gutteil durch das Konzil selbst **vorprogrammiert**. Denn die verschiedenen Konzilsdokumente ließen gerade wegen ihres *bewusst undogmatischen Charakters*, der lediglich Weichen für weitere Entwicklungen stellen wollte, **Freiräume für Interpretationen traditionalistischer wie progressistischer Art, aber auch für eine nur partielle Rezeption.** Hinzu kam, dass das Konzil beim Ringen um ein neues Kirchenverständnis bisweilen notgedrungen auf halbem Weg stehengeblieben ist bzw. **Altes und Neues mehr oder minder unvermittelt nebeneinander gestellt** hat, um einen Konsens zwischen den divergierenden Richtungen zu finden. Überdeutlich ist dies abzulesen am *III. Kapitel von* »*Lumen gentium*« (DH 4142–4155) mit dem konfliktträchtigen *Nebeneinander von altem und neuem Kirchenbild*. Da die *Mehrheit der Konzilsväter* zweifellos das an die altchristliche Ekklesiologie angelehnte *Communio-Modell*, das die Kirche als eine Gemeinschaft von Ortskirchen begreift, *bevorzugte* (siehe S. 219), wurden Hoffnungen geweckt, die danach durch eine eher zu- als abnehmende *Zentralisierung und Bürokratisierung* enttäuscht wurden.

5. Die Bedeutung des Konzils

Insgesamt unterscheidet sich das Zweite Vatikanum, das **am 8. Dezember 1965 geschlossen** wurde, dadurch von allen 20 früheren ökumenischen Konzilien, dass es nicht nur – wie diese – aus jeweils aktuellem Anlass in einzelne Bereiche ordnend, klärend, abgrenzend oder reformierend eingriff. Vielmehr versuchte es,

- sich sowohl **dem Anruf der Zeit wie der ganzen Tradition zu stellen** und dabei
- **in schier allen Sphären des kirchlichen Lebens neue Akzente zu setzen**.

*»Dies sollte aber nicht primär durch rechtliche Regelungen, sondern **von der geistlich-theologischen Mitte her** geschehen. So etwas hatte es bisher nicht gegeben, und kein früheres Konzil hatte etwas Derartiges beansprucht. Von da aus war es natürlich in einem Maße nötig, **alles** zu sagen, wie dies bei keinem früheren Konzil erforderlich war.*« (Klaus Schatz)

Bestimmte Bereiche hatte der Papst dem Konzil allerdings entzogen, darunter solche, an denen sich die Diskussion z. T. bis heute entzündet, so die **Kurienreform**, das seither mehrmals bekräftigte **Zölibatsgesetz** und die durch die Enzyklika »*Humanae vitae*« (»Pillenenzyklika«) von *1968* erneuerte traditionelle kirchliche Lehre zur **Geburtenregelung**.

LIT Otto Hermann Pesch, Das Zweite Vatikanische Konzil. Vorgeschichte – Verlauf – Ergebnisse – Wirkungsgeschichte, Würzburg [4]1997 (kart. Ausgabe: [3]2011).
Martin Leitgöb, Dem Konzil begegnen. Prägende Persönlichkeiten des II. Vatikanischen Konzils, Kevelaer 2012.

Mit dem Zweiten Vatikanischen Konzil hat Gott eine neue Seite im Buch der Geschichte seiner Kirche aufgeschlagen. Zweifellos wurden Tore aufgestoßen, die in Neuland führten. Zu allen Zeiten der Kirchengeschichte war die **Rezeption von Konzilsbeschlüssen ein langwieriger und schwieriger Prozess** – man denke nur an das Tridentinum! –, aber ein *ängstlicher Rückzug* **hinter** *die Positionen des Konzils*, wie ihn fundamentalistische Gruppierungen und wohl auch einige Kurienkreise anstreben, *ist sicherlich der falsche Weg.* Was wir vor allem brauchen, ist **Gelassenheit und Zuversicht**, ist das ungebrochene Vertrauen

Johannes' XXIII. in die Kraft des Hl. Geistes, der das Rechte zur rechten Zeit wirken kann, und eine ehrliche Besinnung auf die Gestalt und den Gehalt des Katholischen, wie sie in den Dokumenten des Zweiten Vatikanums dargelegt und durch die **Würzburger Synode (1971–1975)** für die Bistümer der Bundesrepublik Deutschland umgesetzt worden ist. Um mit *Kurienkardinal Walter Kasper*, dem früheren Präsidenten des Päpstlichen Rates zur Förderung der Einheit der Christen, zu sprechen: »*Es gibt keinen Weg hinter dieses Konzil zurück, wohl aber* **einen Weg tiefer in den Geist dieses Konzils und in die es tragenden Kräfte der Erneuerung hinein**: *der Geist katholischer Weite und umfassender Fülle in bestimmter konkreter Gestalt.*«

Wenn Sie Ihr Wissen überprüfen wollen:

1. Was waren die Ursachen der Reformation?
2. Nennen und erläutern Sie die drei »sola« der protestantischen Lehre!

3. Was waren die Hauptbestimmungen des Augsburger Religionsfriedens von 1555 und des Westfälischen Friedens von 1648?
4. Was waren die Grundideen der Aufklärung und welche Anliegen hatte die »katholische Aufklärung«?
5. Welche zwei Arten von Säkularisation gilt es 1803 zu unterscheiden und was waren ihre Folgen?
6. Welche beiden wichtigen Vorrechte erkannte das Erste Vatikanische Konzil dem Papst zu? Erläutern Sie diese!
7. Stellen Sie das unterschiedliche Verhalten der deutschen Oberhirten im Dritten Reich am Beispiel Kardinal Bertrams und Bischof Preysings dar!
8. Was war das zentrale Thema des Zweiten Vatikanums und wodurch unterschied sich dieses Konzil von allen früheren?

Ausblick auf eine neue Ära der Kirchengeschichte

Bereits das Zweite Vatikanum kann als institutioneller Ausdruck für **einen der tiefgreifendsten Umbruchsprozesse seit der Urkirche** verstanden werden: »*Nach der zeitlich relativ kurzen, aber für die theologisch-historische Identität der Kirche fundamentalen Epoche des Judenchristentums war die Kirche über nahezu 2000 Jahre einem relativ einheitlichen Kulturraum verpflichtet, nämlich dem europäisch-abendländischen.*« Jetzt aber ist Kirche auf dem Weg »*zu einer kulturell vielfach verwurzelten und in diesem Sinn kulturell polyzentrischen Weltkirche*« (Johann Baptist Metz). In dem Maße aber, in dem sich der Anteil der europäischen Christen in der Gesamtkirche verringert und die **katholische Kirche** mit ihren derzeit **1,21 Milliarden Gläubigen und 413 000 Priestern** in einem realen und aktuellen Sinne zur Weltkirche wird (was sie ja potentiell schon immer war; vgl. hierzu auch Karte 4 im Anhang), ist sie durch einen in dieser Form **neuartigen inneren Pluralismus** charakterisiert, der die Einheit der Kirche aufs äußerste beansprucht (*Einheit in verstärkter Vielfalt*). Insbesondere die zum Teil noch sehr jungen Kirchen in Afrika, Asien und Lateinamerika machen sich zu größerer Selbständigkeit auf. Geprägt von den jeweiligen gesellschaftlichen und kulturellen Verhältnissen entwickeln sie in Gemeindeleben, Liturgie und Theologie ein eigenes Profil und verändern dadurch langsam, aber sicher auch das Antlitz der Kirche insgesamt. Schon jetzt ist die Gesamtkirche bei zunehmender Gewichtsverlagerung in die Dritte Welt längst nicht mehr mit dem europäischen Katholizismus identisch – was sich nicht zuletzt in der Internationalisierung des Kardinalskollegiums spiegelt.

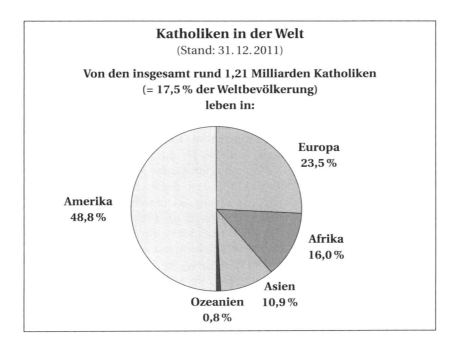

Katholiken in der Welt
(Stand: 31.12.2011)

**Von den insgesamt rund 1,21 Milliarden Katholiken
(= 17,5 % der Weltbevölkerung)
leben in:**

Europa
23,5 %

Amerika
48,8 %

Afrika
16,0 %

Asien
10,9 %

Ozeanien
0,8 %

In den traditionell katholischen Ländern, in denen die Emanzipation von religiöser und kirchlicher Sinngebung (*Säkularisierung*) weiter fortschreitet, nimmt dagegen die Zahl der »neuen Heiden« schneller zu als diejenige der Getauften, so dass **neue Diasporagebiete** entstehen und der Missionsauftrag Jesu (siehe A I 1) wieder dringlicher wird (Neuevangelisierung). Die Zeit geschlossener oder zumindest homogener katholischer Sozialmilieus, in die man einfach hineingeboren und eingebunden wurde, neigt sich wohl endgültig dem Ende zu. Dies ist insofern nicht bedauerlich, als sich diese zwar für die Glaubenspraxis stabilisierend und für die Glaubensweitergabe förderlich auswirkten, dafür aber eine weitgehende Abkapselung von geistigen Strömungen und gesellschaftlichen Problemen in Kauf nahmen. »In grober Vereinfachung lassen sich« im Blick auf **Deutschland** »gegenwärtig **drei Grundströmungen** erkennen, die sich am schärfsten hinsichtlich ihres Verhältnisses zur radikalisierten Moderne unterscheiden:

- Eine erste Strömung möchte zurück in ein überzeitlich gedachtes, scharf gegenüber der modernen Gesellschaftsentwicklung abgegrenztes, konfessionelles Milieu.
- Ihr steht konträr eine zweite Strömung gegenüber, die heute und morgen nur ein Christentum für angemessen hält, das sich auf der Basis von

Kleingruppen entschiedenen Glaubens restrukturiert und Alternativen zur modernen Lebenswelt forciert.

• Eine dritte Strömung folgt der Maxime der Öffnung hin zur modernen Lebenswelt und tendiert zu einem über Prozesse des Konflikts und Dialogs verbundenen pluralen Katholizismus.« (Karl Gabriel)

Von diesen drei Optionen – *fundamentalistischer Rückzug, basiskirchliches Modell oder pluriformer und weltoffener (nicht weltförmiger!) Katholizismus* – bietet **nur das letztere Konzept die Chance für eine zeitgemäße Repräsentanz des Christentums**, wobei es für das künftige Erscheinungsbild und den Fortbestand der katholischen Kirche als breite Volkskirche entscheidend sein wird, ob ihr der Brückenschlag zu den »*Auswahl-Christen*« (Paul M. Zulehner) gelingt, die aus dem »*weltanschaulichen Paket*« der Kirche nach eigenen Nützlichkeitskriterien für die Lebensbewältigung eine Auswahl treffen, und inwieweit ein Miteinander zwischen der herkömmlichen Territorialpfarrei und den verschiedensten Initiativgruppen charismatischer, fundamentalistischer und basiskirchlicher Art geschaffen werden kann. Zudem hat sich der Katholizismus im Interesse seiner gesellschaftlichen Präsenz weltweit immer wieder **in aufrichtiger ökumenischer Gesinnung** auf den allen Christen gemeinsamen Ursprung und auf den tragenden Grund des Glaubens zu besinnen.

Das Prädikat »**katholisch**« wird unter diesen Vorzeichen für eine orts- und zeitgemäße Realisierung von Kirche stehen, die sich im Bewusstsein ihrer Geschichtsbedingtheit und steten Reformbedürftigkeit (*ecclesia semper reformanda*) aus der engen Verhaftung mit griechisch-römischer Kultur, Philosophie und Theologie löst und sich in Denkweise, Geschichte und Lebenszusammenhang ganz unterschiedlicher Kulturen inkarniert – ähnlich wie einst das judenchristliche Evangelium in die Sphäre des hellenistischen Heidentums. Nur so wird die Kirche Jesu Christi auch in Zukunft »*Salz der Erde*« und »*Licht der Welt*« sein können.

LIT Zu den Entwicklungen und Tendenzen im Katholizismus der Gegenwart und zu den einzelnen Erdteilen siehe:
Manfred Eder, Art. Römisch-katholische Kirche II (Die Weltkirche von heute), in: TRE 29 (1998) 331–344. Speziell zu Deutschland (v. a. seit 1949) außerdem:
Karl Hausberger, Die gegenwärtige Kirchenkrise – ein Rückblick auf die Geschichte, in: Wolfgang Beinert (Hg.), Kirchenbilder – Kirchenvisionen. Variationen über eine Wirklichkeit, Regensburg 1995, 13–42.

Gerade vor diesem Hintergrund wird auch der **Dialog und die Kooperation mit den nichtchristlichen Religionen** noch wichtiger werden. Zusammen mit ihnen steht die Kirche vor der weltweiten Bedrohung durch Krieg, Terror, Umweltzerstörung, Armut und Atheismus. Ermutigende Zeichen sind hier das 1986 abgehaltene und in den Jahren 2002 und 2011 wiederholte

Das Weltfriedenstreffen in Assisi 1986 mit 80 Vertretern nichtchristlicher Religionen

Friedensgebet in Assisi, zu dem Papst Johannes Paul II. Vertreter aller großen Religionen einlud, und das 1990 von Hans Küng initiierte »*Projekt Weltethos*« (»*Kein Weltfriede ohne Religionsfriede*«).

In unserer pluralistischen Gesellschaft mit ihrer verwirrenden Fülle von Lebenskonzepten, Sinnangeboten und einer »*vagierenden Religiosität*« (Thomas Nipperdey) wird das **Christsein** heute wieder zu einer **persönlich getroffenen Lebensentscheidung**. Glaubensbekenntnis und Lebenszeugnis rücken näher zusammen, die Ortskirchen werden künftig möglicherweise zu Kerngemeinden schrumpfen.

Ein völliges Verschwinden des **Glauben**s droht indes nicht. Auf die Frage, ob man heute noch an Gott glauben könne und ob ein solcher Glaube vernünftig sei, antwortete **Papst Benedikt XVI.** in seiner Predigt bei der Eucharistiefeier am 12. September **2006** auf dem Islinger Feld in Regensburg: »*Seit der Aufklärung arbeitet wenigstens ein Teil der Wissenschaft emsig daran, eine Welterklärung zu finden, in der Gott überflüssig wird. Und so soll*

225

er auch für unser Leben überflüssig werden. Aber sooft man auch meinen konnte, man sei nahe daran, es geschafft zu haben – immer wieder zeigt sich: Das geht nicht auf. Die Sache mit dem Menschen geht nicht auf ohne Gott, und die Sache mit der Welt, dem ganzen weiten Universum, geht nicht auf ohne ihn.«

Und die **Kirche**? Sie ist zwar »*nur das Holz der Krippe, nicht das Kind, das darin liegt, sie ist nur das Holz des Kreuzes, nicht der Heiland, der daran hängt*«, aber wenn sie die Menschen in aller Welt dafür wach macht und wach hält, dass sie Jesus Christus brauchen, um nicht verloren zu gehen, werden sie auf eine Kirche, die dieses Geheimnis weiterträgt, »*und mag es noch so hölzern geschehen*«, nicht verzichten wollen (Hubert Windisch).

Der 2013 gewählte argentinische **Papst Franziskus**, der mit seinem erfrischenden Stil – authentisch und spontan, warmherzig und bescheiden – auch Nichtkatholiken begeistert, will eine missionarische Kirche für die Armen, die Barmherzigkeit übt und Gerechtigkeit fordert: »*Lassen wir die Armen nie allein! Brechen wir auf, gehen wir hinaus, um allen das Leben Jesu Christi anzubieten! Ich wiederhole hier für die ganze Kirche, was ich viele Male den Priestern und Laien von Buenos Aires gesagt habe: Mir ist eine ›verbeulte‹ Kirche, die verletzt und beschmutzt ist, weil sie auf die Straßen hinausgegangen ist, lieber als eine Kirche, die aufgrund ihrer Verschlossenheit und ihrer Bequemlichkeit, sich an die eigenen Sicherheiten zu klammern, krank ist.*« (Apostolisches Schreiben »*Evangelii gaudium*« 48f.)

Es steht zu hoffen, dass solch eine neu aufbrechende Kirche als »*Gottes Kraft in menschlicher Schwäche*« (Hugo Rahner) der Kirchengeschichte weitere erfreuliche Kapitel hinzufügen wird.

Anhang

Epocheneinteilung

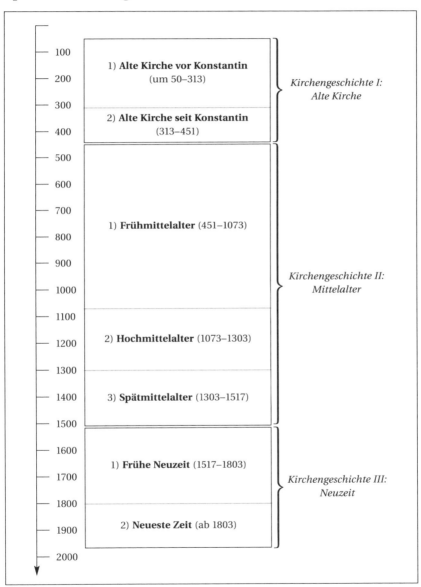

Übergreifende Karten

1. Die Welt des antiken Christentums

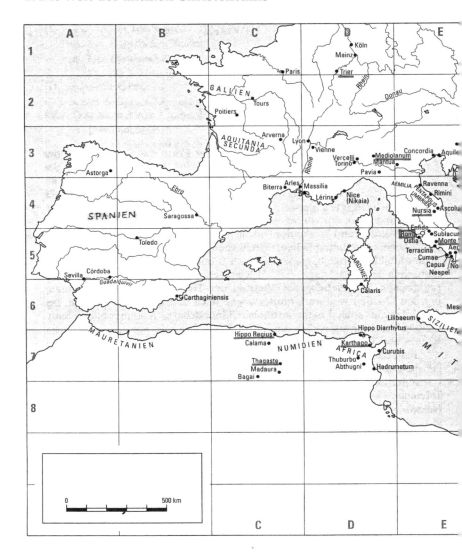

2. Die Ausbreitung des Christentums bis 600

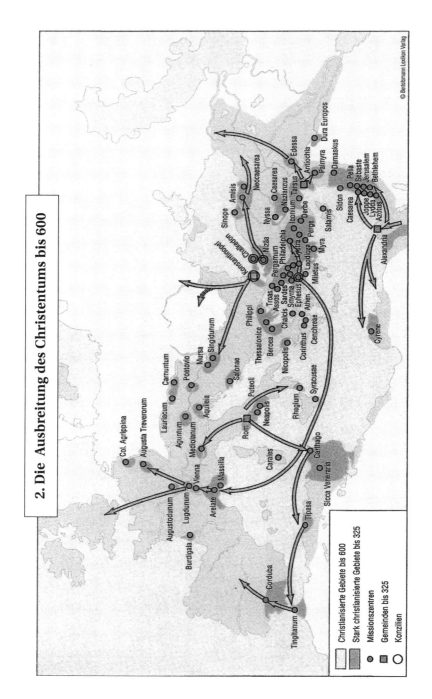

© Bertelsmann Lexikon Verlag

Christianisierte Gebiete bis 600
Stark christianisierte Gebiete bis 325
Missionszentren
Gemeinden bis 325
Konzilien

3. Deutschland zur Zeit der Reformation

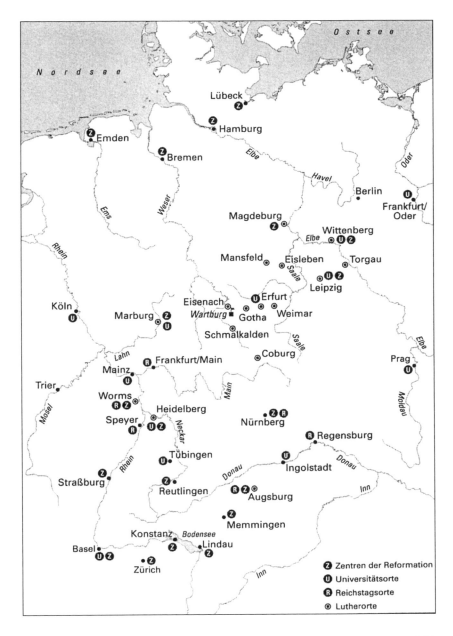

4. Das Christentum in der Welt von heute

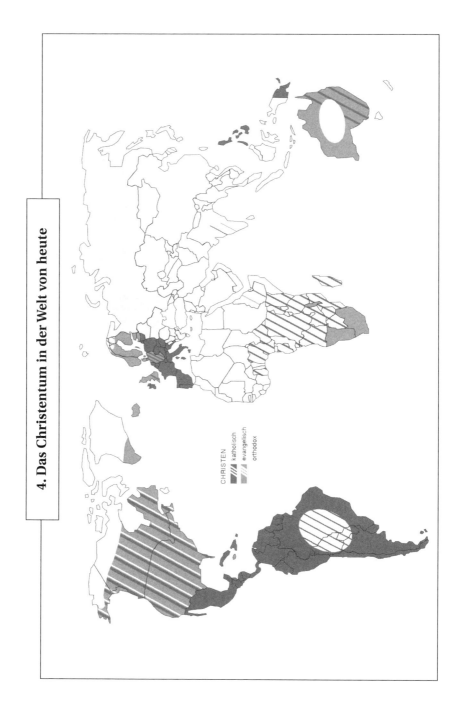

CHRISTEN
/// katholisch
▨ evangelisch
≡ orthodox

Zeittafel

Zentrale Ereignisse und Persönlichkeiten der Kirchengeschichte

(Bei Päpsten und Kaisern sind die Regierungs-, ansonsten die Lebensdaten angegeben)

30	Kreuzestod Jesu (7. 4.)

1. DIE ALTE KIRCHE

48/49	sog. Apostelkonzil (Apostelkonvent)
64	Christenverfolgung unter Kaiser Nero, Tod der Apostelfürsten Petrus und Paulus (?)
250/51	Christenverfolgung unter Kaiser Decius
303–305	Christenverfolgungen unter Kaiser Diokletian
306–337	*Kaiser Konstantin d. Gr.*
311	Toleranzedikt des Galerius
313	Mailänder Vereinbarung
325	Konzil von Nizäa (Nikaia)
380	Christentum wird Reichskirche und Staatsreligion (391/92 Verbot aller heidnischen Kulte)
381	Konzil von Konstantinopel
339–397	*Ambrosius (Kirchenvater)*
354–430	*Augustinus (Kirchenvater)*
431	Konzil von Ephesus
440–461	*Papst Leo I. d. Gr.*
451	Konzil von Chalzedon

2. DIE MITTELALTERLICHE KIRCHE

476	Ende des Weströmischen Reiches
498	katholische Taufe des Frankenkönigs Chlodwig
um 480–547	*Benedikt von Nursia (Gründer des Benediktinerordens, OSB)*
529	Gründung von Montecassino (Stammkloster der Benediktiner); Schließung der Philosophenschule in Athen durch Kaiser Justinian *(527–565)*
590–604	*Papst Gregor I. d. Gr.*
732	Sieg Karl Martells über die Araber bei Tours und Poitiers
672/73–754	*Bonifatius (Missionar; »Apostel Deutschlands«)*
754	Salbung Pippins d. J., Bund des Papsttums mit den Franken
768–814	*Kaiser Karl d. Gr.*
800	Kaiserkrönung Karls d. Gr. in Rom
1. Hälfte 10. Jh.	Gründung bzw. Neugründung der benediktinischen Reformklöster Cluny (Burgund) und Gorze (Lothringen)
936–973	*Kaiser Otto I. d. Gr.:* Ottonisches Reichskirchensystem
1046	Synode von Sutri
1049–1054	*Papst Leo IX.*
1054	Morgenländisches Schisma (dauert bis heute an)

1075–1122	Investiturstreit
1056–1106	*Kaiser Heinrich IV.*
1073–1085	*Papst Gregor VII.*
1077	Gang Heinrichs IV. nach Canossa
1096–1099	Erster Kreuzzug
1122	Wormser Konkordat
1090–1153	*Bernhard von Clairvaux (Zisterzienser, Kirchenlehrer)*
1198–1216	*Papst Innocenz III.*
1215	Viertes Laterankonzil
um 1170–1221	*Dominikus (Gründer des Dominikanerordens, OP)*
um 1200–1280	*Albertus Magnus OP (Kirchenlehrer)*
1225–1274	*Thomas von Aquin OP (Kirchenlehrer)*
1181/82–1226	*Franz(iskus) von Assisi (Gründer des Franziskanerordens, OFM)*
1294–1303	*Papst Bonifaz VIII.*
1300	1. Heiliges Jahr
1302	Päpstl. Bulle »Unam Sanctam«
1303	Attentat von Anagni auf Bonifaz VIII.
1305–1377	Exil von Avignon (»Babylonische Gefangenschaft der Päpste«)
1338	Kurverein von R(h)ense
1378–1417	Abendländisches Schisma
1409	Konzil von Pisa
1414–1418	Konzil von Konstanz
1415	Bulle »Haec sancta«
1417–1431	*Papst Martin V.*
1419–1436	Hussitenkriege
1453	Ende des Oströmischen Reiches

3. DIE KATHOLISCHE KIRCHE IN DER NEUZEIT

1517	Beginn der Reformation: Martin Luther veröffentlicht 95 Thesen zum Ablass (31. 10. Reformationstag)
1483–1546	*Martin Luther*
1519	Leipziger Disputation Luthers mit seinem theologischen Hauptgegner Johannes Eck
1519–1556	*Kaiser Karl V.*
1521	Bannbulle gegen Luther; Luther auf dem Wormser Reichstag und anschließend auf der Wartburg; Wormser Edikt (Reichsacht gegen Luther)
1524/25	Bauernkriege
1525–1555	Fürstenreformation
1530	Augsburger Reichstag: Confessio Augustana
1484–1531	*Huldrych Zwingli (Reformator Zürichs)*
1509–1564	*Johannes Calvin (Reformator Genfs, Begründer der reformierten Kirche)*
1545–1563	Konzil von Trient
1491–1556	*Ignatius von Loyola (Gründer des Jesuitenordens, SJ)*
1521–1597	*Petrus Canisius SJ (Kirchenlehrer, »2. Apostel Deutschlands«)*
1546/47	Schmalkaldischer Krieg

1555	Augsburger Religionsfrieden
1618–1648	Dreißigjähriger Krieg
1648	Westfälischer Frieden (von Münster und Osnabrück)
1789	Französische Revolution
1803	Große Säkularisation (25. 2.: Reichsdeputationshauptschluss zu Regensburg)
1806	Ende des Hl. Römischen Reiches Deutscher Nation (1. dt. Reich)
1814/15	Wiener Kongress
1848	Märzrevolution in Deutschland, 1. deutscher Katholikentag
1846–1878	*Papst Pius IX.*
1854	Dogmatisierung der Unbefleckten Empfängnis Mariens
1864	Päpstl. Enzyklika »Quanta cura« mit »Syllabus errorum«
1869/70	Erstes Vatikanisches Konzil (Vatikanum I): Definition des Jurisdiktionsprimats und der Unfehlbarkeit des Papstes
1871	Verlust des Kirchenstaates (bis 1929); Gründung des deutschen Kaiserreiches (2. dt. Reich)
1871–1887	Kulturkampf
1891	Erste päpstliche Sozialenzyklika »Rerum novarum«
1914–1918	Erster Weltkrieg
1922–1939	*Papst Pius XI.*
1933–1945	Drittes Reich (NS-Herrschaft)
1933	Reichskonkordat mit Hitler (20. 7.)
1937	Päpstl. Enzyklika »Mit brennender Sorge« gegen den Nationalsozialismus
1939–1958	*Papst Pius XII.*
1939–1945	Zweiter Weltkrieg
1958–1963	*Papst Johannes XXIII.*
1962–1965	Zweites Vatikanisches Konzil (Vatikanum II)
1963–1978	*Papst Paul VI.*
1978–2005	*Papst Johannes Paul II.*
2005-2013	*Papst Benedikt XVI. (Joseph Ratzinger),* erster Rücktritt aus Altersgründen in der Papstgeschichte
seit 2013	*Papst Franziskus (Jorge Bergoglio),* erster Jesuit und erster Lateinamerikaner auf dem Stuhl Petri

Kommentiertes Literaturverzeichnis

1. Ein- bis dreibändige Handbücher und Lexika zur Kirchengeschichte insgesamt
Manfred Heim, Einführung in die Kirchengeschichte, München ²2009, 200 S.
Eine insgesamt gelungene Einführung u. a. in die Aufgabe, Methode und den Gegenstand der Kirchengeschichte mit umfangreicher (jedoch unübersichtlicher und unkommentierter) Bibliographie, mehreren Abkürzungsverzeichnissen und einem etwa 90seitigen, allerdings nur schwach gegliederten Kurzabriss zur 2000-jährigen Geschichte der Kirche. Hilfreiche Erläuterungen zu den darin aufgeführten Büchern bietet dagegen folgendes Werk:
Lutz E. von Padberg / Michael von Fürstenberg (Hgg.), Bücherverzeichnis zur Kirchengeschichte. Eine kommentierte Bibliographie, Paderborn 1999, 245 S.

☐☐☐☐

Manfred Heim, Von Ablass bis Zölibat. Kleines Lexikon der Kirchengeschichte, München 2008, 461 S.
Ders. (Hg.), Theologen, Ketzer, Heilige. Kleines Personenlexikon zur Kirchengeschichte, München 2001, 432 S.
Ein Sach- und ein Personenlexikon, die sich zu einem nützlichen und für den »Hausgebrauch« ausreichenden Nachschlagewerk ergänzen. Soll das Sachlexikon umfangreicher sein, empfiehlt sich folgendes Werk:
Lexikon der Kirchengeschichte, 2 Bde., Freiburg i. Br. u. a. 2001, (einbändige, aktualisierte Sonderausgabe 2013), 924 S.

☐☐☐☐

August Franzen, Kleine Kirchengeschichte, durchgesehen von Bruno Steimer. Erweitert bis in die Gegenwart v. Roland Fröhlich, Freiburg i. Br. u. a. ²⁶2011, 480 S.
Herbert Gutschera u. a., Geschichte der Kirchen. Ein ökumenisches Sachbuch mit Bildern, Freiburg i. Br. u. a. ³2003 (kart. Sonderausgabe 2006), 381 S.
»Der Franzen« ist der Klassiker unter den kleinen kirchengeschichtlichen Gesamtdarstellungen und hat ganze Generationen von (katholischen) Studierenden begleitet; er wurde stets fortgeführt, der von August Franzen (1912–1972) verfasste Text (bis 1967) jedoch nie gründlich überarbeitet. Aktueller und optisch ansprechender ist die »Geschichte der Kirchen«, ein in 25 ausgewählte Kapitel gegliedertes, gut lesbares und anschaulich illustriertes Überblickswerk zu den wesentlichen Entwicklungen innerhalb der Kirchengeschichte.

☐☐☐☐

Deutlich umfangreicher und daher eher für eine abschnittsweise Lektüre oder zum Nachschlagen geeignet sind folgende Werke, darunter die seit den siebziger Jahren in mehreren Auflagen erschienene und nun vollständig überarbeitet vorliegende »Ökumenische Kirchengeschichte«:
Josef Lenzenweger u. a. (Hgg.), Geschichte der katholischen Kirche. Ein Grundkurs, Graz u. a. ³1995 (ND 1999), 597 S.
Wolf-Dieter Hauschild, Lehrbuch der Kirchen- und Dogmengeschichte, 2 Bde., Gütersloh ⁴2011 bzw. ⁴2010, XVII+716 S. bzw. XVII+978 S.
Raymund Kottje u. a. (Hgg.), Ökumenische Kirchengeschichte, 3 Bde., Darmstadt 2006–2008, zus. 1322 S.
Franz Xaver Bischof u. a., Einführung in die Geschichte des Christentums, Freiburg i. Br. u. a. 2012 (kart. Sonderausgabe 2014), 636 S.

2. Überblicksdarstellungen zu einzelnen Epochen

Norbert Brox, Kirchengeschichte des Altertums (= Leitfaden Theologie 8), Düsseldorf
[6]1998 (ND 2002, 2008), 206 S.

Isnard W. Frank, Kirchengeschichte des Mittelalters (= Leitfaden Theologie 14), Düsseldorf [4]1997 (ND 2002, 2008), 212 S.

Heribert Smolinsky, Kirchengeschichte der Neuzeit I (= Leitfaden Theologie 21), Düsseldorf [2]1997 (ND 2003, 2008), 226 S.

Klaus Schatz, Kirchengeschichte der Neuzeit II (= Leitfaden Theologie 20), Düsseldorf [3]1999 (bearb. ND 2003, 2008), 204 S.

> *Vier empfehlens- und preiswerte Bände, die zusammen eine komplette, etwa 850sei-*
> *tige Kirchengeschichte ergeben. Nachstehend Alternativen:*

Karl Suso Frank, Grundzüge der Geschichte der Alten Kirche, Darmstadt [4]2011, 208 S.

Ders., Lehrbuch der Geschichte der Alten Kirche, Paderborn [3]2002, 476 S.

Johannes Hofmann, Zentrale Aspekte der Alten Kirchengeschichte (= Theologische
Lehr- und Lernbücher 4), 2 Bde., Würzburg [2]2013 bzw. 2013, XII+216 S. bzw.
IX+147 S.

Christian Lange, Eine kleine Geschichte des Christentums. Ausbreitung und Entwicklung im ersten Jahrtausend, Darmstadt 2012, XII+188 S.

Michael Borgolte, Die mittelalterliche Kirche (Enzyklopädie deutscher Geschichte
17), München [2]2004, VIII+159 S.

Johannes Wallmann, Kirchengeschichte Deutschlands seit der Reformation, Tübingen [7]2012, 368 S.

Klaus Schatz, Zwischen Säkularisation und Zweitem Vatikanum. Der Weg des deutschen Katholizismus im 19. und 20. Jahrhundert, Frankfurt a. M. 1986, 344 S.

3. Große Gesamtdarstellungen der Kirchengeschichte

Handbuch der Kirchengeschichte, hg. v. Hubert Jedin, 7 Bde. in 10 Teilbden., Freiburg
i. Br. u. a. 1962–1979 (kart. ND 1985, 1999), 6600 S. *(auch auf CD-ROM).* (= **HKG(J)**)

Die Geschichte des Christentums. Religion – Politik – Kultur, hg. v. Jean-Marie
Mayeur u. a., 14 Bde., Freiburg i. Br. u. a. 1991–2004 (kart. ND 2010), 13 000 S.

> *Das Standardwerk der (katholischen) Kirchengeschichte bleibt aus deutscher Sicht –*
> *auch nach dem Erscheinen des zweitgenannten, ursprünglich in französischer Spra-*
> *che veröffentlichten und trotz starker Bearbeitung immer noch französisch gepräg-*
> *ten Werkes – aufgrund seines mustergültigen Aufbaus, seiner prägnanten Darstel-*
> *lung und großen Materialfülle »der Jedin«, der bei tiefergehender Beschäftigung mit*
> *einer kirchenhistorischen Thematik stets konsultiert werden sollte.*
> *Die »Geschichte des Christentums« hingegen ist v. a. eine reich illustrierte Kultur-*
> *geschichte des »Phänomens Christentum«, in der die Geistes-, Frömmigkeits- und*
> *Theologiegeschichte breiten Raum einnehmen.*

4. Chronologische Überblicke

Roland Fröhlich, Kleine Geschichte der Kirche in Daten, Freiburg i. Br. 2004, 224 S.

Gerhard Hartmann, Daten der Kirchengeschichte, Kevelaer 2003, Neuausgabe Wiesbaden 2007, 174 S.

Manfred Heim, Kirchengeschichte in Daten, München 2006, 192 S.

> *Als Ergänzung zu Handbüchern und Lexika kann eine nach Jahren geordnete Über-*
> *sicht hilfreich sein, insbesondere, wenn sie so benutzerfreundlich gestaltet ist wie*
> *jene von Fröhlich.*

5. Atlanten

Hubert Jedin / Jochen Martin (Hgg.), Atlas zur Kirchengeschichte. Die christlichen Kirchen in Geschichte und Gegenwart, Freiburg i. Br. u. a. [3]1988 (ND 2004), 274 S.

Tim Dowley (Hg.), Atlas Bibel und Geschichte des Christentums, Witten [2]2008, 160 S.

Andrea Duè / Juan-Maria Laboa, Der große historische Bildatlas des Christentums, Stuttgart 1997, 321 S.

> *Zum Verständnis kirchenhistorischer Situationen, Abläufe und Entwicklungen kann der Blick auf eine einschlägige Landkarte manchmal entscheidend weiterhelfen. Der »Klassiker« unter den kirchenhistorischen Atlanten ist das erstgenannte Werk, das allerdings eine Reihe sehr dicht gefüllter und klein beschrifteter Karten enthält.*

6. Spezielle Literatur zu zentralen kirchlichen Institutionen

a. Päpste und Konzilien

Josef Gelmi, Die Päpste in Kurzbiographien. Von Petrus bis Franziskus, Mainz [3]2013, 208 S.

Georg Schwaiger / Manfred Heim, Kleines Lexikon der Päpste, München [2]2005, 134 S.

Bruno Steimer (Red.), Lexikon der Päpste und des Papsttums, Freiburg i. Br. u. a. 2001, 376 S. (aktualisierte, jedoch gekürzte Ausgabe 2010 unter dem Titel „Herders Lexikon der Päpste", 334 S.).

⌷⌷⌷

Hubert Jedin, Kleine Konziliengeschichte, Freiburg i. Br. u. a. [14]1990, 185 S.

Giuseppe Alberigo (Hg.), Geschichte der Konzilien. Vom Nicaenum bis zum Vaticanum II, Düsseldorf 1993 (ND Wiesbaden 1998), 482 S.

Klaus Schatz, Allgemeine Konzilien – Brennpunkte der Kirchengeschichte, Paderborn [2]2008, 368 S.

> *Sechs durchweg empfehlenswerte Bücher zu zentralen Institutionen der katholischen Kirche, dem Papsttum und dem ökumenischen Konzil. Dazu die bereits seit 1854 erscheinende, bewährte Sammlung päpstlicher Dokumente und Konzilsbeschlüsse (seit der 37. Auflage mit deutscher Übersetzung):*

Heinrich Denzinger, Enchiridion symbolorum definitionum et declarationum de rebus fidei et morum. Kompendium der Glaubensbekenntnisse und kirchlichen Lehrentscheidungen, übers. und hg. v. Peter Hünermann, Freiburg i. Br. u. a. [44]2014, XXXVII+1793 S. (auch auf CD-ROM). (= Denzinger/Hünermann; **DH**)

b. Bischöfe und Bistümer

Die Bischöfe des Heiligen Römischen Reiches 1198 bis 1448. Ein biographisches Lexikon, hg. v. Erwin Gatz, Berlin 2001, CXCII+926 S.

Die Bischöfe des Heiligen Römischen Reiches 1448 bis 1648. Ein biographisches Lexikon, hg. v. Erwin Gatz, Berlin 1996, XCVI+871 S.

Die Bischöfe des Heiligen Römischen Reiches 1648 bis 1803. Ein biographisches Lexikon, hg. v. Erwin Gatz, Berlin 1990, XVI+666 S.

Die Bischöfe der deutschsprachigen Länder 1785/1803 bis 1945. Ein biographisches Lexikon, hg. v. Erwin Gatz, Berlin 1983, XIX+911 S.

Die Bischöfe der deutschsprachigen Länder 1945 bis 2001. Ein biographisches Lexikon, hg. v. Erwin Gatz, Berlin 2002, 592 S.

Das acht Jahrhunderte umspannende Bischofslexikon (»der Gatz«) enthält nicht nur die Biographien bzw. Biogramme sämtlicher Diözesanbischöfe, sondern auch aller Weihbischöfe und leitenden Bistumsbeamten (v. a. der Generalvikare). Grundlagenwerke sind auch die beiden nachstehenden, ebenfalls von Erwin Gatz herausgegebenen Bände, die die Breite kirchlichen Lebens in den Diözesen des deutschen Sprachraums von ihrer Gründung bis zum 20. Jahrhundert umfassend aufzeigen:

Die Bistümer des Heiligen Römischen Reiches. Von ihren Anfängen bis zur Säkularisation. Ein historisches Lexikon, hg. v. Erwin Gatz, Freiburg i. Br. u. a. 2003, 935 S.

Die Bistümer der deutschsprachigen Länder. Von der Säkularisation bis zur Gegenwart. Ein historisches Lexikon, hg. v. Erwin Gatz, Freiburg i. Br. u. a. 2005, 791 S.

7. Weitere biographische Lexika und Handbücher

Biographisch-bibliographisches Kirchenlexikon, hg. v. Friedrich Wilhelm bzw. Traugott Bautz, bisher 35 Bde. und Interimsregister, Herzberg bzw. Nordhausen 1973 ff. (= **BBKL**)

Dies ist das mit Abstand umfangreichste biographische Lexikon zur Kirchengeschichte in deutscher Sprache (mit reichsten Werk- und Literaturangaben); aufgrund der sehr unterschiedlichen Qualität der Artikel und ihrer nicht selten der Bedeutung der jeweiligen Persönlichkeit unangemessenen Länge ist bei der Benutzung jedoch Vorsicht geboten.

Deutsche Biographische Enzyklopädie der Theologie und der Kirchen, 2 Bde., hg. v. Bernd Moeller, München 2005, XXIII+1785 S. (= **DBETh**)

Gestalten der Kirchengeschichte, 14 Bde., hg. v. Martin Greschat, Stuttgart u. a. 1981– 1986 (kart. ND 1994), 4768 S.

Metzler Lexikon christlicher Denker. 700 Autorinnen und Autoren von den Anfängen des Christentums bis zur Gegenwart, hg. v. Markus Vinzent, Stuttgart/Weimar 2000, 821 S.

📖📖📖

Theologen der christlichen Antike. Eine Einführung, hg. v. Wilhelm Geerlings, Darmstadt 2002, 240 S.

Theologen des Mittelalters. Eine Einführung, hg. v. Ulrich Köpf, Darmstadt 2002, 251 S.

Theologen des 16. Jahrhunderts. Humanismus – Reformation – Katholische Erneuerung. Eine Einführung, hg. v. Martin H. Jung / Peter Walter, Darmstadt 2002, 255 S.

Theologen des 17. und 18. Jahrhunderts. Konfessionelles Zeitalter, Pietismus, Aufklärung, hg. v. Martin H. Jung / Peter Walter, Darmstadt 2003, 275 S.

Theologen des 19. Jahrhunderts. Eine Einführung, hg. v. Peter Neuner / Gunther Wenz, Darmstadt 2002, 243 S.

Theologen des 20. Jahrhunderts. Eine Einführung, hg. v. Peter Neuner / Gunther Wenz, Darmstadt 2002, 240 S.

Theologien der Gegenwart, hg. v. Bruno Kern, Darmstadt 2006, 237 S.

Diese aus sieben Bänden überschaubaren Umfangs bestehende Reihe mit über 80 Porträts bedeutender Theologen der jeweiligen Zeit verschafft einen gediegenen Einblick in 2000 Jahre christlicher Theologiegeschichte. Einige der allerwichtigsten Theologen von der Antike bis zur Gegenwart gibt es zusätzlich in einem Band konzentriert:

Große Theologen, hg. v. Christian Danz, Darmstadt 2006, 296 S.

8. Allgemeine, auch für die Kirchengeschichte wichtige theologische und historische Nachschlagewerke

a. Die drei theologischen Standardlexika
Im deutschsprachigen Raum sind wir in der hervorragenden Situation, über drei große theologische Lexika auf aktuellem Stand zu verfügen. Ganz nachdrücklich sei daher auf diese Nachschlagewerke verwiesen:
Lexikon für Theologie und Kirche, hg. v. Walter Kasper, 11 Bde., Freiburg i. Br. u. a.
[3]1993–2001 (kart. Sonderausgaben 2006, 2009) (= **LThK**[3])
Religion in Geschichte und Gegenwart, hg. v. Hans Dieter Betz u. a., 9 Bde., Tübingen
[4]1998–2007 (kart. ND 2008) (= **RGG**[4])
Theologische Realenzyklopädie, hg. v. Gerhard Müller, 36 Bde. (+ 2 Registerbde.), Berlin/New York 1977–2007 (Studienausgabe 1993–2010). (= **TRE**)
Diese drei Lexika sollten **immer die erste Anlaufstation** *bei der Suche nach Informationen zu speziellen Themen und Personen sowie bei der Literatursuche bilden (nicht Bibliothekskataloge oder gar das Internet!). Auch die älteren Auflagen von LThK und RGG leisten manchmal noch gute Dienste.*

b. Weitere bedeutende Lexika zu einzelnen thematischen und zeitlichen Bereichen
Evangelisches Kirchenlexikon. Internationale theologische Enzyklopädie, hg. v. Erwin Fahlbusch u. a., 5 Bde., Göttingen [3]1986–1997 (auch auf CD-ROM; kart. ND 2004). (= **EKL**[3])
Lexikon des Mittelalters, 9 Bde., Stuttgart/Weimar 1980–1999, 9900 S. (auch als Studienausgabe [1999], als Taschenbuchausgabe [München 2002] und auf CD-ROM [2000]). (= **LMA**)
Reallexikon für Antike und Christentum. Sachwörterbuch zur Auseinandersetzung des Christentums mit der antiken Welt, bisher 25 Bde. (bis »N«), Stuttgart 1950 ff. (= **RAC**)
Staatslexikon. Recht, Wirtschaft, Gesellschaft, hg. v. der Görres-Gesellschaft, 7 Bde., Freiburg i. Br. u. a. [7]1985–1993 (Studienausgabe 1995). (= **StL**[7])

📖📖📖

Metzler Lexikon Religion. Gegenwart – Alltag – Medien, hg. v. Christoph Auffarth u. a., 4 Bde., Stuttgart/Weimar 1999–2002, kart. ND 2005, 2376 S.
Unter dem Motto »Wo uns Religion begegnet« sucht dieses Nachschlagewerk der Religion(en) in etwa 600 alphabetisch geordneten Artikeln (Bd. 1–3) und einem abschließenden vierten Band mit Quellen, Medien und Materialien das weite Spektrum von Religiosität als formende Kraft für den Einzelnen und die Gesellschaft in Vergangenheit und Gegenwart zu erfassen und kann so Lücken anderer Lexika schließen.

c. Ein hilfreiches, in acht große thematische Kapitel gegliedertes und durch ein detailliertes Register erschlossenes Handbuch
Volker Seresse, Kirche und Christentum. Grundwissen für Historiker, Paderborn 2011.

Register der Personen, Orte und Sachen

Unter die Orte wurden auch die Bischofssitze aufgenommen. Nicht eingedeutschte lateinische und griechische Begriffe sowie die Titel lateinischer Dokumente sind *kursiv* gesetzt. Vorwort, geographische Karten, Fragenblöcke und Anhang wurden nicht in das Register einbezogen.

Pippinische Schenkung   74
Pisa   127 f.
Pius II.   137
Pius V.   162
Pius IX.   185–191, 194, 218
Pius X.   197–199
Pius XI.   200, 205, 212 f.
Pius XII.   193, 204 f., 209, 212 f.
Platon   47, 56
Plazet   179
Poitiers   73
Polykarp von Smyrna   32
Ponthion   74
Pontifex maximus   34
Pontifikalien   114
Poppo von Brixen → Damasus II.
Posen(-Gnesen)   171, 181
Praebende → Pfründe
Prädestinationslehre   129
Prälatenorden   114, 120
Prämonstratenser   112–114
Prag   129
Prémontré   113 f.
Presbyter   41 f., 46, 92 f.
Presbyterianer   164
Preysing, Konrad Graf von   203, 209 f.
Priester (Geistliche)   47, 52, 66, 70,
    80 f., 85, 88, 90, 92–95, 108, 114, 130,
    134, 136 f., 146, 159, 161 f., 181, 191,
    193 f., 196, 199, 204–207, 210–212,
    216, 222   → auch: Presbyter
Priesterehe → Zölibat
Prignano, Bartolomeo → Urban VI.
Primas   180
Primat   42–44, 76, 85, 145, 188–190,
    212
Prisca (Priscilla)   51
Privatbeichte   16, 48, 66
Proselyten   27
Proskynesis   83
Protestantismus / Protestanten   119,
    143, 153–156, 158, 163–165, 171,
    180 f.
»*Provida sollersque*« (1821) → Bulle
Pseudepigraphie   58
Puritaner   164
Pyrenäenfriede (1659)   166, 168

»*Quanta cura*« (1864) → Enzyklika
Quellen der Kirchengeschichte   15
Quirinus → Döllinger, Ignaz von

Rahner, Hugo   226
Rastislaw   85
Ravenna   74
Realpräsenz   107, 164
Rechtsprechungsprimat   189 f.
Reformation / Reformatoren   17, 47,
    134–158, 192
Reformierte Kirche → Calvinismus
Reformkatholizismus   198 f.
Regalieninvestitur   99
Regensburg   72, 155, 157, 178, 180,
    188, 225
Regularkanoniker   92
Reichsdeputationshauptschluss (1803)
    178
Reichsfürsten   123
Reichskonkordat (1933) → Konkordat
»Reichskristallnacht« (1938)   208 f.
Reichstag
– zu Worms (1076)   96
– zu Augsburg (1077)   97
– zu Worms (1521)   147, 149
– zu Speyer (1529)   154
– zu Augsburg (1530)   153–155
– zu Augsburg (1555)   156
Reims   64
Reinkens, Joseph Hubert   192
Rekonziliation   48, 66
religio licita   32 f., 35
Religionsedikt → Edikt
Religionsfreiheit   33, 35, 217
Reliquien   38, 140
Remigius von Reims   64
»*Rerum novarum*« (Sozialenzyklika;
    1891) → Enzyklika
Reservatum ecclesiasticum   157, 163, 165
Reuchlin, Johannes   151
Rhense   123
Ricca, Paolo   115
Ricci, Matteo   172 f.
Richard I. Löwenherz   103
Ripon   69
Ritterorden, geistliche   100, 122
Robert von Genf → Clemens VII.

Abbildungsnachweis

3, 23: Die Bibel, erschlossen und kommentiert von Hubertus Halbfas, Düsseldorf 2001, 553, 544.

17: TV Today, 12. 5. 2007, 19.

18, 221: Mester/CCC, www.c5.net.

21 Klerusblatt 68 (1988) Nr. 5, 119.

25 Hubert Filser, Der Unterwasserdetektiv, in: Süddeutsche Zeitung, Nr. 110 vom 13./14. Mai 2006, 22. © Franck Goddio/Hilti Foundation, Foto: Christoph Gerigk.

28, 41, 49, 63, 76, 91, 101, 106, 115, 116, 117, 118, 120, 130, 141, 145 (o), 149, 150, 151, 153, 154, 159, 161, 164 (r), 168, 169, 171, 173, 185, 187, 191, 192, 194, 195, 197, 204, 206, 213, 214 Rüdiger Kaldewey/Aloys Wener, Das Christentum. Geschichte – Politik – Kultur, Düsseldorf 2004, 34/35, 43, 74, 105, 139, 83, 154, 135, 143, 150, 151, 153, 123, 189, 191, 197, 199, 208, 200, 206, 203, 199, 227, 223, 208, 228, 340, 343, 175, 261, 254, 261, 320, 265, 270, 274, 286, 291, 310, 309.

29, 72 Werner Trutwin, Zeit der Freude, Düsseldorf 2000, 190, 171.

33, 82, 83: Das Christentum, erschlossen und kommentiert von Hubertus Halbfas, Düsseldorf 2004, 51, 66, 67.

34 Gerhard Rauschen u. a., Illustrierte Kirchengeschichte, Wien o. J. (1912), Abb. Nr. 82.

36 Jos Rosenthal/Ferdinand Dexinger, Als die Heiden Christen wurden. Zur Geschichte des frühen Christentums, Wien 1992, 239.

40, 44, 219 Nach: Wolfgang Beinert (Hg.), Kirchenbilder – Kirchenvisionen, Regensburg 1995, 76, 90, 119.

46 Peter Trummer, »Das ist mein Leib«. Neue Perspektiven zu Eucharistie und Abendmahl, Düsseldorf 2005, 165.

60 Herbert Gutschera u. a., Geschichte der Kirchen, Mainz/Stuttgart 1992, 70.

68, 79 Tim Dowley (Hg.), Atlas Bibel und Geschichte des Christentums, © 2008 SCM R. Brockhaus im SCM-Verlag GmbH & Co. KG, Witten.

71 Christoph Schommer (Hg.), St. Bonifatius 754–2004, Paderborn 2003, 16.

75, 182/183 Hubert Jedin/Kenneth Scott Latourette/Jochen Martin (Hg.), Atlas zur Kirchengeschichte. Die christlichen Kirchen in Geschichte und Gegenwart, © Verlag Herder, Freiburg im Breisgau 2004, 33, 97.

80, 92, 164 (l.) Nach: Alfred Läpple, Report der Kirchengeschichte, München 1968, 100, 156, 252.

88 Ausstellungsprospekt, Magdeburg 2001.

94 Karl Hausberger, Das Bistum Regensburg I (Mittelalter), Kehl 1991, 33.

97 SZ 21. 7. 2006.

102 (o) Haim Beinart, Geschichte der Juden. Atlas der Verfolgung und Vertreibung im Mittelalter, Augsburg 1998, 39.

103 Roland Fröhlich, Große illustrierte Kirchengeschichte. Die Erfahrung von 2000 Jahren, Herder Verlag, Freiburg i. Br. 1992, 101. © Bildarchiv Herder.

110 Bruno Moser (Hg.), Das Papsttum. Epochen und Gestalten, München 1983, 196.

113 Wilhelm Brüggeboes, Geschichte der Kirche. Ein Lehrbuch für den katholischen Religionsunterricht, I. Teil (Kirchliches Altertum und Mittelalter), Düsseldorf [15]1971, 109.

121 Touristenprospekt, Avignon o. J.

122 Alain Demurger, Die Templer. Aufstieg und Untergang 1118–1314, München 1991, 234.

126, 152, 167, 230: Das Christentum. Eine Chronik, © Bertelsmann, München/ Gütersloh 1999 (ND Wien 2005), 194, 239, 281, 22.

131 Frei verfügbare Abbildung aus: http://www.bsz-bw.de/eu/konstanzbilder/ imperia.jpg

132 Yehuda Karmon, Die Johanniter und Malteser: Ritter und Samariter. Die Wandlungen des Ordens vom Heiligen Johannes, München 1987, nach 64.

137 Albrecht Dürer, Das gesamte graphische Werk, 2 Bd., München 1970.

144 Werner Trutwin u. a., Wege des Glaubens, Düsseldorf 1988, 234.

145 (u), 172, 176 Wilhelm Brüggeboes, Geschichte der Kirche. Ein Lehrbuch für den katholischen Religionsunterricht, II. Teil (Die kirchliche Neuzeit), Düsseldorf [10]1970, 13, 69, 96.

148 Souvenirs: Wittenberg zum Mitnehmen, in: DB mobil. Kundenzeitschrift der Deutschen Bahn AG 10/2004, 28.

157 Nach: Politische Geschichte Bayerns, hg. v. Haus der Bayerischen Geschichte (= Hefte zur Bayerischen Geschichte und Kultur 9), München 1989, 34.

177 DAMALS. Das Magazin für Geschichte und Kultur 38 (2006), H. 9, 77.

198 Der wahre Jakob, Nr. 653 vom 1.8.1911.

201 Gesamtverzeichnis »Katholische Presse«. »Wissen, wohin es geht«, hg. v. Katholischen Medienverband, Bonn 2001, 7.

203 Erwin Gatz (Hg.), Die Bischöfe der deutschsprachigen Länder 1945–2001. Ein biographisches Lexikon, Berlin 2002, 89.

205 Alois Natterer, Der bayerische Klerus in der Zeit dreier Revolutionen 1918–1933 – 1945. 25 Jahre Klerusverband 1920–1945, München 1946, nach 272.

207 Ulrich von Hehl (Bearb.), Priester unter Hitlers Terror I, Paderborn u.a. [3]1996, 136 (die kommentierenden Zeilen sind Heinz Hürten, Deutsche Katholiken 1918–1945, Paderborn u. a. 1992, 574, entnommen).

208 Historisches Museum, Hannover.

218 Werner Trutwin u. a., Zeichen der Hoffnung, Düsseldorf 1978, 175.

223 Zahlenmaterial aus: L'Osservatore Romano. Wochenausgabe in deutscher Sprache 43 (2013), Nr. 25 (21.6.), 3.

225 © KNA, Bonn.

228–229 Hubertus Drobner, Lehrbuch der Patrologie, Freiburg i. Br. 1994, XIV–XV. © Johannes Weitzel.

231 Thomas Kaufmann, Martin Luther, C. H. Beck, München 2006, vorderer Umschlag.

232 Werner Trutwin, Wege des Glaubens, Düsseldorf 2001, Umschlag hinten.